本书系教育部人文社会科学研究西部项目“权利视角下的学校治理变革研究”（20XJA880006）最终成果

权利视角下的
高校内部治理变革研究

杨挺 等○著

西南大學出版社
国家一级出版社 全国百佳图书出版单位

图书在版编目(CIP)数据

权利视角下的高校内部治理变革研究 / 杨挺等著
. —重庆：西南大学出版社, 2022.12
ISBN 978-7-5697-1733-4

Ⅰ. ①权… Ⅱ. ①杨… Ⅲ. ①高校管理—研究—中国
Ⅳ. ①G647

中国国家版本馆CIP数据核字(2023)第009818号

权利视角下的高校内部治理变革研究

QUANLI SHIJIAO XIA DE GAOXIAO NEIBU ZHILI BIANGE YANJIU

杨挺　等◎著

责任编辑：陈铎夫

责任校对：李　君

装帧设计：意境传递

排　　版：杜霖森

出版发行：西南大学出版社

重庆·北碚　邮编：400715

印　　刷：重庆新生代彩印技术有限公司

成品尺寸：185 mm×260 mm

印　　张：16.5

字　　数：341千字

版　　次：2022年12月第1版

印　　次：2022年12月第1次

书　　号：ISBN 978-7-5697-1733-4

定　　价：68.00元

前言

尽管《中华人民共和国教育法》(后简称《教育法》)、《中华人民共和国教师法》(后简称《教师法》)等法律的颁布对师生权益保护发挥了重要作用,但高校治理中的权利冲突问题仍然凸显,进入公众视线的高校与师生的法律纠纷不断出现。在高等教育"放管服"改革与依法治校背景下,以法治思维与方式保障、规范高校办学行为,做到既尊重高校办学自主权,又能"将权力关进制度的笼子",压实法律底线以规范权力运行,确保教育公平正义,这一做法意义深远。因此,基于权利视角,讨论高校内部治理变革问题,对促进高等教育健康发展,依法保障师生合法权益,具有重要的理论和实践价值。

本书主要运用文本解读、实践调查、案例分析三种研究方法,围绕教师权利、学生权利、学术权利三条主线,遵循理论分析、实践考察、变革思路三重逻辑分析框架构建。针对高校内部治理中的教师权利及其实现、高校管理权力与教师权利冲突、学生权利及其实现、开除学籍处分的法律风险与防范机制、学术权利、学位授予权的法律风险与防范机制六个主题展开讨论。从权利保护的角度看,高校内部治理机制的完善可以遵循以下路径。

第一,树立权利本位理念,充分尊重教师和学生作为利益相关者在高校治理中的权利,完善学校治理的权利配置模式。

第二,完善高校治理的制度规范,从立法层面明确高校的法律地位、高校管理权的边界、高校管理行为的程序要求、高校管理行为的法律属性与可诉性等。

第三,规范高校的办学行为,在教师管理、学生管理、学术管理等活动中,督导高校充分认定事实、正确适用法律法规、遵循行政程序、有限行使自由裁量权、科学制定评价标准。

第四,完善权利救济路径,一方面进一步完善教师和学生对权利受到侵害进行救济的诉讼制度和申诉制度,尤其是在现有法律规定的基础上完善相关制度的实施细则;另一方面建立学术申诉制度,完善学术权利救济机制。

本书是笔者所承担的教育部人文社会科学研究西部项目“权利视角下的学校治理变革研究”(20XJA880006)最终成果,在项目研究过程中得到了学生的大力支持,因此本书也是笔者和六位研究生合作研究的成果。具体分工如下:绪论,杨挺(西南大学);第一章,李璐钏(陆军军医大学)、杨挺;第二章,彭睿(成都市青年发展中心)、杨挺;第三章,熊宗艳(重庆青年职业技术学院)、杨挺;第四章,石波(西南大学附属小学)、杨挺;第五章,徐欢欢(四川省邛崃市第一中学校)、杨挺;第六章,任芷若(陆军军医大学)、杨挺。在此向六位研究生表示衷心的感谢!

目录

绪 论

一、问题的提出

（一）研究背景

随着世界各国政治、经济和文化的迅速发展，大学在促进社会进步方面正不断地发挥着自身的积极作用，与此同时，高等教育大众化趋势所带来的一系列问题，也使得高校的改革与发展问题成为各国关注的焦点，各国逐步开始在高校的改革与发展问题上做各种尝试与研究。"治理"一词于20世纪末一经提出就成为研究的热点。党的十八届三中全会正式提出"推进国家治理体系和治理能力现代化"。在教育领域，关于"学校治理"的探讨逐渐升温，成为公共政策的话语，并引发了研究者们的广泛关注。所谓学校治理，就是对传统学校管理方式的突破和超越，是学校管理民主化的集中体现，是学校管理的现代化形态，其显著的特征是：多种主体共同参与的合作管理、共同管理以及共同治理。参与的主体不仅包括学校的行政部门，而且包括教师、学生以及各类社会团体。学校治理的方法不再是以往单靠政府的统治和管理，而是强调多种主体共同参与的民主化管理。与此同时，高校治理问题也备受政府、媒体和公众的高度关注，2010年起高校治理被纳入国家政策议题。《国家中长期教育改革和发展规划纲要（2010—2020年）》明确提出，要"完善中国特色现代大学制度""完善治理结构"。2011年11月，《高等学校章程制定暂行办法》将高校治理建设实践推向了一个新的阶段。2014年，教育部提出进一步落实和扩大高校办学自主权，完善高校内部治理结构的意见。2015年11月，国务院《统筹推进世界一流大学和一流学科建设总体方案》提出了加快高等教育治理体系和治理能力现代化的目标，明确了高校治理结构完善的方向。随着大学学术委员会规程、理事会规程以及党委领导下的校长负责制等政策的相继推出，教育部直属高校、地方高校先后颁布了大学章程并通过了教育部门的核准，一些大学开始进行治理改革的尝试，如北京大学的教师人事制度改革、武汉大学的政学分权、北京师范大学的治理结构创新、南方科技大学的法人治理结构改革等，部属高校随后全部制定改革方案，地方高校也陆续制定改革方案。这些举措在实现高校现代化治理上迈出了重要且关键的一步。

我国大学受政治、经济、文化背景和历史路径的影响，在管理体制上实施的是典型的科层式管理。自新中国成立以来，高校与教师之间形成典型的身份管理关系，教师作为被管理者逐渐失去了作为知识生产者和传授者应有的主动性和创造性，高校管理者的"官本位"意识则得到了强化，从而造成了现阶段我国高校普遍呈现出的行政权力泛化，不利于形成民主、平等、开放、自由的学术环境。随着高校办学自主权的扩大，治理理论和利益相关者理论被相继引入高校治理，教师在高校内部治理中的核心地位得到认可并确立，教师的角色开始由"被管理者"转变为高校"治理主体"。为了更好地体现和发挥教师在高校内部治理中的主体作用，政府部门、大学以及学术界都不同程度地进行了探索。国家政策法规上，《中华人民共和国高等教育法》(后简称《高等教育法》)明确了高等学校通过以教师为主体的教职工代表大会等组织形式，依法保障教职工参与民主管理和监督，维护教职工合法权益，规定"高等学校设立学术委员会"并履行相关的职责。2014 年，《高等学校学术委员会规程》进一步保障了学术权力在高校治理中有效发挥作用。各个高校也在高校章程的引导下积极探索教师参与学校治理的有效途径，例如：依法建立了学术委员会、学位委员会、教职工代表大会、教授委员会等机构，并以制度的形式对这些机构的指导思想、成员构成、权利、义务与职责作了规定，这就使教师参与学校治理有了制度上的保障和权利行使的依据。目前，教师参与学校治理的机制还存在缺失、不完善等问题，政府部门、高校以及学界在高校内部治理变革中，仍在不断探索，以找出合理的途径及措施来完善教师的参与机制。同时，随着高等教育改革的不断深入，高校如同社会一样，正处在一个"走向权利的时代"。高校教师的权利意识也逐步提高，"为权利而斗争"，尽管《教师法》等相关法律在保障教师权益方面发挥了积极作用，但高校管理权力与教师权利冲突仍然凸显，特别是近年来，进入公众视线的高校与教师的法律纠纷不断出现。由于高校教育教学活动具有较强的专业性和复杂性，教育界和法律界对司法介入教育的方式及程度问题一直存有争议，导致有的案件起诉到法院，却被法院驳回，原因是法院认为这类案件不在自己的受案范围之内。如此一来，高校管理权力与教师权利冲突得不到妥善的解决，往往会导致两者的冲突继续升级。

美国著名教育社会学家马丁·特罗总结了高等教育大众化阶段的特点，其中包括：教育机构的领导和决策将更多地受到"民主"政治程序的制约，在学校内部的管理中，学生将不断地拥有更多的话语权参与到学校的决策中，学生参与的形式和参与的程度要从精英化向大众化转型。布鲁贝克在《高等教育哲学》中说到，大学存在的理由是学生，大学中的核心部分是学生，没有学生的参与大学将不复存在，大学要完成自身的使命，实现文化传授、科学研究、服务社会的职能，最终的落脚点都要放在学生身上。同时，高校内部治理现代化的发展需要作为重要主体成分的大学生积极参与其中，那么保障其权利就显得极为重要，这也是大学生参与高校内部治理现代化发展过程的前提性基础条件。《国家中长期教育改革和发展规划纲要(2010—2020年)》就明确提出了"完善中国特色现代大学制度""完善治理结构"。因此，高校纯行政化管理渐趋弱化，多元主体共同参与治理开始深获人心，高校内部治理就展现出了相关利益主体共治的模式。大学生作为高校存在的重要缘由，是参与高校内部治理最为重要、最为基础、最为核心的利益相关主体。毋庸置疑，大学生是参与高校内部治理不可或缺的中坚力量，保障他们的相应权利是其中坚力量发挥的基础。所以说，保障大学生治理权是高校内部治理现代化发展的需要，这并非夸大其词。

高等学校的学术发展也是高等学校自身的职能所在。布鲁贝克指出，每一个规模较大的现代社会，无论它的政治、经济或是宗教制度是什么类型，都需要建立一个机构来传递深奥的知识，分析和批判现存的知识，并探索新的学问领域。换言之，凡是需要人们进行理智分析、鉴别、阐述或关注的地方，那里就会有大学。由此观之，大学的主要职能就是"传递深奥的知识，分析和批判现存的知识，并探索新的学问领域"，换言之，就是知识传播和学术探究。因此，关注大学的发展必然要考虑高等学校的学术治理问题。学术治理的变革不仅是高等学校自身发展建设的要求，还是高等教育发展的要求，更关切到我国未来的科技发展水平。但现实情况是我国高校学术治理的现状不佳，存在着诸多的问题。例如：一些学者在某些问题上的言论受到指控，存在"学术自由与否"的争议[①]；在涉及大学学术事务裁决时，行政权力有时凌驾于学术权力之上，以行政化模式进行大学学术治理，大学自治与学术自由面临去行政化难题，教授治学的组织缺乏对学术独立与学术自由的观照，教授的权利难以获得相应的保障，甚至有些大学学术群体的权利屡遭侵犯，教师丧失本应享有的民主参与权、申诉权等基本权益[②]；学术群体本身受传统的"官本位"思想影响，缺乏依法、独立治学的责任意识和勇气担当；学术不端行为引起社会各界的广泛关注；已有的学术治理制度设计和实施经不起现实利益的检验……而治理不能离开权利的行使，

① 见2014年11月13日《辽宁日报》第4版：《老师，请不要这样讲中国——致高校哲学社会科学老师的一封公开信》。

② 湛中乐，尹婷.论学术自由：规范内涵、正当基础与法律保障[J].陕西师范大学学报(哲学社会科学版)，2016,45(3):162.

权利是利益相关主体参与治理的基础，因而，从权利视角深入剖析学术治理十分必要，以学术治理相关主体的权利配置模式为着力点对学术治理的模式进行探析，优化学术治理中的权利配置，有助于解决学术治理中的问题。

（二）研究意义

（1）理论价值：以“权利”为切入点，采用“自下而上”的视角，通过构建学校治理主体权利分配与行使的研究框架，分析学校多元治理主体权利分配与行使的现状及其关键影响因素，提出学校治理权利配置的“实际”标准与规则，拓展以往“法理”标准与规则的范畴，丰富该主题的研究视角与研究内容。

（2）实践价值：通过对学校治理主体权利分配与行使关键影响因素数据资料的获取与分析，提出优化学校治理主体权利配置的策略，为深入贯彻党中央关于深化教育综合改革的重大决策部署，实现《中国教育现代化 2035》所提到的“完善学校治理结构”“推进教育治理体系和治理能力现代化”“建立多元参与的协同治理新机制”等政策目标提供智力支撑与决策信息参考。

二、文献综述

（一）国外研究的现状及趋势

（1）关于治理的研究始于 20 世纪 90 年代。初期主要论述治理的内涵及特征（Leftwich，1993）、提出了多中心治理（V.Ostrom，2000）、网络化治理（R.A.W.Rhodes，1997）、嵌入式治理（P.V.Rosenau，2000）等治理模式。而后主要围绕多元治理的内涵（Chhotray，2009）、目的（Jentoft，2009）、具体形态（James C.R.，2011）等问题展开研究。随着全球治理（Atanassov，2009）、国家治理（Stoker，2007）等相关研究兴起，研究转向探讨创新治理的模式（Knights，2010；Lumby J，2012），如利益相关者参与模式（Dean，2007）、信息技术发展与大数据时代背景下的治理模式（Matthew Dimick，2015）。另外，分布式领导理论（Bush T，2013）也在逐渐发展。

（2）关于学校治理的研究，国外的探索起步较早，相关研究也较成熟。1960 年 John J Corson 发表了著作 *Governance of College and Universities*，将“治理结构”引入到大学中，认为大学中的治理就是大学对各种事务制定决策的过程。还有学者认为，大学治理是行政体系和教师体系微妙平衡的结构和过程（Robert Birnbaum，2004）。国外学者研究大学治理结构时，集中于研究大学内部治理和内部权力关系，提出了学术组织的权力结构和学术评议会（academic senate）的安排机制（Birnbaum. R.，1991）、学术共同治理的新平衡模式（Michael Shattock，2000）、适应性的大学结构再造（Gumport，P. J. & Pussr，B.，1991），引入渐进制度变迁的思想（Salipante. P，1992）。Peterson，M. W.（1995）和 Smith，D. T.（1993）

借助生物进化论的理论分析了大学组织的适应性。Gabriel E. Kaplan(2004)认为教师治理体系与行政治理体系之间的利益及目标冲突不明显,得出了大学治理结构与绩效无关的结论。内部治理的具体研究有:学校分权的意识和作用(Taro Komatsu,2014)方面;多元主体参与方面,如校长(Paul Salipante,1992)、教师(Yoder,1962;Susan W. Johnstan,2003;Gabriel E. Kaplan,2004)、学生(Kerry,2003)、家长和社会(William Yat Wai Lo,2008;Audrey Addi-Raccah,2009)的参与;大学治理方面,具体到学校文化在治理中的效用(John C. Smart,1996;Edward P. St.John,1996)、学校结构的重构(Flexne,1991;Patricia J. Gumport,1999;Brian Pusser,1999;Robert Bimbaum,2004)、学术权利的配置(John,1977;Burton R. Clark,1983),以及发达国家大学治理模式(Harris,1999;Maassen,2000;Yamaoto,2004)等方面。还有 Yaroslav Kuzminov 和 Maria Yudkevich 对俄罗斯大学治理模式变革进行案例分析发现:俄罗斯的高等教育系统存在较强的纵向(行政)控制和较弱的横向(学术)控制传统,以教授主导教学为核心的治理模式渐渐表现为横向学术治理与纵向行政约束的博弈。这与我国的大学治理情况有相似之处。

(3)关于学校治理主体权利分配的研究,国外对于治理主体权利分配多基于分布式领导理论展开研究,认为学校治理变革是教育管理和政策体系在各级权力和权威关系中的重塑(Michael McGrath,2015);指出学校在治理的过程中应该突出教师参与的多元化领导和协同性领导(Gronn P,2002);在分布式领导方法的框架下提出增加学生参与学校治理的关键(Marta E.Menon,2005);通过定量研究,分析董事会行为的影响因素,解决权利冲突,提高决策水平(Peter M. Kretek et al,2012);增加家长参与和能力建设(G. Johnson ,L. McKenzie,2016)等。也有部分关注学校自主权问题的研究(Gunter H.M,2012)。

(二)国内研究的现状及趋势

(1)关于治理的研究。其研究视角有经济学、政治学和社会学等(俞可平,2000),研究范围从全球治理(俞可平,2003)、国家治理(杨静光,2015)、社会治理(张康之,2014)细化到城市治理(杨冬梅,2006)、公司治理(顾桂芳,2016)、基层社区治理(秦上人,2017)等。研究内容包括治理的内涵(韩恒,2008)、发展脉络(俞可平,2008)、与统治和管理的关系(冯国锋,2017)、善治理念(张文显,2014),引进西方等级治理(娄成武,2007)、市场治理(田家华,2004)、探索中国特色的治埋模式(周雪光,2012)等。近年来随着治理现代化的研究兴起,研究以治理体系和治理能力现代化的内涵、标准、特征(蔡岚,2015)和实现路径或实现模式(薛桂波,2017)为重心。

(2)关于学校治理的研究始于 20 世纪 90 年代,研究初期集中于对薄弱学校的治理(任凯,1997)。此后,研究重心转向学校治理结构,涉及学校治理结构的演变(苗庆红,

2005)、学校治理的内涵(叶飞,2014)、学校法人治理结构(陈鹏,2006)等。研究视角包含利益相关者视角(何勇斌等,2016)、新制度经济学视角(明航,2008)、新公共管理理论视角(宋爱忠,2016)、社会制度意识视角(刘远,2016)等。研究内容涉及学校治理的多元主体参与治理,如学生参与(张琳,2009)、教师参与(李玲,2016)、家长参与(高艳红,2016)和社会参与(王琳琳,2012);政府的参与限度(姚宇华,2017);学校治理的目标(褚宏启,2014);学校治理体系和能力现代化的实现路径,如厘清学校治理主体及其关系(周光礼,2009)、创立"管办评"分离机制(魏海深,2016)、建立现代学校制度(褚宏启,2004;张新平,2006;孙绵涛,2013)、参与式治理(杨跃,2016)、现代信息技术在学校治理中的应用与发展(殷文杰,2016)等。

(3)学校治理中主体权利分配的研究,主要涉及学术权力(李海萍,2010)、学术权力与行政权力的关系(赵萍,2012)、学校内部权力运行机制(项云,2009)、领导者的权力角色(满建宇,2017)、赋权增能(李玲,2016)、主体间的权利分配格局(祁占勇,2010;王小佳,2014;张继明,2017)。

(4)关于治理策略的研究。其一,学者通过借鉴发达国家的治理结构变革实践,分析变革成功或失败的关键因素,提出有助于我国高校治理结构调整与变革的建议。研究美国大学治理结构的价值蕴涵(欧阳光华,2011;刘爱生等,2012),对英国、加拿大、日本、澳大利亚等国的高校治理实践进行剖析和解读(张红峰,2013;孙伦轩,2013;王世权,2013;孙冰红;2011)。也有学者从国外具体一个大学的成功治理经验进行分析,如对加州大学(吴慧平,2007;王英杰,2011)、阿姆斯特丹大学(程接力、钟秉林,2013)和牛津大学(蒋馨岚、徐梅,2011)的治理结构、美国大学董事会协会(甘永涛,2009)、美国大学募款制度(张伟,2012)等进行详细分析,这些研究成果都为我国完善大学内部治理结构及促进大学的发展提供了国际的视角。其二,学者基于我国一些高校的治理改革实践,针对呈现出的问题与困境寻找背后深层次的原因,对如何平衡大学内部各主体的权力关系等提出了合理优化的建议。学者从大学"去行政化"(别敦荣等,2011),学术权力本位(祁占勇,2011),协调行政权力、学术权力和民主权力三者的关系(孙绵涛,2015),重申大学与政府以及其他各类主体的权责边界(潘懋元、左崇良,2016)。提出建立高等教育中介机构(范文曜,2007)、高等治理问责制(许杰,2009)、大学治理项目制(姚荣,2014)、关注地方大学治理(刘晖,2008)、创新治理机制(劳凯声,2015)等对策建议。

(三)研究评析

综上,已有研究在研究视角上,一方面,多采用"自上而下"的方式,以现有权利制度安排为逻辑起点,分析学校治理主体权利配置的"法理"标准与规则;另一方面,既有研究多从教育学、管理学、政治学视角进行研究,教育法学视角体现不够明显。高校治理本身就是利益相关者通过参与学校决策实现权利的过程，而权利是利益相关主体参与学校治理的逻辑起点，不仅要研究单个利益主体的权利，还要关注他们之间的利益冲突与协调，关注利益主体之间权利的关系，寻找合适的、协调冲突的平衡机制和结构模式。因此，从教育法学的角度来界定利益相关者的权利问题，合理界定权利边界以及制定权利分配规则，使利益相关者更好地行使权利，将对完善高校治理结构，建立现代大学制度有重要意义。在研究内容上，国外侧重学校内部治理结构以及经验的总结，国内更侧重政府与学校的关系、学术权力与行政权力的关系等外部治理结构，虽然目前的研究方向有从宏观层面向微观层面转变的趋势，但相对零散，未形成体系。由于国外的治理经验都是基于特定的环境和背景的，难以区别特质性与普遍适用性。国内研究在借鉴中由于缺乏对外国国情、历史文化与传统等因素的考虑，致使研究讨论与理论构建的深度略显不足。在研究方法上，目前学者们对高校治理中谁来治理、如何治理、怎样治理、治理要因等作了较为详细的理论总结。但已有研究采用的研究方法主要停留在思辨、定性研究的范式之内，而且过多的理论研究容易导致经验研究不足，缺乏建立在一定理论研究与总结之上的实验研究。研究者对高校治理理念仍然处于构想阶段，而大学也在红红火火地实施高校治理，但两者并未真正结合。某个区域或某个大学的治理变革有没有值得学习或者值得研究和探讨的经验，我们不得而知。对我国当前高校治理的现状缺乏深入的调查分析，缺乏在实践中对高校治理关键制约因素的提炼与整合，难以基于本国的国情来提出真正适合我国高校治理结构完善的建议，就难以实现真正的高校治理。据此，高校治理过程中，利益相关者摆脱了以往传统管理中的参与不够或者没有参与的现象，因为高校治理的一个最为基本的要求就是各利益相关者必须成为高校治理过程结构中的主体。高校治理实质上就是一种以利益表达、协商和保障为重点的高校管理过程中的利益协调机制，它改变了以往传统管理范式的封闭式单向性维度的利益诉求表达机制，注重建设多方相关利益主体共同参与管理的利益表达平台以及参与治理决策的可靠路径。

三、核心概念界定

（一）高校内部治理

高校治理与高校管理在主体、目标、运行机构、职能等方面都有本质上的区别（见表0-1），治理遵循的是“平等、共享、协商、责任”等价值取向，而高校行政管理的价值取向则是固守“权力、等级、服从、效率”等。[①]

① 别敦荣．治理之于我国大学管理的意义[J]．江苏高教，2007(6)：2.

表0-1 高校管理与高校治理的区别

区别	高校管理	高校治理
主体	管理者	各利益相关者
目标	保证高校既定目标的实现	实现相关利益主体间的利益均衡
目标的形成	管理者制定或组织既定	各利益主体协商而成
运行机构	高校组织结构(院、系、所等)	高校治理结构(董事会、理事会、学术组织等)
职能	计划、组织、指挥、控制和协调	监督、确定责任体系和指导
实施基础和依据	内部的管理层级关系	契约与法律规范(如高等教育法、高校章程等)
政府的作用	政府对学校行政系统的领导干预	政府直接或间接的干预(如制定法律规范)

※表格根据(李维安、王世权,2013)、(庞庆举,2017)的相关内容整理而成。

高校是高等学校的简称,在国内一般作为综合性大学、专门学院、高等职业技术学院、高等专科学校的统称。严格来说,高校并不等同于大学,但国内学者对“高校治理”与“大学治理”两个概念并未作严格区分,且一般把国外关于高等学校的治理翻译成“大学治理”,关于高校治理的研究又大多会直接引用和借鉴国外大学治理的研究。本书认为,国内外关于大学治理的讨论同样适用于高校治理,因此将直接借鉴学界关于大学治理的内涵界定及其他基本的理论概念。关于高校治理的内涵界定,国内外学界至今基本沿用“ASHE 系列丛书”关于21世纪大学治理的讨论文集中的定义,即大学内外利益相关者参与大学重大事务决策的结构和过程。本书也赞同这一观点,据此引出高校内部治理的定义,即高校内部利益相关者参与高校重大事务决策的结构和过程。

(二)权利与权利实现

中外学者从各自所处的历史条件出发,对权利的概念提出了不同的主张,有资格说、主张说、法力说、规范说、自由说、选择说、可能说和利益说等。从诸多的定义中我们可以了解到权利的特征:一是权利具有自由的属性,权利意味着自由,并且权利的前提就是自由,因为“权利向来是与主体的自由追求相联系的,而自由乃是人类的最高需求之一”,康德宣称自由乃是“每个人据其人性所拥有的一项唯一的和原始的权利”①;二是权利体现一定的利益,利益是权利的内在动因,即人们行使或放弃权利都以利益作为判断和抉择的标准②;三是权利完全体现主体的自主意志,权利最后行使与否的决定都是基于权利主体自身的意志做出的,是权利主体依自己的意志而为或不为的自由,是主体的自我决定和选择。本研究采用周永坤教授对权利的界定:权利是为社会或法律所承认和支持的自主行为和控制他人行为的能力,表现为权利人可以为一定行为或要求他人作为、不作为,其目的是保障一定的物质利益和精神利益③。

① 吕世伦,张学超.“以人为本”与社会主义法治——一种法哲学上的阐释[J].法制与社会发展,2005(1):92.
② 马瑞东.权利与权力辨证统一关系的法哲学思考[D].北京:中国政法大学,2005:2.
③ 周永坤.法理学:全球视野[M].3版.北京:法律出版社,2010:211.

“权利的价值与意义并不在于法律文本上的客观宣告,而在于权利的主观行使与实现”①,在法律文本上规定的权利只有转化为权利人的实有权利,才能真正达成保护权利人相应利益的目的。关于权利的实现的概念,学者从不同的角度对其做出了解读。有学者从动态的意义上解读权利的实现,认为权利的实现是指“权利从法定状态向现实状态运动的过程”②。有学者从静态意义上解读,认为权利的实现是一个结果,指“法定权利所欲保护的利益为权利人实际获得的状态”③。无论从哪个层面去理解,都阐明了一个共识,即权利在设定与形成后,需要从抽象的权利概念中演绎出具体的权利,也即是将权利从可能性转化为现实性④。对于权利是否实现的评判,可以从两方面衡量,一是权利人真实利益的获得;二是社会的再次认同。检验权利是否实现,不仅需要看权利人是否切实获得应有的利益,还需要看在其获取利益的过程中与权利相关者是否有争议。其中,如果有一方强行主张其权利并强占权利,而没有得到各方的认同,则表明权利并没有得到实现。

(三)学术与学术权利

德国联邦法院曾对“学术”一词做出说明:学术是探究知识和真理的活动,不限于学科和形式。我国学者韩水法认为,德语中的“Wissenscaft”是指一种系统的知识,除了实证的或经验的科学之外,凡哲学、道德、艺术以及事关价值等方面的知识也皆在其囊括之中。“学术”一词在我国自古有之,最早意为“治国的方略”(《史记·老子韩非列传》),后来又有“教化”之意(《后汉书·盖勋传》)。和现在用意比较相近的则是南朝梁何逊的《赠族人秣陵兄弟诗》中:“小子无学术,丁宁困负薪。”意为学问和学识。“学术”在《辞海》中被解释为“有系统的、较为专门的学问”。也有学者将学术界定为对存在物及其规律的学科化论证。本研究则将学术界定为对客观规律、技术和社会知识进行专门探寻研究的认识活动,尤其指高等教育领域和科研机构所进行的科学研究活动。学术具有十分广泛的含义,既包括对自然科学真理的追寻、技术对客观世界的改造,又包括人文社会知识对精神世界的指导和研究。一定程度上,“学术”与“科学研究”是同义词。

基于前文对权利的理解,本书所称学术权利是指在学术领域内,学术权利主体决定自己做什么或者不做什么的自由。就权利的主体而言,高等教育中的学术权利包括个体权利和集体权利。学生的学术权利、教师的学术权利是个体权利;学院(系)的学术权利、学术委员会的学术权利属于集体权利。本书主要关注的是个体的学术权利。就权利的内容而言,因权利的主体不同,权利内容也会有所差异。如教师的学术权利有教学权利、研究

① 范进学.权利政治论:一种实政民主理论的阐释[M].济南:山东人民出版社,2003:13.

② 张珍芳.从“范跑跑”事件看权利实现的道德阻却及其消减[J].法学,2009(6):11.

③ 吴睿.法定权利实现的理论模型之建构[J].前沿,2013(14):65.

④ 公丕祥.论权利的实现[J].江苏社会科学,1991(2):55.

权利、学习权利、学术自治的权利等;学生的学术权利包括研究权利、学习权利、参与学术活动的权利等。就目的而言,主要的目的是追求科技进步和思想的自由发展。学术权利的根基在于学术自由。正如马克思所说的,人的类特性是自由的自觉的活动。大学作为以促进人的发展、知识传播、科学研究为主要任务的高等教育机构,更应该通过保障学术权利来促进学术水平提升与发展。

四、研究思路和研究方法

(一)研究思路

本书针对教师权利、学生权利、学术权利三个主题,遵循发现问题→构建理论分析框架→实证考察→分析问题→寻找问题解决策略的思路展开。首先运用定性和定量相结合的分析方法,通过文本分析、实践考察、案例分析等形式,对权利行使的现状与冲突进行讨论,然后对所发现的问题进行归因,最后根据分析的相关结论对高校内部治理模式完善的途径和策略提出相应的建议(见图0-1)。

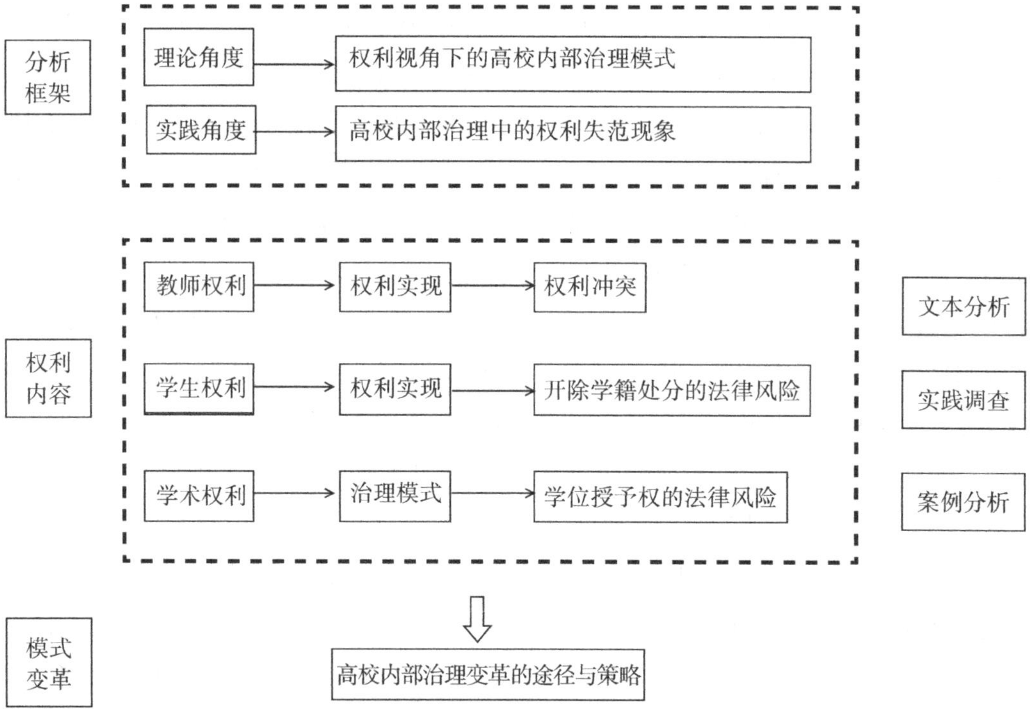

图0-1 高校内部治理变革研究思路

(二)研究方法

1. 文献法

收集现有学校治理的相关法律、政策和制度资料，抓取关键词语进行编码，对文献内容进行可视化分析，对相关政策进行文本分析与内容分析，构建治理主体权利配置与保障制度知识图谱，揭示学校治理权利配置与保障的发展规律及趋势。

2. 调查法

本书拟采用问卷调查、田野考察法、访谈法、案例法进行实证研究。(1)问卷调查是通过选取样本对象，分别针对政府、学校行政人员、教师、学生、家长等治理主体编制并发放、回收问卷。(2)田野考察法主要是参与观察与深度了解，在选取典型学校进行田野考察时，具体了解学校治理中各主体权利行使的文化背景、过程和条件，从治理理念、治理环境、治理制度以及治理主体的主观意愿、能力还有主体之间的关系等方面探索各主体权利的实现模式和影响因素。(3)访谈法是通过访问者与被访者面对面地交谈来了解受访者的心理和行为，同时通过访谈来分析学校治理的特征表现。(4)案例法是将从"中国裁判文书网"搜集的高校治理行政诉讼案例作为研究对象，进行分析、归纳、总结。对采集到的数据采用SPSS(社会科学统计软件包)及阶层线性模型进行统计，据此分析各个变量的作用情况和实际态势，并据此推断出相应的结果，对造成上述结果的归因进行进一步的深入分析，以期得出客观、科学及合规律性的结论。

3. 文本分析法

法律文本是研究法律问题的重要依据①。本书主要涉及我国学位授予有关法律法规文本、高校内部学位授予规范性文件文本、法院行政判决书文本等。通过梳理法律、法规文本，分析高校学位授予现行法律法规条款的基本规定，把握高校学位授予权立法现状与不足。通过查阅与整理法院判决书，分析其作出司法判决所援引的法律、法规条款，总结法院对高校学位授予权进行司法审查的基本特征。重点通过对高校败诉案例法律文书的剖析，明确高校学位授予权的法律依据与法律程序中存在的风险。需要说明的是，本书中的案例研究有一定的时间跨度，这其间政策、法律法规可能产生了一定的变化，因此在分析时，本书适时地选择了案例发生当时的政策、法律法规作为依据。本书还选取了国内九所大学的章程文本，对其章程中关于学生权利的规定进行文本挖掘和信息检索，并对大学章程中关于学生权利的条款进行全面的整理分析，发现当前大学章程中关于学生权利的规定存在的问题，从而提出解决问题的相应措施。

①蔡伊帆. 论我国高校学位授予纠纷的司法介入[D]. 石家庄：河北科技大学，2020：5.

第一章 高校内部治理中的教师权利及其实现

在当前的高校内部治理中，教师权利的实现水平较低，实现效果不佳。一方面，教师享有的高校治理的权利边界不清晰、权利被弱化；另一方面，当前的高校治理中的运行机制制约教师权利的行使。基于以上现实矛盾，本研究力求探明当前高校内部治理中教师权利实现的现实情况，运用结构方程模型找出影响教师权利实现的关键因素，进而提出促进高校内部治理中教师权利实现的策略。

第一节 研究设计

本节主要围绕绪论所提出的问题进行研究设计，包括提出研究假设与研究模型，对研究假设所涉及的变量进行概念界定、维度划分与指标说明，根据研究假设及其变量选择相应的研究方法和理论分析工具。

一、研究假设与概念模型

（一）高校内部治理中教师的权利内容

权利只有切实成为权利人的实有权利，才能从本质上体现权利的价值与意义，达到保护权利人利益的目的。因此，通过对权利的实现这一环节进行考察，找出当前权利行使的问题症结，剖析权利行使的影响因素，才能更好地维护权利人的利益。

关于高校教师的治理权利的具体内容，虽在我国现行教育立法中尚无划分标准，但可从相关的法律规章与已有的研究成果中寻找划分的依据。根据相关法律法规、政策文本和部分大学章程对教师参与高校治理的规定（表1-1-1），参照权利的界定以及学者对教师参与高校治理的权利内容的划分（表1-1-2），可以得出高校内部治理中，教师的权利应当是指教师在参与高校治理过程中享有的知晓学校事务、通过一定方式对学校事务发表意见、参与决策、民主监督等的权利。据此，可将高校教师参与治理的权利分为知情权、建议权、决策权与监督权。

表1-1-1　教师参与高校治理的相关法律法规、政策文本、大学章程

法律法规、政策文本、大学章程	关键词
《教师法》第七条第五款 教师享有"对学校教育教学、管理工作和教育行政部门的工作提出意见和建议，通过教职工代表大会或者其他形式，参与学校的民主管理"的权利	建议、参与学校民主管理
《高等教育法》第四十二条 高等学校设立学术委员会，审议学科建设、专业的设置，教学、科学研究计划方案，评定教学、科学研究成果等有关学术事项	审议
《高等教育法》第四十三条 高等学校通过以教师为主体的教职工代表大会等组织形式，依法保障教职工参与民主管理和监督，维护教职工合法权益	参与民主管理、监督
《国务院关于加强教师队伍建设的意见》（2012）完善教师参与治校治学机制。建立健全教职工代表大会制度，保障教职工参与学校决策的合法权利	参与决策
《中共中央 国务院关于全面深化新时代教师队伍建设改革的意见》（2018）建设现代学校制度，体现以人为本，突出教师主体地位，落实教师知情权、参与权、表达权、监督权。建立健全教职工代表大会制度，保障教师参与学校决策的民主权利	知情权、参与权、表达权、监督权、参与决策权
《北京大学章程》规定教师对学校工作享有知情权、参与权、监督权，教代会对学校的事务具有建议权、监督权，对与教师直接相关的福利、校内分配实施方案以及相应的聘任、考核、奖惩办法具有决策权	知情权、参与权、监督权、建议权、决策权

表1-1-2　关于教师参与高校治理的权利内容的研究

关于教师参与高校治理的权利内容的研究	关键词
潘懋元（2001）认为，教师以其在学科或专业领域的专门修养成为高等学校的三个职能活动的主体，对学科、专业领域的事务应当拥有主要发言权	主要发言权
刘兴春（2003）对教师参与学校管理提出不参与、知道详情、提供意见、设计方案、参与决定这五个层次的划分	知情、建议、决策
闫艳（2011）认为我国高校教师的民主管理权含义包括：批评和建议权、监督权、审议与通过权、决定权等	建议权、监督权、决策权
郄海霞（2014）通过对美国大学治理中共同治理制度的探析，指出共同治理的核心问题是教师的知情权、参与权、决策权和管理权问题	知情权、参与权、决策权和管理权
张继明（2015）提出了教职工参与大学治理应当包括就大学的资源性、过程性和产出性信息享有知情权，有权要求大学的机构和部门公布相应信息；对于包括校长在内的职能、管理或服务机构的履责情况，广大教职工有监督权，并有权通过合理方式进行问责	知情权、监督权
郭继超，刘江（2016）指出在校师生的民主权利主要包括知情权、参与权、表达权、监督权	知情权、参与权、表达权、监督权
王海英（2017）通过对18所研究型大学章程文本的分析，梳理出我国大学章程中教师权利的相关规定，其中关于教师参与学校管理的权利包括重大事件知情权、民主管理权、监督权	知情权、管理权、监督权

（二）研究假设与概念模型

权利的正常行使以相应的观念与制度的存在为基础，吴兴国、丁国峰（2010）认为意识、方式、能力是权利实现的影响因子。在研究教师权利的影响因素时，Smylie（1992）认为教师与领导的工作关系，教师之间工作关系的规范，教师的能力、责任感等是教师参与学校治理的影响因素。张万波（2008）认为加强教师的权利意识和权利能力、提供良好的外在环境、完善教育法律法规体系、拓宽法律救济渠道等方面是提升教师校本课程开发权的关键。焦岩岩（2012）在"权利本位"理念下探讨幼儿教师专业自主权发展时，将条件因素分为权利意识、权利能力以及外在条件保障。于桂兰等（2013）在研究工人权利实现程度影响因素理论模型的构建中将权利意识、权利能力、制度三个方面作为重要的指标。基于前人的研究成果，本章将教师的权利意识、权利能力、责任感、制度保障四个因素拟定为高校内部治理中教师权利实现的影响因素并提出以下假设：

研究假设1：高校教师的权利意识对其知情权的实现影响显著

研究假设2：高校教师的权利能力对其知情权的实现影响显著

研究假设3：高校教师的责任感对其知情权的实现影响显著

研究假设4：高校制度保障对教师知情权的实现影响显著

研究假设5：高校教师的权利意识对其建议权的实现影响显著

研究假设6：高校教师的权利能力对其建议权的实现影响显著

研究假设7：高校教师的责任感对其建议权的实现影响显著

研究假设8：高校制度保障对教师建议权的实现影响显著

研究假设9：高校教师的权利意识对其决策权的实现影响显著

研究假设10：高校教师的权利能力对其决策权的实现影响显著

研究假设11：高校教师的责任感对其决策权的实现影响显著

研究假设12：高校制度保障对教师决策权的实现影响显著

研究假设13：高校教师的权利意识对其监督权的实现影响显著

研究假设14：高校教师的权利能力对其监督权的实现影响显著

研究假设15：高校教师的责任感对其监督权的实现影响显著

研究假设16：高校制度保障对教师监督权的实现影响显著

根据研究假设，可以建立如图1-1-1中的概念模型：

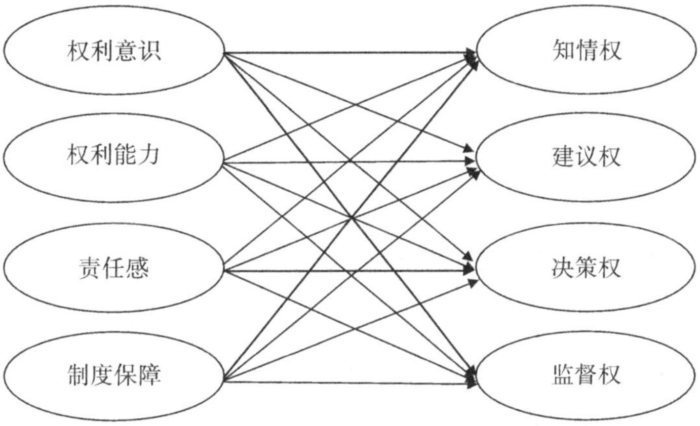

图1-1-1　高校内部治理中教师权利影响因素概念模型

二、高校内部治理中教师权利实现情况测量指标选择和说明

对于高校内部治理中教师权利实现情况的测量，当下理论研究中尚未直接论及，关于教师参与高校治理现状的实证调查集中在美国，例如：1971年美国大学教授协会（AAUP）的调查、1992年卡内基国际学术职业（CAP）调查、1994—1998年米勒（Neal E.Miller）系列调查、2001年的卡普兰（Kaplan）调查、2002年的南加州大学（USC）调查、2007年卡内基国际学术职业调查之美国部分等。另外还有学者研究分析教师参与治理对大学绩效的影响，如McCormick&Meiners（1989）、Brown（2001）、尤塔·默沙伊恩（2014）等。国内也有关于教师参与高校治理的意愿、领域和程度的实证研究，如李梦凼（2006）、杨大均（2008）、杨薇（2014）等的研究。本研究借鉴已有研究中关于教师参与大学治理的内容和领域，结合相关法律对教师治理权利的规定，以知情权、建议权、决策权、监督权四个维度来测量教师权利的实现情况。

（一）知情权

知情权是指获取信息、了解信息的自由与权利，包括从官方渠道和非官方渠道获取信息。本书中高校教师的知情权主要是指教师在参与高校治理的过程中能够知晓各种权利义务的基本规则，知晓学校发展规划、教职工队伍建设、教育教学改革、校园建设等学校发展和建设的重要事项以及教师自身利益相关的福利、校内分配实施方案和聘任、考核、奖惩办法等。本书基于劳凯声（2015）根据《高等学校学术委员会规程》划分的学术事务类型，将高校的常规事务分为典型的学术事务、含有学术性质的事务以及非学术性质的事务三个类型。知情权实现情况初始测量项见表1-1-3。

表 1-1-3 知情权实现情况初始测量项

测量项目	测量项
Q1	您对学科建设、学术发展、学位授予等学术事务的决策过程完全了解
Q2	您对人才聘用、职称晋升、重要领导遴选、学校办学目标与发展规划、学校重大财政决定等含有学术性质的事务的决策过程完全了解
Q3	您对学校基建、资金募集、后勤工作等非学术性质的事务的决策过程完全了解

(二)建议权

建议权,顾名思义即提出建议的权利。建议权是我国公民的基本权利,公民有权对国家机关和国家工作人员的工作提出合理化建议。在高校内部治理中,教师同样享有对学校事务和学校的其他工作人员的工作提出合理化建议的权利。根据《学校教职工代表大会规定》(中华人民共和国教育部令第32号公布),学校教代会的职权中包含了建议权,主要是指有关学校发展的重大问题事项,包括学校的办学指导思想、发展规划、重要改革方案、财务工作报告及其他重要问题,教代会有职权提出意见和建议。本书中高校教师的建议权是指教师对有关学校的一切事务都享有提出合理化建议的权利,包括典型的学术事务、含有学术性质的事务和非学术性质的事务。建议权实现情况初始测量项见表1-1-4。

表 1-1-4 建议权实现情况初始测量项

测量项目	测量项
Q4	您可以对学科建设、学术发展、学位授予等学术事务提出建议,并且您的建议能够在一定程度上影响决策
Q5	您可以对人才聘用、职称晋升、重要领导遴选、学校办学目标与发展规划、学校重大财政决定等含有学术性质的事务提出建议,并且您的建议能够在一定程度上影响决策
Q6	您可以对学校基建、资金募集、后勤工作等非学术性质的事务提出建议,并且您的建议能够在一定程度上影响决策

(三)决策权

决策权一般是指决策主体享有确定行动政策或方案以及选择实施这些政策或方案的权利。高校内部治理中教师的决策权主要是指教师可以参与学校事务和学术事务的决策过程并具有一定的决策权利。本书认为在高校内部治理中,高校教师对一切学术事务都有决策权,而对于含有学术性质的事务以及非学术性质的事务,如果属于学校的重大事务范畴的,如学校办学目标与发展规划、学校重大财政决定、校园建设、重要资金募集等,都应该赋予教师一定的决策权利。决策权实现情况初始测量项见表1-1-5。

表 1-1-5 决策权实现情况初始测量项

测量项目	测量项
Q7	您参与了学科建设、学术发展、学位授予、人才培养等学术事务的整个决策过程,并享有表决权
Q8	您参与了人才聘用、职称晋升、重要领导遴选、学校办学目标与发展规划、学校重大财政决定等含有学术性质的事务的整个决策过程,并享有表决权
Q9	您参与了学校基建、资金募集、后勤工作等非学术性质的事务的整个决策过程,并享有表决权

（四）监督权

监督权一般是指公民对国家机关、政府部门、公务员以及公务活动监督的权利，高校治理中教师的监督权与公民参政的监督权在监督对象上有所不同。在现行教育法律中一般规定教师通过教职工代表大会等组织形式行使监督权。《教育法》第三十一条、《高等教育法》第四十三条、《高等学校信息公开办法》第二十三条、《学校教职工代表大会规定》第一条和第三条、《高等学校章程制定暂行办法》第三条和第十二条等，都对教师的监督权作了相关的规定。本书中高校内部治理中教师的监督权包含两方面的内容，其一是指教师对高校内部重大决策的执行情况监督，以保障决策在执行过程中的科学性和民主性；其二，是指教师对其他治理主体，如高校党政领导、行政人员等权利行使的监督，防止其权利滥用。监督权实现情况初始测量项见表1-1-6。

表1-1-6　监督权实现情况初始测量项

测量项目	测量项
Q10	您对学校的重大决策的执行情况比较了解，且能够采取一定的方法来监督执行过程
Q11	您对其他权利主体的权利行使情况了解，且能够采取一定的方法防止其权利滥用

三、高校内部治理中教师权利实现影响因素的指标选择和说明

（一）权利意识

在法治社会中，公民的法律意识对法治的推行起着决定性的作用。而权利意识是法治意识的内核，目前关于权利意识的界定有狭义说和广义说，狭义说认为，公民权利意识是指公民对宪法和法律规定的，人们以作为或不作为的方式取得利益的制度在观念中的反映。[①]广义的公民权利意识是指人们对于一切权利的认知、理解和态度，是人们对于实现其权利的选择，以及当权利受到损害时，以何种手段予以补救的一种心理反映，它构成了公民意识和宪法精神的核心。权利人的权利意识能够直接影响其行使权利的行为，如果缺乏权利意识，法律规定的权利只能是写在纸上的文字而不会转化为现实中的权利。高校教师如果对其所享有的权利不甚了解，也不具备行使这项权利的愿望，那么他们就不可能有捍卫自身权利的意向。教师对高校内部治理中权利内容的认知、情感是评价其权利意识的重要因素。认知是权利意识产生的第一步，即“是否听说”，情感是权利人面对其所享有的权利采取的态度和情绪反应，是对认知的进一步深化，即“是否认同”。本书认为高校教师作为知识分子，应当对知情权、建议权、决策权、监督权等权利有最基本的认知，因此对于教师权利意识的考察采用情感因素，即“是否认同”作为具体测评指标（见表1-1-7）。

① 易联树，吴佩林．论我国公民权利意识的觉醒与发展[J]．西华师范大学学报（哲学社会科学版），2005(6)：20.

表 1-1-7 权利意识测评指标

维度	指标	问题描述
权利意识	知情权权利意识	您认为教师对一切的学术事务与非学术事务都享有知情权
	建议权权利意识	您认为教师对一切的学术事务与非学术事务都享有提出建议的权利
	决策权权利意识	1.您认为教师对学术事务(如学科设置与规划、学术发展、学生培养方案、教学方法、学位授予等)享有参与决策的权利 2.您认为教师对含有学术性质的事务(如人才聘用、职称晋升、重要领导遴选、学校办学目标与发展规划、学校重大财政决定等)享有与行政人员共同决策的权利 3.您认为教师对非学术性质的事务(如学校基建、资金募集、后勤工作)享有与行政人员共同决策的权利
	监督权权利意识	您认为教师应享有对其他权利主体进行有效监督的权利

(二)权利能力

关于权利能力的定义,当前学界持有两种说法。第一种是传统意义上的且使用较为广泛的概念,认为权利能力是指法律关系主体作为权利享有者和义务承担者的能力(或称资格)。持此观点的学者认为权利能力应与行为能力作出区分,行为能力是指权利主体能够通过自己的行为实现权利、承担义务的资格,而权利能力实际上是一种权利义务基本的资格,是享有权利的前提。[①]第二种是将行为能力与传统意义上权利能力的概念相结合,认为从被动的角度理解权利能力过于消极,私权在本质上是与权利人的愿望相结合,应从权利主体能够主动取得权利的角度去理解,持此观点的代表人物是法布里齐乌斯(Fabricius)。本书认为,权利能力和行为能力都是权利主体实现其权利的前提与基础。高校内部治理中教师要更好地实现其权利,应当同时具备权利能力与行为能力,故本书所指的权利能力,属于第二种解释范畴。高校内部治理中教师权利能力体现为三个维度:其一是教师的专业能力,包括教师对自身专业水平和教学能力的确定性;其二是教师的全局观,即教师在参与决策时,是否能考虑到学校的整体利益;其三是教师在高校治理中能够投入的时间与精力。权利能力测评指标见表1-1-8。

表 1-1-8 权利能力测评指标

维度	指标	问题描述
权利能力	专业能力	您很清楚哪种培养模式和教学设计是最适合学生的
	全局观	您在参与学校事务的决策时,能从学校的整体利益上去考虑
	时间、精力投入	您能够投入一定的时间和精力了解并参与学校事务的决策过程

(三)责任感

“有权必有责,用权当负责”,权利与责任是相辅相成的,在公民的法治教育中我们看到,能够行使权利的有效公民无疑必先具有责任担当意识。责任感主要包括:其一,个体行为必须对自我负责和对他人负责;其二,对于自己的行为,每个人都应承担责任。本书中,责任感

①李永军.论权利能力的本质[J].比较法研究,2005(2):40.

可以理解为责任意识，是高校教师自觉主动地认识并承担角色职责，主要强调的是教师在对高校的事务以及对其他主体的行为进行监督、评判和责任考察的过程中，能够主动、自觉承担作为利益主体的责任。因此，本书对教师责任感的测评包括了高校教师对于成为治理主体应该有的责任担当意识和教师是否能对自我和其他主体负责两个方面（见表1-1-9）。

表1-1-9　责任感测评指标

维度	指标	问题描述
责任感	参与治理过程中的责任感	您在学校事务的决策过程中，如果您认为某一方案并不符合学校的发展目标，您会通过合理的途径提出反对意见
		当您发现其他权利主体权利行使不当，您会采用合法的手段揭露并制止其行为

（四）制度保障

马克思认为，自由与权利的实现与立法不可分。要实现自由与权利就要有保障自由和权利的立法，不是为了限制自由和权利才去立法，而是为了寻求自由权利实现的途径才去创制法律。在这个意义上，法律制度是权利得以实现的重要保障，通过以制度的形式充分确定权利内容以及其实现的手段，并合理地限制权利实现的妨碍因素，才能确保权利主体权利的实现。

本书的制度指高校内部治理中的规则，具体包括法律、规章、合约等正式制度，组织氛围、风俗习惯等非正式制度。正式制度的保障包含两层含义：一是权利的配置，主要是指通过法律条文对高校内部治理中教师的权利进行规范，将具体的权利主体、权利内容和权利行使方式制度化、规范化。法律配置权利的最终目的是使权利主体能有效地行使权利，从而保证其权利的实现。二是权利的保障，一方面是有切实可行的规则、规范的程序要求保障权利的实现；另一方面是指权利人在实际行使权利的过程中如若受到侵害，能够采取相应的补救措施消除侵害并获得一定的补偿或者赔偿，且这些补救的措施是受到法律制度的保护的。在现实中，法律所赋予的权利在实际行使过程中将不可避免地受到侵害，如离开了法律的强制性保护，权利的实现将无法达成。此外，非正式制度对权利实现的影响也不容忽视。在高校治理中，仅仅通过赋予教师权利并不能解决高校治理中的文化冲突，要解决这种价值观上的分歧，需要依靠沟通和对话，形成民主、开放的组织氛围，建立教师与其他主体之间和谐、合作的人际关系。制度保障测评指标见表1-1-10。

表1-1-10　制度保障测评指标

维度	指标	问题描述
制度保障	正式制度	学校章程、学术组织管理规定、教职工代表大会制度等明确规定了您享有的权利
		当您的权利受损时，能够通过学术委员会、教学指导委员会、学位评定委员会、教职工代表大会等进行申诉，有效维护自身权利
	非正式制度	您参与学校事务的决策过程中能够与行政人员进行良性互动，互相协作
		您所在学院的领导提倡开放、分享和讨论，您在工作中常常能够自由开放地表达自己的利益诉求

四、数据收集与分析

(一)试测与研究模型的构建

结合前文提及的研究假设及其涉及的变量(指标),本章设计了教师权利实现水平量表与教师权利实现的影响因素量表,参照已有教师权利调查问卷中的教师个体特征变量,结合前期对教师的访谈,从教龄、学历、职称、行政职务四个维度设计了高校教师个体特征变量。变量和问卷之间的关系为:问卷题目主要以Likert五点量表的形式呈现,由三个部分组成,第一部分(1—4题)为教师的个体特征,第二部分(5—15题)调查教师权利四个维度的现状,第三部分(16—30题)调查教师权利的意识、权利能力、责任感以及制度保障情况。此外,问卷还设计了两道多选题,用以反映当前教职工代表大会和学术组织的运行情况。需要说明的是,为提高调查问卷的有效性和客观性,发放和呈现于附录中的问卷均隐去了每部分的调查目的和变量,问卷的题项与变量之间的对应关系在文章的第一部分有所体现。

1.探索性因素分析

本研究在全国范围内随机抽取400名高校教师,共发放电子问卷400份,回收问卷320份,回收率为80.0%,其中有效问卷298份,有效率93.1%。利用SPSS对教师权利实现水平量表与教师权利实现的影响因素量表进行探索性因子分析前,需要先对量表进行KMO(Kaiser-Meyer-Olkin)样本测度和Bartlett球形检验。通过KMO样本测度,得出抽样充足量的测度以及原始变量间相关系数和偏相关系数的大小。当KMO值愈大时(愈接近1时),表示变量间的共同因素愈多,愈适合进行因素分析。一般情况下(不考虑临界值),KMO>0.9非常适合做因子分析;0.8<KMO<0.9为适合;0.7—0.8为尚可;0.6时效果较差;0.5以下不宜进行因子分析。Bartlett球形检验旨在检验相关系数矩阵是否是单位阵,若Bartlett球形检验结果是单位阵,则表明不适合采用因子模型。结果如表1-1-11。

表1-1-11　KMO与Bartlett's检验

项目		结果
KMO样本测度		0.914
Bartlett 球形检验	近似卡方	5366.827
	df	325
	Sig.	0.000

由上表可得到KMO=0.914,大于0.7,Bartlett球形检验值显著(Sig.<0.001),问卷数据满足了进行因子分析的前提。运用主成分分析法提取因子,采用最大变异转轴法进行正交旋转,估计因素之负荷量,以特征根大于1为提取原则进行因子分析,结果如表1-1-12所示。

表1-1-12　探索性因子分析结果

测量题目	成分							
	权利意识	制度保障	知情权	建议权	决策权	权利能力	责任感	监督权
RC1	0.854							
RC5	0.801							
RC3	0.791							
RC2	0.784							
RC4	0.757							
RC6	0.747							
IG4		0.781						
IG2		0.777						
IG1		0.741						
IG3		0.725						
KR2			0.864					
KR3			0.853					
KR1			0.844					
SR1				0.840				
SR2				0.824				
SR3				0.819				
DR3					0.832			
DR2					0.808			
DR1					0.807			
RA2						0.830		
RA1						0.826		
RA3						0.809		
RES2							0.877	
RES1							0.869	
SUR1								0.847
SUR2								0.826
特征值	4.404	2.913	2.617	2.486	2.484	2.453	1.753	1.664
解释方差/%	16.939	11.205	10.065	9.562	9.553	9.436	6.741	6.401
累计解释方差/%	16.939	28.144	38.209	47.772	57.324	66.760	73.501	79.903

从上表可以看出，因素分析结果总共得到8个因素，各个因素的总解释能力（累计解释方差）达到了79.903%，大于50%的水平，表明这8个因素均具有良好的代表性，各个测量题项的因素负荷量均大于0.5，且交叉载荷均小于0.4，表明每一个题目均落到对应的因素中，因而可保留所有的测量题项进行后续分析。

2. 建立测量模型与结构模型

结构方程模型一般包括测量模型和结构模型两个部分。测量模型用于衡量隐变量（潜在变量）与显变量（观察变量）之间的对应关系，而结构模型用于测量各个隐变量（潜在变量）之间的因果关系。根据探索性因素分析的结果，保留8个因素以及每个因素所对应的题项，建立初始测量模型和结构模型。

其中，外生隐变量（ξ）包括：权利意识（ξ_1）、权利能力（ξ_2）、责任感（ξ_3）、制度保障（ξ_4）。外生显变量（X）即外生隐变量对应的测量项，包括：RC1（x_1）、RC2（x_2）、RC3（x_3）、RC4（x_4）、RC5（x_5）、RC6（x_6）、RA1（x_7）、RA2（x_8）、RA3（x_9）、RES1（x_{10}）、RES2（x_{11}）、IG1（x_{12}）、IG2（x_{13}）、IG3（x_{14}）、IG4（x_{15}）。内生隐变量（η）包括：知情权（η_1）、建议权（η_2）、决策权（η_3）、监督权（η_4）。内生显变量（Y）即内生隐变量对应的测量项，包括：KR1（y_1）、KR2（y_2）、KR3（y_3）、SR1（y_4）、SR2（y_5）、SR3（y_6）、DR1（y_7）、DR2（y_8）、DR3（y_9）、SUR1（y_{10}）、SUR2（y_{11}）。

隐变量与显变量的测量模型如图1-1-2：

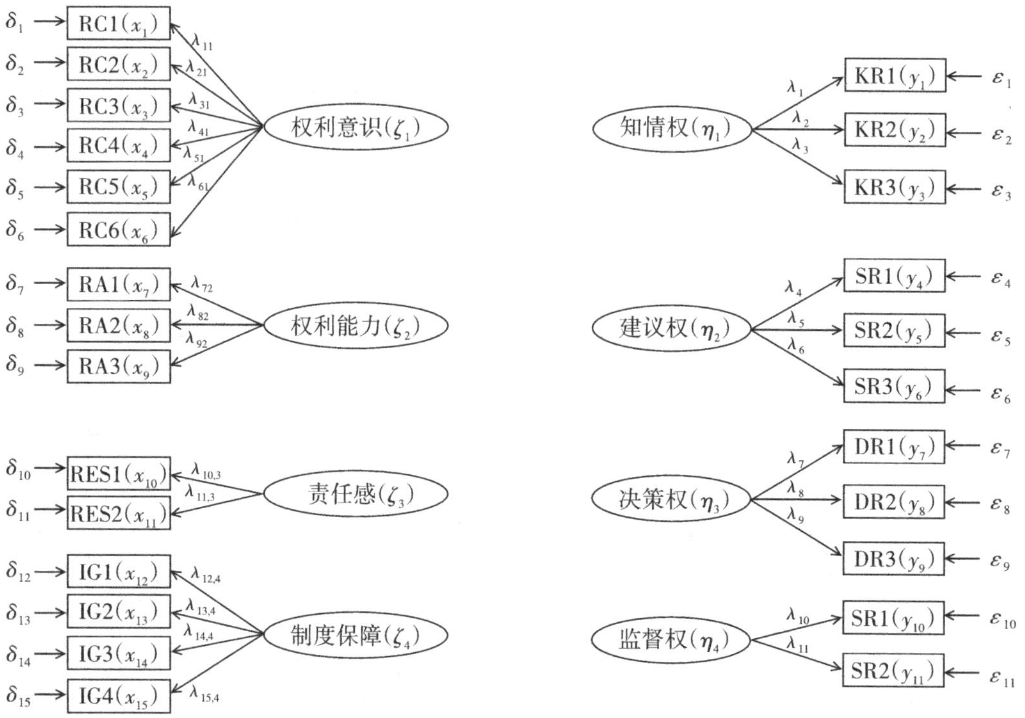

图1-1-2　隐变量与显变量测量模型图

上述测量模型的回归方程式如下：

$$X_1=\lambda_1\times\xi_1+\delta_1$$

$$X_2=\lambda_3\times\xi_3+\delta_3$$

$$\vdots$$

$$Xn=\lambda_n\times\xi_n+\delta_n$$

$$Y_1=\lambda_1\times\eta_1+\varepsilon_1$$

$$Y_2=\lambda_2\times\eta_2+\varepsilon_2$$

$$\vdots$$

$$Y_n=\lambda_n\times\eta_n+\varepsilon_n$$

上述的回归方程式可以矩阵方程表示如下：

$$X=\Lambda_X\times\xi+\delta$$

$$Y=\Lambda_Y\times\eta+\varepsilon$$

其中,ε与η、ξ及δ无相关,而δ与ξ、η及ε也无相关,Λ_Y为Y对η的负荷矩阵,Λ_X为X对ξ的负荷矩阵,ε、δ为显变量的测量误差,ξ与η分别为外生隐变量与内生隐变量。

外生隐变量与内生隐变量关系的结构模型如图1-1-3：

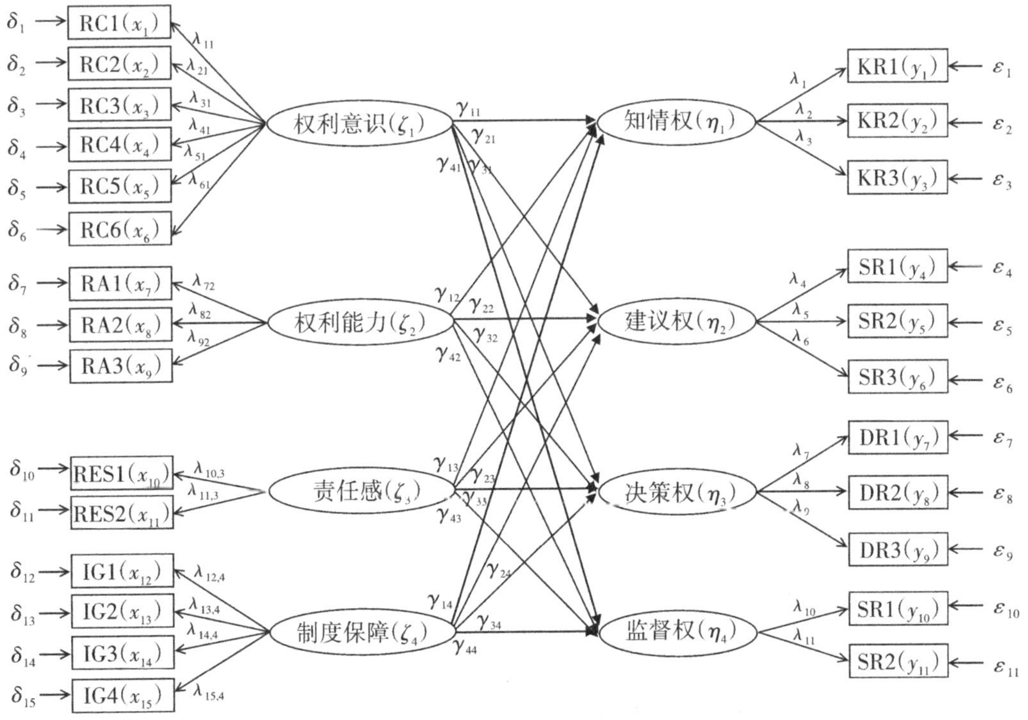

图1-1-3　外生隐变量与内生隐变量关系结构模型图

上述隐变量间的回归方程式如下：

$$\eta_1=\gamma_{11}\times\xi_1+\gamma_{12}\times\xi_2+\gamma_{13}\times\xi_3+\gamma_{14}\times\xi_4+\zeta_1$$

$$\vdots$$

$$\eta_n=\gamma_{n1}\times\xi_1+\gamma_{n2}\times\xi_2+\gamma_{n3}\times\xi_3+\gamma_{n4}\times\xi_4+\zeta_n$$

以上结构模型的方程式可以下列矩阵方程形式表示：

$$\eta=\Gamma\times\xi+\zeta$$

其中 ξ 与 ζ 无相关存在，Γ 为外生隐变量对内生隐变量的影响效应系数，ζ 是内生隐变量(η)无法被外生隐变量(ξ) 解释或预测的部分，称为残差或干扰变因。

（二）正式测试与信效度检验

正式测试对象为重庆大学、西南大学、浙江海洋大学、浙江师范大学、四川外国语大学（5所高校均已由教育部或省教育厅核准大学章程）的教师，共发放问卷 400 份，回收问卷 350 份，回收率为 87.5%，其中有效问卷 302 份，有效率为 86.3%。

1.样本数据统计描述

(1)样本人口统计分析。

对调查对象的个人特征进行描述性统计分析，见表1-1-13。

表1-1-13　样本人口统计分析

Questions	Category	Frequency	Percent /%
教龄	1—2年	31	10.3
	3—5年	84	27.8
	6—10年	75	24.8
	11—20年	75	24.8
	21年及以上	37	12.3
最高学历	学士	14	4.7
	硕士	136	45.0
	博士	152	50.3
职称	初级	20	6.7
	中级	129	42.7
	副高	114	37.7
	正高	39	12.9
是否担任行政职务	是	64	21.2
	否	238	78.8

由上表可知，本次调查的受访者教龄为3—5年的人数最多，所占百分比为27.8%，其次为6—10年、11—20年，所占百分比均为24.8%；受访者的最高学历为硕士、博士的人数较多，所占百分比分别为45.0%、50.3%；受访者的职称为中级、副高的人数较多，所占百分比分别为42.7%、37.7%；受访者担任行政职务的人数较少，所占百分比为21.2%。

（2）数据正态分布检验。

由于目前结构方程模型应用最广的适配函数估计法是最大似然估计法（ML法），使用ML法时必须要满足以下基本条件：样本是多变量正态总体且以简单随机抽样来获得的。从表1-1-14我们可以看出问卷中的各题项的偏度统计量的绝对值最大为1.036，峰度统计量的绝对值最大为1.602，所以可以认为本次调查回收的数据基本服从正态分布，可以进行后期的分析。

表1-1-14　数据正态分布检验

测量项目	样本数	最小值（*M*）	最大值（*X*）	平均值（*E*）	标准偏差	偏度	峰度
RC1	302	1	5	3.69	1.182	−0.964	0.232
RC2	302	1	5	3.73	1.066	−0.807	0.291
RC3	302	1	5	3.68	1.289	−0.893	−0.169
RC4	302	1	5	3.77	1.296	−1.036	0.020
RC5	302	1	5	3.66	1.231	−0.901	−0.004
RC6	302	1	5	3.85	1.204	−0.987	0.212
RA1	302	1	5	3.69	1.307	−0.735	−0.617
RA2	302	1	5	3.70	1.285	−0.705	−0.557
RA3	302	1	5	3.72	1.250	−0.641	−0.683
RES1	302	1	5	3.52	1.102	−0.787	0.181
RES2	302	1	5	3.61	1.158	−0.810	−0.002
IG1	302	1	5	3.67	1.222	−0.648	−0.502
IG2	302	1	5	3.69	1.230	−0.633	−0.420
IG3	302	1	5	3.79	1.265	−0.771	−0.392
IG4	302	1	5	3.68	1.222	−0.769	−0.229
KR1	302	1	5	2.89	1.628	0.224	−1.602
KR2	302	1	5	2.76	1.511	0.254	−1.442
KR3	302	1	5	2.69	1.468	0.322	−1.380
SR1	302	1	5	2.64	1.418	0.447	−1.110
SR2	302	1	5	2.47	1.341	0.476	−1.045
SR3	302	1	5	2.39	1.294	0.485	−1.031
DR1	302	1	5	2.19	1.209	0.810	−0.466
DR2	302	1	5	2.11	1.193	0.869	−0.322
DR3	302	1	5	2.01	1.078	0.867	−0.099
SUR1	302	1	5	2.37	1.226	0.653	−0.525
SUR2	302	1	5	2.43	1.203	0.650	−0.392

2.信度分析

为了确保测量工具所测的结果的稳定性及一致性，采用克隆巴赫信度系数（Cronbach's Alpha）检验调查问卷各题目的内部一致性程度，以确保模型拟合度评价和假设检验的有效性。由表1-1-15可以得到，权利意识、权利能力、责任感、制度保障、知情权、建议权、决策权、监督权的克隆巴赫信度系数分别为0.912、0.877、0.854、0.871、0.942、0.915、0.882、0.801，均大于0.7，表明量表具有良好的信度。

表1-1-15　信度分析

因素	测量题目	CITC	Cronbach's Alpha if Item Deleted	Cronbach's Alpha
权利意识	RC1	0.814	0.888	0.912
	RC2	0.771	0.895	
	RC3	0.713	0.903	
	RC4	0.754	0.897	
	RC5	0.765	0.895	
	RC6	0.721	0.901	
权利能力	RA1	0.745	0.842	0.877
	RA2	0.802	0.789	
	RA3	0.742	0.844	
责任感	RES1	0.746	—	0.854
	RES2	0.746	—	
制度保障	IG1	0.693	0.848	0.871
	IG2	0.746	0.827	
	IG3	0.702	0.844	
	IG4	0.759	0.822	
知情权	KR1	0.897	0.904	0.942
	KR2	0.869	0.924	
	KR3	0.878	0.918	
建议权	SR1	0.864	0.850	0.915
	SR2	0.810	0.894	
	SR3	0.819	0.888	
决策权	DR1	0.813	0.793	0.882
	DR2	0.763	0.840	
	DR3	0.742	0.859	
监督权	SUR1	0.668	—	0.801
	SUR2	0.668	—	

3.效度分析

在试测阶段，经探索性因素分析结构求得因素的建构效度。其中，构面共有8个维度，分别为权利意识、权利能力、责任感、制度保障、知情权、建议权、决策权、监督权，共26

个测量题目。为了检验前文建立的因素结构模型与实际数据的适配性，用正式测试收集的数据执行验证性因素分析，得到图1-1-4及表1-1-16。

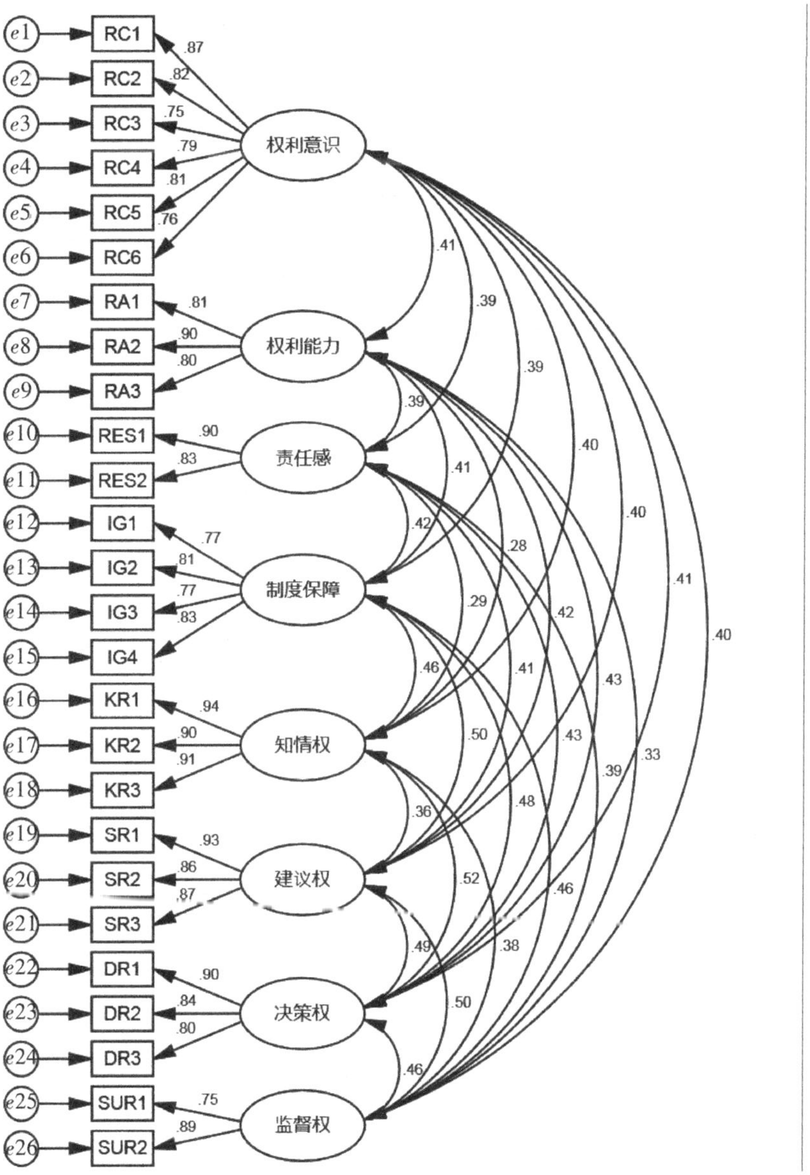

图1-1-4　验证性因素分析

表1-1-16　验证性因素模型拟合度

拟合指标	CMIN/DF	RMSEA	GFI	NFI	IFI	TLI	CFI
判断标准	<3	<0.08	>0.9	>0.9	>0.9	>0.9	>0.9
模型结果	1.457	0.039	0.914	0.930	0.977	0.972	0.977
结论	合格	合格	合格	合格	合格	合格	合格

从上表可知，拟合指标中的卡方自由度比值CMIN/DF为1.457（其值若介于1—3表示模型适配良好），渐进残差均方和平方根RMSEA为0.039（RMSEA值在0.05至0.08之间表示模型良好；数值小于0.05表示模型适配度非常好），适配度指数GFI、NFI、IFI、TLI、CFI均达到了0.9以上的标准，各个拟合指标均符合一般的研究标准，因此可以认为该模型有不错的适配度。

表1-1-17　验证性因素分析结果

因素	项目	非标准化负荷	S.E.	C.R.	P	标准化负荷	CR	AVE
权利意识	RC1	1				0.866	0.914	0.640
	RC2	0.852	0.048	17.805	***	0.818		
	RC3	0.940	0.061	15.379	***	0.746		
	RC4	1.001	0.059	16.832	***	0.791		
	RC5	0.976	0.056	17.545	***	0.811		
	RC6	0.894	0.057	15.820	***	0.760		
权利能力	RA1	1				0.809	0.878	0.706
	RA2	1.099	0.066	16.738	***	0.904		
	RA3	0.951	0.062	15.262	***	0.804		
责任感	RES1	1				0.897	0.856	0.748
	RES2	0.975	0.085	11.469	***	0.832		
制度保障	IG1	1				0.767	0.872	0.630
	IG2	1.057	0.075	14.056	***	0.805		
	IG3	1.036	0.078	13.340	***	0.767		
	IG4	1.089	0.075	14.574	***	0.835		
知情权	KR1	1				0.944	0.943	0.847
	KR2	0.887	0.033	26.957	***	0.902		
	KR3	0.874	0.031	28.048	***	0.915		
建议权	SR1	1				0.925	0.917	0.787
	SR2	0.878	0.041	21.485	***	0.860		
	SR3	0.863	0.039	22.228	***	0.875		
决策权	DR1	1				0.899	0.883	0.717
	DR2	0.923	0.050	18.291	***	0.841		
	DR3	0.791	0.047	16.942	***	0.797		
监督权	SUR1	1				0.752	0.807	0.678
	SUR2	1.161	0.114	10.191	***	0.889		

图1-1-4为采用极大似然法（ML）所估计的标准化回归系数，表1-1-17中的列3—列6为非标准化回归系数，在模型设定时，将“权利意识→RC1”“权利能力→RA1”“责任感→RES1”“制度保障→IG1”“知情权→KR1”“建议权→SR1”“决策权→DR1”“监督权→SUR1”的未标准化回归系数参数设为固定参数1，所以这6个参数不需要进行路径系数的显著性检验，其标准误差（S.E.）、临界比值（C.R.）、显著性p值均为空白。临界比值（C.R.）为参数估计值与标准误差（S.E.）的比值，相当于t检验值，如果此比值绝对值大于1.96，则参数估

计值达到0.05。当P值大于 0.001 时,P值栏会直接呈现其数值大小,“***”表示的是P值小于 0.001,影响水平显著。表 1-1-17 列 7 为标准化回归系数,是由变量转化为标准分数后计算出来的估计值,可用于测量和了解变量在各潜在因素中的相对重要性,因素负荷量介于0.5至0.95之间,表示模型的基本适配度良好。从表1-1-17可知,各题标准化因素负荷均大于0.7以上,残差均为正而且显著,残差分析没有显示出违反基本假设的迹象。各个因素组成信度CR均大于0.7,平均变异萃取量AVE均大于0.5,均达到收敛效度的标准,因此可以得出问卷所构建的显变量与隐变量测量模型图得到支持。

第二节　高校内部治理中教师权利实现情况结果分析

一、高校内部治理中教师权利实现的总体水平

通过对问卷调查结果的编码整理,采用 SPSS 软件对所得数据进行均值比较分析,得到高校内部治理中教师权利实现各个维度的平均值(依据本问卷的计分方式,平均值愈高表示其水平越高,平均值愈低表示其水平越低),见表 1-2-1。

表 1-2-1　高校内部治理中教师权利实现各维度水平(N=302)

因素	样本数	最小值(M)	最大值(X)	平均值(E)	标准偏差
知情权	302	1.00	5.00	2.779	1.455
建议权	302	1.00	4.67	2.502	1.250
决策权	302	1.00	4.67	2.102	1.044
监督权	302	1.00	5.00	2.397	1.109

高校内部治理中教师的四种权利实现水平的平均数范围约在 2.102—2.779 之间。按照从高到低顺序排列为:知情权(2.779)、建议权(2.502)、监督权(2.397)、决策权(2.102)。从图 1-2-1 可以更直观地看出高校内部治理中教师的四种权利实现的基本情况。

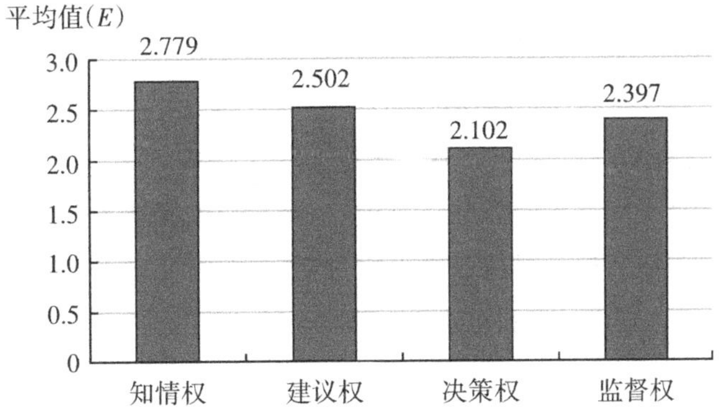

图1-2-1　高校内部治理中教师权利实现水平

二、高校内部治理中教师权利实现的差异性分析

（一）不同教龄受访者权利实现的差异性分析

受访者的教龄为“1—2年”“3—5年”“6—10年”“11—20年”以及“21年及以上”五个分类，通过单因素方差分析，不同教龄的受访者在建议权、监督权的维度上具有显著性差异（P值小于0.05）。其中教龄越高，建议权的实现水平越高，而教龄在6年以上的教师的监督权的实现水平明显高于教龄6年以下的。在知情权和决策权的实现上，教龄6年以上的教师高于教龄6年以下的教师，但差异不显著（P值大于0.05）。具体差异性分析见表1-2-2。

表1-2-2　不同教龄受访者权利实现的差异性分析

因素	教龄	N	Mean	SD	F	P
知情权	1—2年	31	2.473	1.368	1.771	0.135
	3—5年	84	2.647	1.440		
	6—10年	75	2.822	1.461		
	11—20年	75	2.751	1.471		
	21年及以上	37	3.306	1.458		
建议权	1—2年	31	1.871	0.763	3.153	0.015
	3—5年	84	2.472	1.190		
	6—10年	75	2.507	1.273		
	11—20年	75	2.591	1.306		
	21年及以上	37	2.910	1.398		
决策权	1—2年	31	1.763	0.808	2.323	0.057
	3—5年	84	2.032	0.958		
	6—10年	75	2.231	1.177		
	11—20年	75	2.022	0.967		
	21年及以上	37	2.441	1.189		
监督权	1—2年	31	1.968	0.816	3.784	0.005
	3—5年	84	2.268	1.025		
	6—10年	75	2.400	1.162		
	11—20年	75	2.453	1.091		
	21年及以上	37	2.932	1.259		

（二）不同最高学历受访者权利实现的差异性分析

受访者的最高学历为“学士”“硕士”“博士”三种分类，通过单因素方差分析，具有博士学历的教师在知情权、建议权的实现水平上高于学士与硕士学历的教师，但差异不显著（P值大于0.05），并且不同学历的教师在决策权、监督权的实现水平上不具有显著性差异（P值大于0.05），表明知情权、建议权、决策权、监督权的行使水平不会因为教师的学历不同而有较大差异。具体差异性分析见表1-2-3。

表1-2-3　不同最高学历受访者权利实现的差异性分析

因素	最高学历	*N*	Mean	SD	*F*	*P*
知情权	学士	14	2.690	1.447	1.121	0.327
	硕士	136	2.650	1.441		
	博士	152	2.904	1.468		
建议权	学士	14	2.286	1.139	0.365	0.695
	硕士	136	2.471	1.235		
	博士	152	2.550	1.278		
决策权	学士	14	2.024	1.180	0.594	0.553
	硕士	136	2.037	0.994		
	博士	152	2.167	1.078		
监督权	学士	14	2.536	1.134	0.124	0.883
	硕士	136	2.401	1.120		
	博士	152	2.382	1.103		

（三）不同职称受访者权利实现的差异性分析

受访者的职称分为“初级”“中级”“副高”“正高”四个类别。通过单因素方差分析，不同职称的教师在决策权上具有显著差异（*P*值小于0.05），职称越高，决策权的实现水平越高。在知情权、建议权的实现上，“正高”职称的教师高于其以下职称的教师，但差异不显著（*P*值大于0.05）。在监督权的实现上，“正高”职称的教师高于其以下职称教师，但差异不显著（*P*值大于0.05）。具体差异性分析见表1-2-4。

表1-2-4　不同职称受访者权利实现的差异性分析

因素	职称	*N*	Mean	SD	*F*	*P*
知情权	初级	20	2.250	1.228	1.180	0.318
	中级	129	2.742	1.460		
	副高	114	2.863	1.456		
	正高	39	2.932	1.530		
建议权	初级	20	2.167	1.012	2.504	0.059
	中级	129	2.439	1.249		
	副高	114	2.471	1.205		
	正高	39	2.974	1.415		
决策权	初级	20	1.567	0.473	3.766	0.011
	中级	129	2.036	0.992		
	副高	114	2.140	1.066		
	正高	39	2.479	1.230		
监督权	初级	20	2.025	1.006	2.109	0.099
	中级	129	2.391	1.146		
	副高	114	2.351	0.998		
	正高	39	2.744	1.287		

（四）是否担任行政职务的受访者权利实现的差异性分析

受访者分为担任行政职务与不担任行政职务两类。通过独立样本*T*检验，担任行政职务的教师在知情权、建议权、决策权、监督权四种权利的实现水平均高于不担任行政职务的教师。其中在知情权、决策权、监督权的实现上具有显著差异（*P*值小于0.05），而在建议权的实现上不具有显著性差异（*P*值大于0.05）。具体差异性分析见表1-2-5。

表1-2-5　是否担任行政职务的受访者权利实现的差异性分析

	是否担任行政职务	N	Mean	SD	t	P
知情权	是	64	3.151	1.520	2.319	0.021
	否	238	2.679	1.424		
建议权	是	64	2.760	1.406	1.705	0.092
	否	238	2.433	1.199		
决策权	是	64	2.380	1.186	2.188	0.031
	否	238	2.027	0.992		
监督权	是	64	2.734	1.263	2.488	0.015
	否	238	2.307	1.049		

三、结构方程模型检验及结果分析

（一）模型检验

前文通过文献梳理以及理论分析建立了高校内部治理中教师权利实现影响因素的概念模型，运用探索性因素分析保留8个因素并建立了待验证的结构模型。为了验证前文提出的16个研究假设以及这些变量之间的关系，本书运用AMOS，基于待验证的完整结构方程模型，以原始数据录入，采用最大似然法（ML）进行估计，得出初步的验证性分析结果（见图1-2-2）。

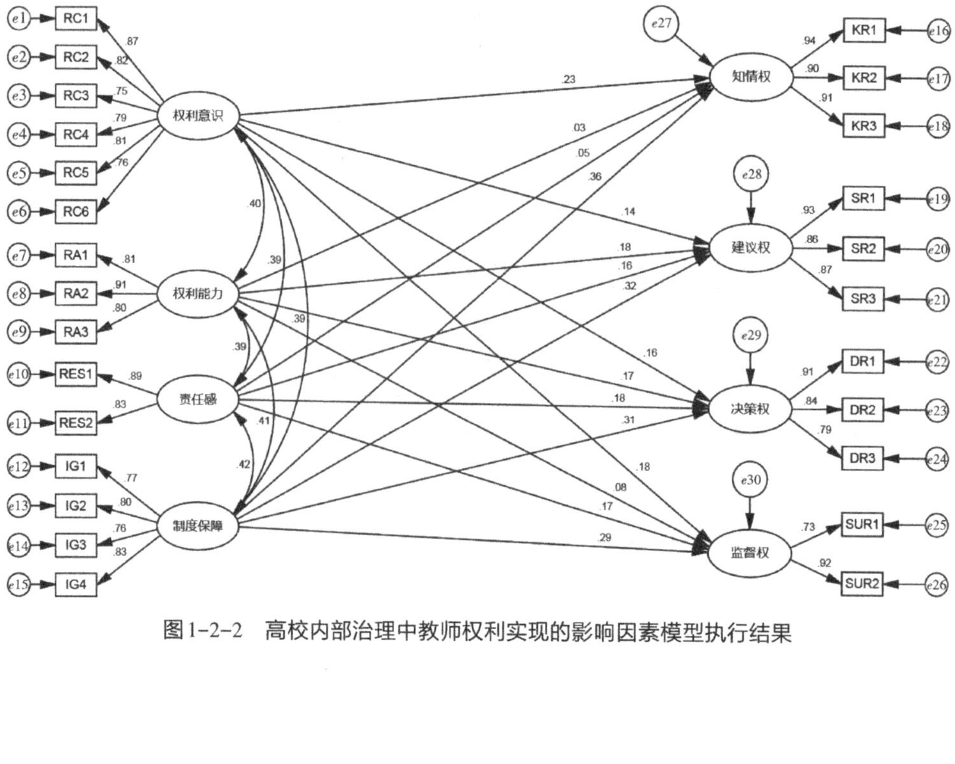

图1-2-2　高校内部治理中教师权利实现的影响因素模型执行结果

表1-2-6　初始结构方程模型拟合度

拟合指标	CMIN/DF	RMSEA	GFI	NFI	IFI	TLI	CFI
判断标准	<3	<0.08	>0.9	>0.9	>0.9	>0.9	>0.9
模型结果	1.629	0.046	0.903	0.920	0.967	0.961	0.967
结论	合格	合格	合格	合格	合格	合格	合格

表1-2-6为高校内部治理中教师权利实现影响因素模型与实际数据的模型拟合结果。分析结果显示，拟合指标中的卡方自由度比值CMIN/DF为1.629(数值若介于1—3表示模型适配良好)，渐进残差均方和平方根RMSEA为0.046(数值在0.05至0.08之间表示模型良好；数值小于0.05表示模型适配度非常好)，适配度指数GFI、NFI、IFI、TLI、CFI均达到0.9以上，各个拟合指标均符合一般的研究标准，因此可以认为该模型有不错的适配度。

(二)结果分析

根据图1-2-2测量模型和表1-2-6结构模型的验证性分析结果建立的高校内部治理中教师权利实现的影响因素模型的整体拟合度较高，由此可以推断出该模型是合理的。为了进一步得出各个自变量分别对各个因变量的影响强度，本书采用标准化的路径系数来进行评价。根据表1-2-7可以得出前文提出的16个研究假设中有13个成立，均为正相关关系。

表1-2-7　高校内部治理中教师权利影响因素路径系数表

路径			标准化系数	非标准化系数	S.E.	C.R.	*P*	假设
知情权	←	权利意识	0.234	0.352	0.097	3.639	***	成立
知情权	←	权利能力	0.029	0.042	0.095	0.440	0.660	不成立
知情权	←	责任感	0.049	0.076	0.104	0.728	0.467	不成立
知情权	←	制度保障	0.357	0.580	0.113	5.150	***	成立
建议权	←	权利意识	0.144	0.185	0.080	2.320	0.020	成立
建议权	←	权利能力	0.177	0.220	0.079	2.771	0.006	成立
建议权	←	责任感	0.159	0.213	0.087	2.443	0.015	成立
建议权	←	制度保障	0.322	0.449	0.093	4.838	***	成立
决策权	←	权利意识	0.163	0.175	0.067	2.597	0.009	成立
决策权	←	权利能力	0.168	0.174	0.067	2.596	0.009	成立
决策权	←	责任感	0.180	0.201	0.074	2.712	0.007	成立
决策权	←	制度保障	0.308	0.357	0.078	4.563	***	成立
监督权	←	权利意识	0.183	0.159	0.060	2.651	0.008	成立
监督权	←	权利能力	0.084	0.071	0.058	1.222	0.222	不成立
监督权	←	责任感	0.170	0.153	0.065	2.348	0.019	成立
监督权	←	制度保障	0.292	0.275	0.072	3.836	***	成立

注：***表示$p<0.001$

基于上表得出以下结论。

假设1成立:"权利意识"对"知情权"变量影响的标准化路径系数β=0.234,临界比值C.R.为3.639,临界比值绝对值大于1.96,p<0.001,说明权利意识对知情权的实现具有显著正向影响。

假设2不成立:"权利能力"对"知情权"变量影响的标准化路径系数β=0.029,临界比值C.R.为0.440,临界比值绝对值小于1.96,p=0.660>0.050,未达到显著水平。

假设3不成立:"责任感"对"知情权"变量影响的标准化路径系数β=0.049,临界比值C.R.为0.728,临界比值绝对值小于1.96,p=0.467>0.050,未达到显著水平。

假设4成立:"制度保障"对"知情权"变量影响的标准化路径系数β=0.357,临界比值C.R.为5.150,临界比值绝对值大于1.96,p<0.001,说明制度保障对知情权的实现具有显著正向影响。

假设5成立:"权利意识"对"建议权"变量影响的标准化路径系数β=0.144,临界比值C.R.为2.320,临界比值绝对值大于1.96,p=0.020<0.050,说明权利意识对建议权的实现具有显著正向影响。

假设6成立:"权利能力"对"建议权"变量影响的标准化路径系数β=0.177,临界比值C.R.为2.771,临界比值绝对值大于1.96,p=0.006<0.010,说明权利能力对建议权的实现具有显著正向影响。

假设7成立:"责任感"对"建议权"变量影响的标准化路径系数β=0.159,临界比值C.R.为2.443,临界比值绝对值大于1.96,p=0.015<0.050,说明责任感对建议权的实现具有显著正向影响。

假设8成立:"制度保障"对"建议权"变量影响的标准化路径系数β=0.322,临界比值C.R.为4.838,临界比值绝对值大于1.96,p<0.001,说明制度保障对建议权的实现具有显著正向影响。

假设9成立:"权利意识"对"决策权"变量影响的标准化路径系数β=0.163,临界比值C.R.为2.597,临界比值绝对值大于1.96,p=0.009<0.010),说明权利意识对决策权的实现具有显著正向影响。

假设10成立:"权利能力"对"决策权"变量影响的标准化路径系数β=0.168,临界比值C.R.为2.596,临界比值绝对值大于1.96,p=0.009<0.010),说明权利能力对决策权的实现具有显著正向影响。

假设11成立:"责任感"对"决策权"变量影响的标准化路径系数β=0.180,临界比值C.R.为2.712,临界比值绝对值大于1.96,p=0.007<0.010,说明责任感对决策权的实现具有显

著正向影响。

假设12成立："制度保障"对"决策权"变量影响的标准化路径系数β=0.308，临界比值C.R.为4.563，临界比值绝对值大于1.96，p<0.001，说明制度保障对决策权的实现具有显著正向影响。

假设13成立："权利意识"对"监督权"变量影响的标准化路径系数β=0.183，临界比值C.R.为2.651，临界比值绝对值大于1.96，p=0.008<0.010，说明权利意识对监督权的实现具有显著正向影响。

假设14不成立："权利能力"对"监督权"变量影响的标准化路径系数β=0.084，临界比值C.R.为1.222，临界比值绝对值小于1.96，p=0.222>0.050，未达到显著水平。

假设15成立："责任感"对"监督权"变量影响的标准化路径系数β=0.170，临界比值C.R.为2.348，临界比值绝对值大于1.96，p=0.019<0.050，说明责任感对监督权的实现具有显著正向影响。

假设16成立："制度保障"对"监督权"变量影响的标准化路径系数β=0.292，临界比值C.R.为3.836，临界比值绝对值大于1.96，p<0.001，说明制度保障对监督权的实现具有显著正向影响。

四、研究结论

科学研究从发现问题到解决问题，都要经过形成问题、建立假设、制定研究方案、检验假设、得出结论等类似的活动过程或阶段。前文已基于现实背景与文献梳理形成了研究问题，提出了有关高校内部治理中教师权利实现的因果关系的"猜想性"研究假设，围绕研究假设作了研究设计，并对实施所收集的材料进行了整理和分析。以下将根据前文的分析，进一步证明研究问题的存在，根据对研究假设的验证结果，形成相关结论，并讨论和反思研究结论形成的深层原因，据此提出促进高校内部治理中教师权利实现的策略。

（一）高校内部治理中教师权利的实现水平偏低

高校内部治理中教师的知情权、建议权、决策权、监督权实现水平的平均数均在3以下，表明高校内部治理中教师权利实现的整体水平偏低，其中知情权的实现水平（2.779）在四种权利中最高。表1-2-8中知情权各维度的均值表明，教师对学术事务的知情权享有程度较高，其次是对含有学术性质的事务知情的权利。关于非学术性质的事务，教师的知情权享有水平最低。

表1-2-8 知情权实现各题项平均值(*N*=302)

知情权题项	平均值	标准差
您对学科建设、学术发展、学位授予等学术事务的决策过程完全了解。(KR1)	2.89	1.628
您对人才聘用、职称晋升、重要领导遴选、学校办学目标与发展规划、学校重大财政决定等含有学术性质的事务的决策过程完全了解。(KR2)	2.76	1.511
您对学校基建、资金募集、后勤工作等非学术性质的事务的决策过程完全了解。(KR3)	2.69	1.468

建议权的实现水平(2.502)较知情权低,但是比决策权和监督权的高,根据表1-2-9中建议权各维度的平均数水平可以看出,教师对学术事务的建议权享有程度较高,其次是对含有学术性质的事务提出建议的权利。关于非学术性质的事务,教师的建议权享有水平最低。

表1-2-9 建议权实现各题项平均值(*N*=302)

建议权题项	平均值	标准差
您可以对学科建设、学术发展、学位授予等学术事务提出建议,并且您的建议能够在一定程度上影响决策。(SR1)	2.64	1.418
您可以对人才聘用、职称晋升、重要领导遴选、学校办学目标与发展规划、学校重大财政决定等含有学术性质的事务提出建议,并且您的建议能够在一定程度上影响决策。(SR2)	2.47	1.341
您可以对学校基建、资金募集、后勤工作等非学术性质的事务提出建议,并且您的建议能够在一定程度上影响决策。(SR3)	2.39	1.294

决策权的实现水平(2.102)是四种权利中实现水平最低的,根据表1-2-10中决策权各维度的平均数水平可以看出,教师对学术事务的决策权享有程度较高,其次是参与含有学术性质的事务决策的权利。关于非学术性质的事务,教师的决策权享有水平最低。

表1-2-10 决策权实现各题项平均值(*N*=302)

决策权题项	平均值	标准差
您参与了学科建设、学术发展、学位授予、人才培养等学术事务的整个决策过程,并享有表决权。(DR1)	2.19	1.209
您参与了人才聘用、职称晋升、重要领导遴选、学校办学目标与发展规划、学校重大财政决定等含有学术性质的事务的整个决策过程,并享有表决权。(DR2)	2.11	1.193
您参与了学校基建、资金募集、后勤工作等非学术性质的事务的整个决策过程,并享有表决权。(DR3)	2.01	1.078

监督权的实现水平(2.397)较知情权、建议权低,略高于决策权,根据表1-2-11中监督权各维度的平均数水平可以看出,教师在学校重大决策的执行过程中享有的监督权利略低于教师对其他权利主体行使监督权利的水平。

表1-2-11 监督权实现各题项平均值(*N*=302)

监督权题项	平均值	标准差
您对学校的重大决策的执行情况比较了解,且能够采取一定的方法来监督执行过程。(SUR1)	2.37	1.226
您对其他权利主体的权利行使情况了解,且能够采取一定的方法防止其权利滥用。(SUR2)	2.43	1.203

综上,通过实证调查,得出研究结论:在当前的高校内部治理中,教师的权利的实现水平较低。其中,教师的知情权、建议权、决策权、监督权四种权利的实现水平都比较低,实现效果不佳。

(二)权利意识是高校内部治理中教师权利有效实现的前提

根据表1-2-7,权利意识对知情权、建议权、决策权、监督权的影响路径系数分别为0.234、0.144、0.163、0.183,临界比值分别为3.639、2.320、2.597、2.651,均为正向显著影响,权利意识对高校内部治理中教师权利实现的影响得到证实。其中权利意识对知情权的影响程度较大,对建议权、决策权、监督权的影响程度相差不大。

权利意识是影响高校内部治理中教师权利实现的基础性因素。权利意识既表现为权利主体对自我权利的认知、反思以及采取行动的主观愿望,也表现为对其他权利主体的权利的认同与尊重。高校教师的权利意识指高校教师对自己作为核心利益相关者的利益和自由的要求、认识与反思,对其他利益主体的认识和评价,并愿意通过一定的实际行动维护自身的权益。可以说,缺乏权利意识,高校教师的治理权利将无法付诸实践,因此,权利意识是高校内部治理中教师权利有效实现的前提。调查结果显示,当前高校教师的权利意识水平均值为3.730,为中等水平。而造成高校教师权利意识水平不高的原因归结起来有:第一,高校教师长期奉行的"义务本位"观,认为只要履行自己"教"的义务,得到督导的"认可",完成教学与科研任务,实现自己的财富"收益"就完成了使命,而对于学校如何发展、学生如何培养的问题并不"介意"。第二,高校内部治理中教师的权利设置模糊。现行教育立法中并没有明确的关于教师在高校治理方面的权利内容的划分,缺乏对权利行使范围与行使方式的规定,使得教师缺乏对治理权利的认知与认同。

(三)权利能力是高校内部治理中教师权利有效实现的条件

根据表1-2-7,权利能力对知情权、建议权、决策权、监督权的影响路径系数分别为0.029、0.177、0.168、0.084,临界比值分别为0.440、2.771、2.596、1.222。其中权利能力对建议权、决策权为正向显著影响,而对知情权、监督权影响不显著,表明权利能力是高校内部治理中教师建议权、决策权实现的影响因素得到证实。

权利能力乃是法律关系主体资格的必备条件,是主体实现权利的前提与基础。高校治理中教师的权利能力是教师成为治理主体的资格。高校教师成为治理主体的基本条件是其必须符合一名高校教师的基本要求,即通过一定的考核成为正式的高校教师。这表明了其具备合格的专业水平、教学科研能力以及具有良好的个人修养。由此看来,高校教师是必然具备一定的权利能力的。同时由于建议权、决策权的实现对于教师的专业能力、教学科研能力、个人修养等方面的要求比较高,而知情权、监督权更多地对权利主体的权利意识、责任感等要求较高,在这种情况下,权利能力对知情权、监督权的影响不显著就不足为奇了。

(四)责任感是高校内部治理中教师权利有效实现的基础

根据表1-2-7,责任感对知情权、建议权、决策权、监督权的影响路径系数分别为0.049、0.159、0.180、0.170,临界比值分别为0.728、2.443、2.712、2.348。其中责任感对建议权、决策权、监督权为正向显著影响,而对知情权影响不显著,表明责任感是高校内部治理中教师建议权、决策权、监督权的实现的影响因素得到证实。

高校内部治理中教师的责任感主要包括:一方面,教师作为治理主体,能够自觉承担相应的义务与责任;另一方面,教师要对自己和其他治理主体负责。责任感是高校内部治理中教师权利有效实现的基础,如果教师不具备责任感,在参与治理的过程中缺乏责任意识,在行使建议权、决策权、监督权的时候只是流于形式,并不能积极主动地参与到高校事务的决策、执行、监督过程,那么将直接导致权利行使受阻,权利实现效果不佳。调查结果显示,当前高校教师责任感均值为3.565,较权利意识、权利能力、制度保障都低。它受到多方面因素的影响,其中,治理理念、组织文化、个体的权利意识、周围人的责任意识、健全的责任制度等,都是影响教师责任感的重要因素。

(五)制度保障是高校内部治理中教师权利有效实现的关键

根据表1-2-7,制度保障对知情权、建议权、决策权、监督权的影响路径系数分别为0.357、0.322、0.308、0.292,临界比值分别为5.150、4.838、4.563、3.836,均为正向影响。路径系数与临界比值的绝对值均比权利意识、权利能力、责任感三个因素的数值大。可见,制度保障是高校内部治理中教师权利有效实现的影响因素,且为关键因素。

本书对制度保障的测评从正式制度与非正式制度两方面开展,调查结果显示,当前高校内部治理制度保障均值为3.708,为中等水平,表明当前的制度并未起到对权利的保障作用。就正式制度而言,其一,对高校内部治理中教师的权利设置不明确,权利边界模糊,法律中没有明确关于高校内部治理中教师权利的划分,不同的法律规章中对相关权利的表述有所不同,容易造成歧义。关于权利行使的范围、行使方式等在制度文本中也没有详细的表述。由此看来,高校教师治理权利的形成是其权利实现的前提条件,法律文本中对权利的设置是教师权利行使的主要依据。模糊的权利表述、不清晰的权利边界不利于教师权利的实现。其二,各类学术组织和教职工代表大会缺乏维护教师治理权利的制度。

关于学术委员会、教学指导委员会、学位委员会等学术组织的评价，54.6%的教师认为在教师专业权利的实现方面发挥作用不明显；42.1%的教师认为成员构成不合理，仍然为行政人员所操控；31.5%的教师认为程序规则缺乏，一定程度上损害了教师的专业权利。关于对教职工代表大会的评价，54.0%的教师认为在教师专业权利的实现方面发挥作用不明显；38.7%的教师认为成员构成不合理，仍然为行政人员所操控；29.5%的教师认为程序规则缺乏，一定程度上损害了教师的专业权利。就非正式制度而言，缺乏教师发展所需要的“民主”、“协作”、“学术本位”的治理文化。一方面，当前高校的各类事务的决策更多地还是由行政领导单方面的意志决定，治理文化呈现的是“行政权力泛化”的状态。在这种文化背景下，教师在面对领导权威时更多是退缩和委曲求全，在日常工作中常常不能够自由开放地表达自己的利益诉求。另一方面，高校教师与行政人员之间的关系不和谐。由于双方的价值理念不同、缺乏沟通与理解，致使工作交往中可能采取不合作、不配合的态度，从而导致了高校内部治理中各类问题的产生。

第三节　促进高校内部治理中教师权利实现的策略

一、逻辑起点：高校教师权责意识整合与培养

权利主体的权利意识与责任感是权利有效行使的基本前提，教师具备权利意识与责任感有利于在高校内部治理中其权利的实现。为了保障教师权利的实现，应以教师权利意识与责任感的培养为高校内部治理变革的逻辑起点。权利与责任是相辅相成的。教师的权利意识是教师对自身作为治理主体所享有权利的认同，根据角色认同理论，个体如对自身角色的权利建立了认同感，必将会形成对个体行为的责任感。因此，要提高教师的权利意识与责任感，可将两者进行整合培养，即权责意识的培养。

（一）权责认知的养成是权责意识培养的基础

权责认知的养成是指教师认知自己在高校内部治理中具有的基本权利与责任的过程。对教师权责认知的养成的主要途径是权责认知教育，通过教师的职前培养与继续教育，辅以其他多种方式。于高校教师而言，他们拥有丰富的知识经验，具备一定的权责认知能力，却缺乏对高校内部治理中教师权利与责任更深层次内涵的把握。因此，对高校教师权责意识的培养要保证教师对基本的法律条文与行为规范有比较详细的认知。第一，在教师岗前培训中，应在教育法律法规相关课程中增加教师参与高校治理的相关权利义务及责任的教学内容，要求教师必须对法律条文与行为规范进行识记。第二，高校可通过定期

设立法律咨询点、邀请法律专家做讲座、组织法律知识竞赛等形式，进一步深化高校教师对相关法律内容的认知。第三，创新权责意识培养的宣传载体。网络与电视媒体逐渐替代传统媒介，传递的各种信息，潜移默化地影响着我们的学习方式、生活方式、思维方式、价值观。尤其是青年教师群体，互联网成为他们获取信息的主要平台。在进行教师权责意识培养时，应该把握住这一趋势，运用QQ、微信、微博等平台，将以往的“灌输式”宣传替换为“渗透式”宣传。

（二）权责价值指引是权责意识培养的核心要义

这种价值引导要求高校教师从价值层面上对治理的权利与责任进行内在考察，注重精神的“教化”，帮助教师对自我“治理主体”的角色身份深入理解，正确把握自己的角色身份与权利、责任的内在联系。一方面，应利用传统媒体和新媒体做好政策宣传工作，增强教师对高校章程和学校发展规划重要意义的认知，引导教师深刻地认识高校的理念、高校的使命与职责、学术本位核心价值观及教师权利的价值，进而理解和接受现代大学精神、制度、核心理念和文化使命。引导他们对自己作为治理主体的事实以及可以采取的治理行为进行价值反思，提升他们在面对传统管理理念与现代治理理念冲突中的判断与选择能力。另一方面，引导教师建立对治理主体身份的认同。根据角色认同理论，个体对某一角色的认同感越强，其采取角色行为的动机就越强，对权利实践和权利维护的意识更强，对自身应承担的责任也更加明确。要提高教师的角色认同，让教师自觉进行权责意识的自我培养，将“权责”内化为“思想诫律”和“行为准绳”，明确认识“教师参与高校治理”这个概念中的“教师”不仅仅是指“教授”或有行政职务的教师，而是“全体教师”，包括教授、副教授、讲师、助教等教学科研人员。为教师提供线上线下、校内校外的良好的交流环境，让教师获得一个相互交流、相互学习的空间。在这个开放空间内，新老教师之间、教授与其他教师之间对教师作为治理主体的角色这一话题进行不断的交流和体会，促使教师意识到无论教龄长短、职称高低，高校教师都应做一名有法治精神、敢担当、负责任、有独立人格的教师。

（三）权责行动实践是权责意识培养的目的

帮助高校教师将自我意识转化为行动是对教师权责意识培养的最终目的。这里所指的权责行动实践就是让教师能够切实行使知情权、建议权、决策权和监督权，其手段就是引导教师参与高校治理，使教师能够自觉地行使治理权利并承担相应的责任。在权利行使的过程中，治理组织以及其他的治理主体应该充分尊重教师的权利，并且采用一切合法的手段来帮助教师权利的实现。同时注重发挥教师的专业知识和学术修养，使教师在多元主体利益和价值博弈的高校内部治理中，能够维护学术自由、坚定学术信念，化解各方的价值冲突和矛盾，养成通过制度化渠道表达利益诉求的习惯，学会运用学术权力制约行政权力，确保高校决策和评议体现学术本位，促进高校科学办学、科学发展。

二、基本条件：教师权利能力的提高

（一）提高教师的教学能力与专业水平

教师自身的教学能力与专业水平关系到教师能否有效地行使建议权、决策权。教师作为教育工作者，由于接受过专业知识与专业技能的训练，若在学校事务决策过程中提出建议、参与决策，可在很大程度上保障决策质量，尤其是对于学术事务的决策。例如，在高校学生培养方案的设定、教学目标的确定、专业与课程的设置、教学计划的设计、教材的选用等事项的决策过程中，教师因具备专业知识而拥有更高的权威性，因此，由教师参与做出的决策显然比行政人员仅凭主观意愿做出的决策更为合理和有效。因此，为了有效地保证教师治理权利的实现，教师在保证自己具备符合自身岗位要求的专业水平和职业技能以外，应该主动地通过培训、进修、参加学术会议等多种途径获取新的知识，不断增加自身的知识储备，掌握本专业领域的前沿知识。此外，教师还应该重视教学技能的提高，利用教学实践活动以及课外与学生进行交流、调查和研究，总结出教育的规律和方法，提高自身的认识、预见和设计能力，以利于应对不断变化的教学环境。如此一来，教师才能为高校事务决策提供更充分、更符合教育规律和学生发展规律的决策信息。

（二）培养教师的全局观

教师与学科、学科与高校、教师与高校之间实际上是相辅相成的关系。现实中大部分高校教师都意识到自身与学科之间共生共荣的关系，但往往忽视了自身与高校之间相辅相成的关系，在面对自身的短期利益与学校的整体利益发生冲突时，他们往往倾向于为个人谋取利益，甚至在决策中因“趋利避害”而逃避任务。比如，牛津大学和剑桥大学就曾形成了“汇集平庸和懒惰的俱乐部”（Cowley，1980），这些团体为了寻求他们私人的利益，妨碍改革进程，从而危害到大学的发展。实际上，学科的实力与高校的实力密切相关，没有高校的强力支持，学科的发展势必困难重重，学科的发展受到阻碍，自然而然会对教师产生严重的影响。教师学术职业发展所需的科研设备、科研经费等硬条件和学术团队、学术氛围等软条件都需要高校来提供保障，高校是教师个人发展的强劲后盾，高校的声誉和地位也影响着教师学术职业的发展。同样地，教师的个人发展与整个教师队伍的发展也对学校办学实力和影响力的提高起着强有力的推动作用。

目前，高校取消事业单位编制，对教师实行聘任制。对于新进教师而言，教师与高校之间没有以往“编制内”的长期雇佣承诺，承担着合同到期解约的风险，普遍存在工作不安全感，这种不安全感直接影响到教师对高校组织的认同感。因此，高校应积极探索在聘任

制改革中提高教师对学校的忠诚度、认同度的方式方法，并在当前的人事制度改革（比如在薪酬制度的改革、职称评聘制度、教师的岗位激励制度等）中优先考虑教师的个体需求。比如，与优秀教师签订长期聘用合同以此来激励教师，提高教师对工作的满意度和对学校的归属感，促使每个教师意识到自身的成长、发展都离不开学校的发展，从而激发教师的使命感，使教师在参与学校治理时能够多从学校的整体利益上考虑问题。

（三）增强教师的参与意愿

由于教师的价值观和所追求的利益目标通常无法与高校的价值观和目标达到一致，教师对学校的认同感与忠诚度都不高，因而导致他们一般不愿意把时间、精力花在学校治理事务上。高校教师中普遍存在一种“学校出台有利的政策就当作天上掉馅饼，出台不利的政策就当作是天灾”的心态，他们表示“能够忍受学校折腾就接受政策，忍受不了就换个单位”[①]，如此便等同于教师自愿放弃行使治理学校的权利。

因此，高校应该采取一定的措施，提高教师参与高校治理的意愿，使他们切实从“精神上”“情感上”投入到学校治理过程中。高校应尊重教师的地位，尊重教师的心理需求及其对学校的合理期望，帮助教师认清自身在高校治理中的主体地位，增进教师主动参与高校内部治理的意愿，使其自发成为高校内部治理变革的推动者。其一，可以通过开展团队活动增强教师之间的团队凝聚力。比如开展学术交流会议、教研竞赛等，增进同学科教师、不同学科教师之间的沟通和了解，营造民主、和谐、信任的团队文化。其二，通过团队间成员成果相互分享，定期组织学术成果交流与讨论会，使得教师在大家的讨论和评价中收获各方意见以及其他成员的肯定，通过思维的碰撞激发新观念、新思想，促进成员之间的相互成长。其三，利用官方微博、贴吧、QQ群、微信群等多种当下流行的网络交流平台，为教师提供便捷的沟通和交流渠道，通过网络实现知识与资源的共享，激发教师参与高校治理的主动性、积极性和创造性。

三、方向与根本：“学术本位”“民主协商”的组织文化建设

（一）培育“学术本位”的核心价值理念

美国著名的高等教育研究学者威廉·蒂尔尼提出了大学治理文化模式，认为大学治理文化模式的构建有利于改进大学治理，提高大学绩效。“惯例”、“价值理念”等构成了大学组织文化，也即是本书所指的非正式制度。“大学自治与学术自由”是高校治理的基本理念，追求知识本身是大学的目的，高校内部全体成员应坚守高校作为学术组织而存在的本质特征。

① 朱家德. 教师参与高校治理现状的个案研究[J]. 高等教育研究，2017(8):40.

然而，由于中国传统“学而优则仕”的文化惯性导致的官本位理念，加之固有的科层制管理体制的影响，我国高校内部治理仍然呈现政治和行政导向强，学术导向弱的局面。在高校中，或是出现政治干预学术，将学术委员会决策的事项纳入党委会会议议程；或是行政系统包揽学术决策、执行和监督事务，负责学术资源的配置、架空学术组织。党、政管理人员主导的高校文化由此偏离了高校自身发展的规律——“学术本位”，便无法形成适于教师治理权利实现的“学术本位”、“学术自由”的治理文化。因此，高校应确立学术本位的观念和意识，营造学术至上的氛围，在高校的各项事务的运行中充分体现对教师的尊重。一方面，行政人员应确立“学术本位”的价值理念，深刻理解并认同“学术自由”的理念，充分肯定教师在工作中表达利益诉求的权利，高度重视并切实发挥教师在学术活动中的主导作用。另一方面，教师自身也应确立“学术本位”的价值理念，积极营造尊重学术的大学文化。教师自身如果不具有追求学术自由的主观意愿，那么想要营造“学术本位”的文化就会更加艰难。由此可见，培育“学术本位”核心价值理念，重构“去行政化、趋学术化”的组织文化，是维护高校内部治理中教师权利实现的重要价值导向。

（二）营造“民主协商”的文化氛围

治理的民主性体现在高校应贯彻“多中心治理”的治理秩序观，通过合理划分治理的权利，激励利益相关者参与高校治理，配备利益表达与利益获取的通道，使各方皆可获得正当追求利益的权利和空间。治理的民主性的实现在于治理主体之间拥有和谐共处、相互协作的文化氛围，高校应建立多元治理主体合作治理网络，从而形成利益相关者之间的民主协作的关系。

然而，各治理主体由于存在着各自的利益追求而体现出不同的行为文化。其中，行政人员从事管理工作，更崇尚效率、规则；而教师从事学术活动，追求自由、参与。不同的追求必然会导致在高校事务决策中存在意见分歧，甚至是冲突，不利于高校教师治理权利的实现。民主协商文化的形成在于沟通。第一，沟通增强共识。通过沟通对话，增强各治理主体对高校的使命、目标、核心价值、办学理念的认同。第二，沟通增加信任。信任是合作的基础，通过沟通增进教师和党政管理人员的互相信任、互相理解。第三，沟通促进合作。增加沟通途径以增加各治理主体合作的机会，构建教师与其他治理主体的协商文化。例如，在学校事务决策中，应召开教师代表与其他治理主体代表的讨论决策会，在会议上充分给予各方代表表达自身观点和政策倾向的机会，使大家都能明确了解各方关注的问题。除了正式会议的形式以外，还可以通过互联网的手段，利用新媒体传播技术，在论坛、微博以及其他平台上通过对相关主题的讨论，促进各方的参与，即时地、便捷地、有效地实现沟通、交流、协商。

四、关键环节:治理主体权利配置与权利保障制度的完善

法律制度是权利得以实现的重要保障,只有以制度的形式充分确定了高校内部治理中教师权利内容以及保障权利实现的手段,对权利实现的妨碍因素进行限制,并对相应的权利施加强制性的保护手段,才能确保教师真正享有治理的权利。

(一)完善现有法律文本关于教师治理权利的设置

现有的法律文本缺乏对教师治理权利内容和权利行使方式的相关规定,导致教师权利设置不明确,权利边界模糊,权利行使因多方面的因素而受阻。应该明确教师参与高校治理的权利内容,不仅包括教师参与高校事务的决策权,也包括对高校事务知情、建议、审议、监督等方面的权利;高校事务不仅包括学科建设、学术发展规划、人才培养、学位授予、科学研究等学术事务,也包括财政经费管理、高校运营管理、校园建设等非学术事务,因此,应当进一步明确和细化教师的治理权利、明确教师参与治理的范围与权利行使的方式。权利的设置应遵循利益相关者参与治理的治理理念,同时也要考虑治理的有效性。关于学校的一切事务,应赋予教师知情权;关于学术发展规划和学术资源配置,赋予教师决策权,如学科建设、学术发展、高层次创新人才培养、科研资金的分配使用、人才聘用及职称晋升等,都应由教师通过学术委员会、学位委员会、教学指导委员会等组织在充分发表个人意见的基础上共同协商做出决策,赋予教师建议权与决策权。对含有学术性质的事务,如重要领导遴选、学校办学目标与发展规划、学校重大财政决定、开展中外办学等,赋予教师建议权和与行政人员共同决策的权利。关于学校其他重大事项,如学校办学方针、总体发展规划、财务经费预算、学校基建、学校重大活动的安排等,应赋予教师建议权。此外,高校教师应享有对一切学校事务的制定和执行过程的监督权以及对其他权利主体权利行使的监督权。因此,应在现有法律中明确监督权的行使范围与行使方式的规定,规范监督程序。

(二)构建教师治理权利的保障制度

权利的实现必须要有法律的保护,只有构建出“法律法规—大学章程—规章制度”完整的法律制度链条,以章程为法律与大学的连接点[①],结合大学的自身特色,使学术权利的具体规定与《教师法》、《教育法》、《高等教育法》衔接起来,才能使教师的权利有效实现。其一,建立完善的教师维权组织。及时认清现有的学术组织与教职工代表大会存在的问题,改进学术组织与教职工代表大会的运行制度,明确这些维权组织的职能、人员代表构成、运行方式以及与其他权力组织的关系等。比如教职工代表大会制度,2012年颁布的《学校教职工代表大会规定》(以下又称《规定》)已经在以往条例的基础上深化了对教职工

---

① 唐万宏,薛传会,姜晓云.论大学章程制定对完善高校内部治理结构的影响[J].国家教育行政学院学报,2013(9):9.

代表大会权责的规定，高校应该在《规定》的指导下，规范教师提议、参与决策的相关程序，明确组织的议事范围。每个高校可根据自身的办学情况，充分发挥自身的主动性，制定切合自身办学特色与办学定位的实施办法，从而提高制度实施的成效。对于学术组织，学校必须将一切学术事务的决策权归还给学术组织，充分发挥基层学术组织的作用，将权利下放到基层学术组织。以项目为中心、以网状结构为基本形式的科研组织，按照学科分类、以块状结构为基本形式的教学组织，每个组织各司其职，积极承担起组织章程的立制工作，遵循公正、民主原则，确保学术人员享有充分的学术自由、享有公平的学术评价体系。

其二，健全反馈机制和决策信息公开制度，保障教师对相关情况有充分全面的了解，使得教师能够更好地行使治理权利。高校应该落实《中华人民共和国政府信息公开条例》《高等学校信息公开办法》《高等学校信息公开事项清单》的相关规定和要求，在信息公开过程中确保信息真实及时、建立及时公开制度、完善年度报告制度、建构统一开放的平台、加强公开监督检查。信息公开内容要全面和具体，不能避重就轻，不仅要公开学校概况、机构设置、学校发展规划、人才培养情况、规章制度等宣传性的信息，还要主动公开经费资金使用、物资采购、校园建设工程招标等敏感信息，进一步细化和深化信息公开的目录和内容。信息公开范围应该扩大，不仅要在校内网上公开，还应该能保证社会公众使用外网能够获取到同等的信息。合理利用信息公开平台，开设在线信息互动，健全信息反馈机制，使教师及其他利益相关者可以通过网站、论坛、贴吧、微博等多种渠道对高校信息公开的内容进行监督和反馈。

其三，教师参与治理的知情权、建议权、决策权和监督权受到侵害时，政府或高校应对侵权行为主体予以问责。建立健全教师治理权利救济制度，补充问责和纠错条款，增设教师申诉渠道，规范管理学校申诉受理机构，要求认真对待每位教师的诉求，及时调查并全面了解真实情况，为教师提供必要的法律援助。此外，可以效仿美国的全国教育协会（NEA）和美国教师联盟（AFT）①，建立教师协会、教师联盟或其他非官方的教师合法组织，如设立全国教师维权网、教师维权论坛等，通过案例的交流和分享，引导教师明白自身所享有的治理权利，提高权利意识和掌握必要的法律知识，获取精神上和法律上的帮助。这些非官方的教师组织应与学校的学术组织、教职工代表大会建立良好的沟通合作关系，采用多种灵活的策略，共同维护高校教师的权利。

① 岳鲁锋，郭桂英．国外私立大学教师权利保障的经验及启示[J]．理工高教研究，2008，27(2)：41.

第二章　公立高校管理权力与教师权利的冲突

《牛津法律大辞典》将“冲突”定义为：“一种对抗或敌对的状态、争斗或抗争、对立原则的冲撞”。也有学者把冲突定义为两个或两个以上主体之间一种竞争的、对立的、敌对的、不可妥协的或者不可共存的状态或行为，表现为主体之间矛盾和对抗的心理状态和行为过程，它是一个动态的不断变化的过程，它的产生不可避免和消除，但它的发展可以改变和控制[①]。

目前国内对权利冲突的研究只散见于为数不多的文章和著作中，观点也并不一致。因本书的需求，将权利冲突定义如下：两个或者两个以上同样具有法律之依据的权利，因法律未对它们之间的关系作出明确界定所导致的权利边界的不确定性、模糊性，而引起的它们之间的不和谐状态、矛盾状态，表现为权利相互冲突只能实现其中的一个，或者实现各自的一部分，不可能完全实现，其结果是在双方的关系中，一方权利的丧失，或者各自丧失一部分。[②]权利冲突主要有两种形态：一种是法律逻辑上的，即权利之间无法找到一个明确的界限，因为法律有时也无法对权利内容范围及其操作过程作出精准的细化，以致造成出现所谓的权利相互性的现象；另一种是现实化的，在实际的权利运作中，研究表明，权利者皆有延伸自己权利的倾向，延伸范围取决于权利者之间的相互作用，最终结果是一方的权利丧失，或者各自丧失一部分。[③]法律逻辑上的权利冲突也只有通过现实化的权利冲突才能被人们认识，并真切地把握，没有法律逻辑上的权利冲突就不会有现实化的权利冲突，因此，这两个形态是权利冲突的两个发展阶段，法律逻辑上的权利冲突是权利冲突的

① 葛明珍.论权利冲突[D].北京：中国社会科学院，2002：8.

② 王克金.权利冲突论——一个法律实证主义的分析[J].法制与社会发展，2004(2)：46.

③ 谭晓玉.权力与权利的冲突与平衡[J].中国教育法制评论，2006：77.

潜在阶段,现实化的权利冲突是权利冲突的现实阶段。[①]本书中的学校和教师分别限定为公立高校以及公立高校的教师,公立高校自主管理权来源于国家的公共教育权,加之本书研究的对象之间存在着行政管理关系的特殊性,从而采用高校管理权力的概念。因此,本书中高校管理权力与教师权利的冲突引申了上述权利冲突的概念,即对高校管理权力和教师权利的规定虽然有法可依,但因法律未对两者边界作出明确界定,在落实过程中,引起两者不和谐、矛盾的状态,以致产生了高校管理权力与教师权利只能实现其中一个,或者各自都丧失一部分的结果。

第一节　公立高校管理权力与教师权利冲突的现状

根据高校管理权力与教师权利的基本维度和内容找出两者的交叉点,即高校实施管理权力时与教师权利可能存在的冲突焦点,这也是调查问卷的设计维度,详细如表2-1-1所示。

表2-1-1　公立高校管理权力与教师权利的交叉点[②]

高校管理权力	教师权利	交叉点
组织实施教育教学活动权	教育教学改革试验权	可能冲突焦点1
管理使用经费、科学研究权	科学研究与学术交流权	可能冲突焦点2
校内人事权、实施奖惩权	获取工资报酬、享受福利待遇权	可能冲突焦点3
按照章程自主管理权	民主管理权	可能冲突焦点4
自主聘任及管理教师权	进修培训权	可能冲突焦点5

一、调查设计

(一)设计基本思路

调查以访谈和问卷两种形式开展。访谈主要对部分高校中的部分教育法学专家以及部分教师、管理者进行。专家访谈内容主要围绕两项:公立高校管理权力与教师权利冲突的主要原因、解决两者冲突的方法和途径。教师访谈内容主要有五项:公立高校管理中学校权力与教师权利冲突是否存在、两者冲突的表现面、两者冲突的主要原因、教师维护自身权利的方式、面对权利丧失的困惑。管理者访谈内容包括五项:公立高校管理中学校权力与教师权利冲突是否存在、两者冲突的表现面、两者冲突的主要原因、校方维护自身权利的方式、面对权利丧失的困惑。

① 王克金.权利冲突论:一个法律实证主义的分析[J].法制与社会发展,2004(2):47.

② 上表中的可能冲突焦点所对应的高校管理权力与教师权利即本论文调查问卷的设计维度,是根据在日常教学管理工作中,归纳出高校管理权力在行使过程中对教师权利有影响那部分而得出的。

问卷设计旨在调查公立高校管理权力与教师权利在实施中的冲突状况；调查范围是重庆市的部分公立高校。调查对象为高校的教师、管理者，其中教师限定为处于教育教学工作或学术研究的岗位；管理者则限定为处于教师教育教学活动管理工作的岗位。问卷分为管理者卷和教师卷，都包含了基本信息和客观题两部分：基本信息部分共6题，均为填空题；客观题部分均为38道单项选择题。管理者卷与教师卷主要依据高校管理权力与教师权利的可能冲突焦点，分别从5个不同的维度对公立高校管理权力与教师权利实施中的冲突状况进行调查。管理者卷维度分别为学校的组织实施教育教学活动权，管理使用经费、科学研究权，校内人事权、实施奖惩权，按照章程自主管理权，自主聘任及管理教师权。教师卷维度分别为教育教学改革试验权，科学研究与学术交流权，获取工资报酬、享受福利待遇权，民主管理权，进修培训权。

（二）调查选点情况

问卷调查选取了重庆市的8所高校：重庆大学、西南大学、重庆医科大学、重庆交通大学、重庆师范大学、重庆科技学院、重庆建筑工程职业学院、重庆电子工程职业技术学院。在这些学校中，学校性质均为公立高校；重点本科院校2所，一般本科院校4所，高职院校2所。访谈选取了北京师范大学、西南大学、华南师范大学、陕西师范大学4所公立高校的部分教育法学专家，以及从发放问卷的8所公立高校中随机选取5—8名教育教学或学术研究岗位的教师，2—3名学校党群部门、行政机构、院系等工作的管理者。结合研究本身的需要以及研究者自身条件限制的情况，在选择学校时，所选对象尽量涵盖了重庆市不同类别的公立高校，这样使得调查具备一定的代表性。

（三）调查实施情况

问卷调查于2014年10月至12月期间开展。发放教师卷180份，管理者卷90份，共270份；回收教师卷175份，管理者卷85份，共260份；总回收率为96.3%，教师卷和管理者卷的回收率分别为97.2%，94.4%；回收的有效问卷共228份，总有效率为87.7%，其中，有效教师卷160份，教师卷的有效率为91.4%，有效管理者卷68份，管理者卷的有效率为80.0%。从整体而言，问卷的回收率和有效率良好且理想，被调查者参与度高，对待问卷的态度相当认真。与此同时，在问卷调查的基础上，还结合访谈内容收集获取了研究相关的信息。

经统计有效问卷得出：被调查对象的工作岗位，如表2-1-2所示，专门从事教育教学或学术研究岗位的教师有160人，约占样本量的70.2%；管理岗位工作者有68人，约占样本的29.8%。被调查者的工龄（工作时间），如表2-1-3所示，10年及以下有115人，约占样本的

50.4%;11—20年的70人,约占样本量的30.7%;21—29年的有29人,约占样本的12.7%;30年及以上有14人,约占样本的6.2%。

表2-1-2 被调查对象的工作岗位

基本信息	选项		人数	比例
从事的岗位	行政管理岗位	负责人事及行政管理工作	23	约10.1%
		负责党务及学生日常管理工作	16	约7.0%
		负责科研、学科建设工作	15	约6.6%
		负责教学管理工作	14	约6.1%
	教师岗位	专门从事教育教学或学术研究岗位的教师	160	约70.2%

表2-1-3 被调查对象的工作时间

基本信息	选项	人数	比例
从事该工作的时间	10年及以下	115	约50.4%
	11—20年	70	约30.7%
	21—29年	29	约12.7%
	30年及以上	14	约6.2%

注:表中比例为计算数据,仅保留一位有效小数。

二、调查结果的描述性统计分析

描述性统计是指分别对回收有效问卷中的管理者卷和教师卷的客观题进行统计分析,即首先按照维度将选题归类,并对被选选项的频次以及所占有效总样本量的百分比进行统计,然后按照归类的维度绘制描述性统计表并加以文字描述。

(一)管理者卷

问卷分为五个维度:组织实施教育教学活动权,管理使用经费、科学研究权,校内人事权、实施奖惩权,按照章程自主管理权,自主聘任及管理教师权。在设计问题时,为了调查高校管理权力与教师权利冲突情况,依据上述中两者的交叉点,将管理者卷的客观题题目表述为高校在行使管理权的过程中涉及教师权利,且对其有影响的那部分内容在现实中的落实情况,以此来反映高校管理权力行使以及在实践中对教师权利的保护情况。最后,题目顺序随机排列,使得调查对象在作答时更加客观。

1.组织实施教育教学活动权

学校组织实施教育教学活动权的落实情况是从教学计划决定权和实施权、课程和专业发展的决定权两个子维度进行调查的。

学校方的教学计划决定权和实施权在实施过程中显示出了张弛有度，同时也给予了教师在教育教学过程中相应的自由度，如表2-1-4所示：75%以上的管理者都认为教师在教育教学活动中，能够自主选择形式、方法来组织课堂教学；79.2%的管理者都认为本校的教师可以参与设计课程（目标、内容、实施手段等）的决策框架；85.3%的管理者都认为本校的教师在设计课程时，能够拥有施展自我所长的空间。

学校在行使课程和专业发展的决定权过程中，不仅让教师也参与设计、开发和调整，还给予了教师编写教材的自主性，如表2-1-5所示：其中，82.3%的管理者都认为学校的教师可以在教学岗位上开展课程研究，自主编写教材；83.8%的管理者都选择了同意教师可以参与校本课程的开发（课程的选用、课程内容的修改或调整、根据需要开发全新课程）；79.4%的管理者选择同意教师可以周期性地对课程执行情况、实施中的问题进行分析评估，从而调整课程内容。

表2-1-4 学校的教学计划决定权和实施权

序号	问题	非常不同意/%	比较不同意/%	不赞同不反对/%	比较同意/%	非常同意/%
1	教师在教育教学活动中，能够自主选择形式、方法来组织课堂教学	3.0	8.7	10.3	48.5	29.5
4	教师可以参与设计课程（目标、内容、实施手段等）的决策框架	3.0	6.0	11.8	38.2	41.0
5	教师可以根据教学大纲自主确定教学内容和进度，并不断完善教学内容	4.4	8.8	8.8	44.2	33.8
6	教师可以自主地选择教科书、教学辅导材料、课外读物，灵活调配课程	1.5	17.6	11.8	44.1	25.0
24	教师在设计课程时，能够拥有施展自我所长的空间	4.4	1.5	8.8	51.5	33.8

表2-1-5　学校的课程和专业发展的决定权

序号	问题	非常不同意/%	比较不同意/%	不赞同不反对/%	比较同意/%	非常同意/%
7	教师可以在教学岗位上开展课程研究，自主编写教材	4.4	3.0	10.3	44.1	38.2
19	教师可以参与校本课程的开发（课程的选用、课程内容的修改或调整、根据需要开发全新课程）	4.4	1.5	10.3	50.0	33.8
34	教师可以周期性地对课程执行情况、实施中的问题进行分析评估，从而调整课程内容	5.9	4.4	10.3	48.5	30.9

2.管理使用经费、科学研究权

学校的管理使用经费、科学研究权的落实情况，我们从两个子维度进行了调查：自主开展科学研究权、自主开展文化交流与合作权。

学校在行使自主开展科学研究权方面的实际情况，如表2-1-6所示：从选择比较同意和非常同意的人数所占比例之和且按降序排列来看，其中，86.8%的管理者赞同教师在从事研究过程中，可以自主确定研究计划（实施阶段和步骤）；86.0%的管理者选择赞同教师在从事科研过程中可以自由选择合作伙伴，组建研究队伍；83.8%的管理者选择了教师在从事研究过程中，可以获得基本研究条件、研究设备、图书情报资料等；教师可以自由申报课题，不会受到校方关于课题级别及影响力等因素的影响以及因不可避免的因素（如评审者的学术偏好、情感因素）导致教师申报的课题得不到承认，教师可以提出异议或申诉，这两项均有64.8%的管理者选择支持赞同的观点；仅58.8%的管理者赞同教师在从事研究过程中，不会受到校方固定的作息制度的约束；仅51.5%的管理者赞同教师在申报课题时，可以知晓整个评审过程。由以上数据可看出，校方在开展科学研究中，应更多地给予教师申请课题和研究计划安排的自由度，对教师提供其研究相关的软、硬实力的支持；然而教师在从事研究过程中，还是会受到校方固定作息制度上一定的约束，并且在一定程度上教师并非能知晓整个申报评审过程。

学校行使自主开展文化交流与合作权的情况，如表2-1-7所示：均有超过80%的管理者认为教师不仅能自由地与同行或相关研究者交流成果或心得，还能参加或受聘于相关研究学科的专业学术团体，以及可以自由发表论文或出版著作；63.2%的管理者赞同教师参加或受聘于相关研究学科的专业学术团体，可以得到学校提供的时间和经济上的帮助；然而64.7%的管理者赞同学校存在对教师在学术论著、项目申请、核心期刊上发表论文等数量上进行量化考核的刚性规定。

表2-1-6　学校的自主开展科学研究权

序号	问题	非常不同意/%	比较不同意/%	不赞同不反对/%	比较同意/%	非常同意/%
2	教师在从事研究过程中，不会受到校方固定的作息制度的约束	8.8	19.2	13.2	41.2	17.6
9	教师可以自由申报课题，不会受到校方关于课题级别及影响力等因素的影响	8.8	8.8	17.6	31.0	33.8
11	因不可避免的因素（如评审者的学术偏好、情感因素）导致教师申报的课题得不到承认，教师可以提出异议或申诉	8.8	8.8	17.6	31.0	33.8
12	教师在从事研究过程中，可以获得基本研究条件、研究设备、图书情报资料等	5.9	5.9	4.4	38.2	45.6
23	教师在申报课题时，可以知晓整个评审过程	8.8	11.8	27.9	25.0	26.5
28	教师在从事科研过程中可以自由选择合作伙伴，组建研究队伍	8.0	3.0	3.0	55.9	30.1
38	教师在从事研究过程中，可以自主确定研究计划（实施阶段和步骤）	1.4	—	11.8	50.0	36.8

表2-1-7　学校的自主开展文化交流与合作权

序号	问题	非常不同意/%	比较不同意/%	不赞同不反对/%	比较同意/%	非常同意/%
3	教师可以自由地与同行或相关研究者交流成果或心得	4.4	7.4	5.8	41.2	41.2
10	教师参加或受聘于相关研究学科的专业学术团体，可以得到学校提供的时间和经济上的帮助	9.0	10.3	17.5	39.7	23.5
17	教师可以参加或受聘于相关研究学科的专业学术团体	4.4	—	14.7	42.6	38.3
21	学校存在对教师在学术论著、项目申请、核心期刊上发表论文等数量上进行量化考核的刚性规定	1.5	8.8	25.0	45.6	19.1
31	教师可以自由发表论文或出版著作	5.9	—	10.3	42.6	41.2

3. 校内人事权、实施奖惩权

学校的校内人事权、实施奖惩权的落实情况，我们主要从两个子维度开展调查：校内人事权（主要指调整津贴与工资分配），校方对教师的实施奖惩权（主要指教师的福利待遇）。

校方行使校内人事权（主要指调整津贴与工资分配）的情况，如表2-1-8所示：63.2%的管理者同意教师的绩效工资与其在规定期限内的学术成果（级别、数量）直接挂钩；61.8%的管理者同意教师的校内福利津贴是与其在规定期限内的学术成果（级别、数量）直接挂钩；42.7%的管理者同意学校对教师进行其他工作（如党政服务类等）考核时，仍然以发表学术成果等标准进行考核。由以上数据可看出，学校对教师发放福利津贴、绩效工资以及进行工作考核时仍然主要是依据教师的学术成果，说明科研成果是高校衡量教师工作能力的一项重要标准。

学校对教师的实施考核奖惩权（主要指教师的福利待遇），如表2-1-9所示：47.1%的被调查者认为学校的教师成功申请带薪学术休假，可以自由选择休假的地点和形式；50.0%的被调查者同意教师的校内福利可以全面覆盖公费医疗、购房资助、购车资助、商业保险、子女教育辅助等方面；66.2%的被调查者同意在寒暑假时，教师可以获得校方规定的放假时间，不会被校方安排事务，且带薪休假；仅42.6%的被调查者赞同教师符合带薪学术休假（不上班搞科研）的申请条件，就可以提出申请；58.8%的被调查者同意教师成功申请带薪学术休假后，就可以按照规定期限休假，且校方保证教师的薪资。可以看出，教师即使符合带薪学术休假的申请条件，在一定程度上也并不能提出申请；当其成功申请后，选择休假地点和形式的自由度也可能要受到校方一定的限制；校内福利的覆盖面并非非常全面。

表2-1-8　学校的校内人事权（主要指调整津贴与工资分配）

序号	问题	非常不同意/%	比较不同意/%	不赞同不反对/%	比较同意/%	非常同意/%
15	教师的校内福利津贴与其在规定期限内的学术成果（级别、数量）直接挂钩	11.8	7.3	19.1	41.2	20.6
22	教师的绩效工资与其在规定期限内的学术成果（级别、数量）直接挂钩	4.4	10.3	22.1	41.1	22.1
25	学校对教师进行其他工作（如党政服务类等）考核时，仍然以发表学术成果等标准进行考核	4.4	19.1	33.8	35.3	7.4

表2-1-9 学校对教师的实施奖惩权(主要指教师的福利待遇)

序号	问题	非常不同意/%	比较不同意/%	不赞同不反对/%	比较同意/%	非常同意/%
8	教师成功申请带薪学术休假,可以自由选择休假的地点和形式	14.7	19.1	19.1	30.9	16.2
16	教师的校内福利可以全面覆盖公费医疗、购房资助、购车资助、商业保险、子女教育辅助等方面	10.3	13.2	26.5	27.9	22.1
18	在寒暑假时,教师可以获得校方规定的放假时间,不会被校方安排事务,且带薪休假	4.4	8.8	20.6	36.8	29.4
26	教师符合带薪学术休假(不上班搞科研)的申请条件,就可以提出申请	13.2	11.8	32.4	33.8	8.8
27	教师成功申请带薪学术休假,就可以按照规定期限休假,且校方保证教师的薪资	13.2	4.5	23.5	39.7	19.1

4.按照章程自主管理权

学校的按照章程自主管理权的行使情况分别从学校自主作出管理决策权和组织实施管理权两个子维度进行了调查。

学校自主作出管理决策权的行使情况调查,如表2-1-10所示:70.6%的管理者同意校方重视、愿意真心听取教师提出的建议或意见。

学校行使组织实施管理权的调查情况,如表2-1-11所示:72.1%的被调查者认为高校教代会和工会不仅考核校务公开情况,还要向全校职工公布;67.6%的被调查者认为高校教代会(学校教职工代表大会)和工会能够代表教师将其意见反馈给校方,而不是被动开会走形式;61.8%的被调查者同意高校教代会和工会可以审议和监督校方工作(工程建设、财务、招生、决策等);60.3%的被调查者选择同意学校应当存在校内学术组织,并保证教师能够直接参与学校管理;但也有13.2%的被调查者同意高校教代会和工会因履行职责会受到打击报复或阻挠。以上数据说明高校教代会和工会能够很好地代表教师将教师的意见反馈给校方,并向全校职工做到考核校务公开,然而也存在着因其履行职责受到打击报复或阻挠的现象。

表2-1-10 学校自主作出管理决策权

序号	问题	非常不同意/%	比较不同意/%	不赞同不反对/%	比较同意/%	非常同意/%
29	校方重视、愿意真心听取教师提出的建议或意见	7.4	7.4	14.6	36.8	33.8

表2-1-11　学校组织实施管理权

序号	问题	非常不同意/%	比较不同意/%	不赞同不反对/%	比较同意/%	非常同意/%
13	高校教代会和工会因履行职责会受到打击报复或阻挠	33.8	26.5	26.5	10.2	3.0
20	学校应当存在校内学术组织,并保证教师能够直接参与学校管理	3.0	8.8	27.9	41.2	19.1
30	高校教代会(学校教职工代表大会)和工会能够代表教师将其意见反馈给校方,而不是被动开会走形式	8.8	4.4	19.2	33.8	33.8
32	高校教代会和工会不仅考核校务公开情况,还要向全校职工公布	5.9	4.4	17.6	35.3	36.8
33	高校教代会和工会可以审议和监督校方工作(工程建设、财务、招生、决策等)	7.4	2.9	27.9	36.8	25.0

5.学校的自主聘任及管理教师权

学校行使自主聘任及管理教师权的调查情况,如表2-1-12所示:82.4%的管理者选择了同意教师在进修培训期间,校方会保证其薪资;78.0%的管理者认为教师在参加进修培训期间,校方能够保障进修培训的时间、经费等条件;70.6%的管理者认为学校的教师能够自由申请参加进修培训,不会受到职称的影响;50.0%的管理者认为学校开展了丰富的进修培训活动。由此可看出,学校很好地行使了自主聘任及管理教师权,不仅保障了教师在进修期间的薪资、经费等问题,教师还能够自由申请参加培训活动,但在一定程度上,学校开展的进修培训活动形式及内容并非充实丰富。

表2-1-12　学校的自主聘任及管理教师权

序号	问题	非常不同意/%	比较不同意/%	不赞同不反对/%	比较同意/%	非常同意/%
14	学校开展了丰富的进修培训活动	7.4	19.1	23.5	42.6	7.4
35	教师能够自由申请参加进修培训,不会受到职称的影响	5.9	5.9	17.6	41.2	29.4
36	教师在进修培训期间,校方会保证其薪资	4.4	4.4	8.8	47.1	35.3
37	教师在参加进修培训期间,校方能够保障进修培训的时间、经费等条件	1.5	7.4	13.1	47.0	31.0

(二)教师卷

教师卷分为五个维度:教育教学改革试验权,科学研究与学术交流权,获取工资报酬、享受福利待遇权，民主管理权，进修培训权。调查权利冲突的现实化阶段需要通过权利落实情况来判定，因而教师卷的客观题题目表述为教师在教育教学活动中各项权利落实情况。最后，题目顺序随机排列，使得被调查者在作答时更加客观。

1.教育教学改革试验权

教师行使教育教学改革试验权的情况从两个子维度进行了调查：教师的教育教学权、教师的改革试验权。

教师教育教学权的落实情况，如表2-1-13所示：77.4%的教师认为自己在教育教学活动中，能够自主选择形式、方法来组织课堂教学；75.7%的教师选择了在设计课程时，能够拥有施展自我所长的空间；63.7%的教师选择了可以根据教学大纲自主确定教学内容和进度，并不断完善教学内容；58.1%的教师选择了可以参与设计课程（目标、内容、实施手段等）的决策框架；55.0%的教师选择了可以自主地选择教科书、教学辅导材料、课外读物，灵活调配课程。由此看来，高校教师能够很好地行使自身的教育教学权，该权利具体各项内容行使情况在相比之下，涉及课堂教学方式以及课程设计的自主性能得到很好的保证，但课程框架的决策以及教科书等辅导性材料选择的自主性仅能得到一定程度的保证。

教师行使改革试验权的情况，如表2-1-14所示：71.2%的教师选择了可以在教学岗位上开展课程研究，自主编写教材；60.7%的教师选择了可以参与校本课程的开发（课程的选用、课程内容的修改或调整、根据需要开发全新课程）；60.0%的教师选择了可以周期性地对课程执行情况、实施中的问题进行分析评估，从而调整课程内容。可见，教师根据课程进展的实际情况，结合需求，可以调整修改课程内容，也能适时地注入一些新内容。

表2-1-13　教师的教育教学权

序号	问题	非常不同意/%	比较不同意/%	不赞同不反对/%	比较同意/%	非常同意/%
1	您在教育教学活动中，能够自主选择形式、方法来组织课堂教学	3.8	9.4	9.4	54.4	23.0
5	您在设计课程时，能够拥有施展自我所长的空间	1.2	7.5	15.6	46.9	28.8
10	您可以参与设计课程（目标、内容、实施手段等）的决策框架	7.5	8.8	25.6	43.1	15.0
25	您可以自主地选择教科书、教学辅导材料、课外读物，灵活调配课程	8.1	11.3	25.6	35.6	19.4
37	您可以根据教学大纲自主确定教学内容和进度，并不断完善教学内容	5.6	9.4	21.3	40.6	23.1

表2-1-14　教师的改革试验权

序号	问题	非常不同意/%	比较不同意/%	不赞同不反对/%	比较同意/%	非常同意/%
7	您可以在教学岗位上开展课程研究,自主编写教材	3.8	10.0	15.0	52.4	18.8
20	您可以参与校本课程的开发(课程的选用、课程内容的修改或调整、根据需要开发全新课程)	5.6	8.7	25.0	44.4	16.3
28	您可以周期性地对课程执行情况、实施中的问题进行分析评估,从而调整课程内容	5.6	7.5	26.9	38.1	21.9

2.科学研究与学术交流权

教师的科学研究与学术交流权的行使情况是从教师的科学研究自由权、学术交流表达自由权两个子维度进行调查的。

教师的科学研究自由权落实情况,如表2-1-15所示:70.6%的教师选择了在从事研究过程中,可以自主确定研究计划(实施阶段和步骤);65.6%的教师选择了在从事研究过程中,可以获得基本研究条件、研究设备、图书情报资料等;58.1%的教师选择了可以自由申报课题,不会受到校方关于课题级别及影响力等因素的影响;56.8%的教师选择了在从事研究过程中,不会受到校方固定的时间制度的约束;52.4%的教师选择了在申报课题时,可以知晓整个评审过程;43.1%的教师选择了因不可避免的因素(如评审者的学术偏好、情感因素等)导致其申报的课题得不到承认,他们可以提出异议或申诉;39.4%的教师选择了在从事科研过程中可以自由选择合作伙伴,组建研究队伍。由此可知,教师行使科学研究自由权的情况基本良好,将以上数据进行比较得出,教师对于研究过程的环节把控自由度较大,也能获得校方软、硬条件的支持,但当教师因不可避免的因素导致其申报的课题得不到承认时,他们并非都能提出异议或申诉,且选择组建研究队伍的合作伙伴自由度不高。

教师行使学术交流表达自由权的情况,如表2-1-16所示:78.8%的教师选择了可以自由发表论文或出版著作;76.8%的教师选择了可以自由地与同行或相关研究者交流成果或心得;66.9%的教师选择了可以参加或受聘于相关研究学科的专业学术团体;62.4%的教师认为其所在学校存在对教师在学术论著、项目申请、核心期刊上发表论文等数量上进行量化考核的刚性规定;47.4%的教师选择了参加或受聘于相关研究学科的专业学术团体,可以得到学校提供时间和经济上的帮助。

表2-1-15 教师的科学研究自由权

序号	问题	非常不同意/%	比较不同意/%	不赞同不反对/%	比较同意/%	非常同意/%
4	您在申报课题时,可以知晓整个评审过程	11.3	19.4	16.9	29.3	23.1
13	您在从事研究过程中,可以自主确定研究计划(实施阶段和步骤)	4.4	6.9	18.1	49.4	21.2
14	您在从事研究过程中,不会受到校方固定的时间制度的约束	6.3	13.8	23.1	30.5	26.3
21	因不可避免的因素(如评审者的学术偏好、情感因素等)导致您申报的课题得不到承认,您可以提出异议或申诉	7.5	19.4	30.0	26.2	16.9
23	您可以自由申报课题,不会受到校方关于课题级别及影响力等因素的影响	7.5	8.8	25.6	40.0	18.1
26	您在从事科研过程中可以自由选择合作伙伴,组建研究队伍	13.8	17.4	29.4	23.1	16.3
32	您在从事研究过程中,可以获得基本研究条件、研究设备、图书情报资料等	3.1	15.0	16.3	51.3	14.3

表2-1-16 教师的学术交流表达自由权

序号	问题	非常不同意/%	比较不同意/%	不赞同不反对/%	比较同意/%	非常同意/%
6	您所在学校存在对教师在学术论著、项目申请、核心期刊上发表论文等数量上进行量化考核的刚性规定	9.4	9.4	18.8	37.4	25.0
19	您可以自由发表论文或出版著作	5.0	3.7	12.5	42.5	36.3
24	您可以自由地与同行或相关研究者交流成果或心得	1.9	8.8	12.5	51.3	25.5
29	您参加或受聘于相关研究学科的专业学术团体,可以得到学校提供时间和经济上的帮助	6.3	17.5	28.8	30.0	17.4
30	您可以参加或受聘于相关研究学科的专业学术团体	5.0	7.5	20.6	45.0	21.9

3.获取工资报酬、享受福利待遇权

调查教师获取工资报酬、享受福利待遇权利的行使情况是从获取工资报酬权、享受福利待遇权两个子维度开展的。

教师获取工资报酬权的调查情况,如表2-1-17所示:分别有64.4%、56.2%的教师选择了他们的绩效工资、校内福利津贴均与其在规定期限内的学术成果(级别、数量)是直接挂钩的;46.3%的教师选择了其所在学校对教师进行其他工作(如党政服务类)考核时,仍然以发表学术成果等标准进行考核。由此可看出,教师在规定期限内的学术成果(级别、数量)成为校方对教师工资福利津贴衡量的重要考核标准。

教师的享受福利待遇权的调查情况,如表2-1-18所示:75.6%的教师选择了在寒暑假中,可以获得校方规定的放假时间,不会被校方安排事务,并且带薪休假;45.6%的教师选择了成功申请带薪学术休假后,就可以按照规定期限休假,校方保证其薪资;40.0%的教师选择了其校内福利可以全面覆盖公费医疗、购房资助、购车资助、商业保险、子女教育辅助等方面;38.2%的教师选择了当其符合带薪学术休假(不上班搞科研)的申请条件,就可以提出申请;36.9%的教师选择了成功申请带薪学术休假,可以自由选择休假的地点和形式。由以上数据可得出:教师在学校规定的假期内能够享受学校的薪资,但教师符合带薪学术休假申请条件并申请成功的仍占少数,即使成功申请,选择地点和形式的自由度并不高,校内福利的全面覆盖还做得不够好。

表2-1-17　教师的获取工资报酬权

序号	问题	非常不同意/%	比较不同意/%	不赞同不反对/%	比较同意/%	非常同意/%
9	您的校内福利津贴与您在规定期限内的学术成果(级别、数量)直接挂钩	8.2	10.0	25.6	35.6	20.6
11	您所在学校对教师进行其他工作(如党政服务类)考核时,仍然以发表学术成果等标准进行考核	11.9	14.3	27.5	33.8	12.5
22	您的绩效工资与您在规定期限内的学术成果(级别、数量)直接挂钩	7.5	9.4	18.7	48.1	16.3

表2-1-18　教师的享受福利待遇权

序号	问题	非常不同意/%	比较不同意/%	不赞同不反对/%	比较同意/%	非常同意/%
3	在寒暑假中,您可以获得校方规定的放假时间,不会被校方安排事务,且带薪休假	1.3	11.2	11.9	35.0	40.6
8	您成功申请带薪学术休假,可以自由选择休假的地点和形式	22.5	14.3	26.3	21.3	15.6
16	您的校内福利可以全面覆盖公费医疗、、购房资助、购车资助、商业保险、子女教育辅助等方面	21.9	23.8	14.3	20.6	19.4

续表

序号	问题	非常不同意/%	比较不同意/%	不赞同不反对/%	比较同意/%	非常同意/%
27	您成功申请带薪学术休假后,就可以按照规定期限休假,校方保证您的薪资	10.0	15.0	29.4	26.2	19.4
34	您符合带薪学术休假(不上班搞科研)的申请条件,就可以提出申请	8.1	18.1	35.6	28.8	9.4

4.民主管理权

教师民主管理权的行使情况是通过两个子维度调查:教师的意见建议权和参与管理权。

调查教师的意见建议权,如表2-1-19所示:46.8%的教师选择了校方重视、愿意真心听取其提出的建议或意见。

教师参与管理权的行使情况,如表2-1-20所示:55.6%的教师选择了高校教代会和工会不仅考核校务公开情况,还要向全校职工公布;48.8%的教师选择了高校教代会和工会能够代表教师将其意见反馈给学校,不是被动开会走形式;45.7%的教师选择了高校教代会和工会可以审议和监督校方工作(工程建设、财务、招生、决策等);38.1%的教师选择了所在的学校存在校内学术组织,并保证教师能够直接参与学校管理;20.0%的教师选择了高校教代会和工会因履行职责会受到打击报复或阻挠。以上数据呈现出教师参与管理权利的行使情况较为一般,校内存在学术组织的高校所占比例数不大,甚至还存在教代会和工会因履行职责会受到打击报复或阻挠的消极现象。

表2-1-19　教师的意见建议权

序号	问题	非常不同意/%	比较不同意/%	不赞同不反对/%	比较同意/%	非常同意/%
18	校方重视、愿意真心听取您提出的建议或意见	11.9	21.3	20.0	27.5	19.3

表2-1-20　教师的参与管理权

序号	问题	非常不同意/%	比较不同意/%	不赞同不反对/%	比较同意/%	非常同意/%
12	您所在的学校存在校内学术组织,并保证教师能够直接参与学校管理	16.9	15.0	30.0	26.2	11.9
15	高校教代会和工会不仅考核校务公开情况,还要向全校职工公布	15.0	11.3	18.1	28.1	27.5
17	高校教代会和工会能够代表教师将其意见反馈给学校,不是被动开会走形式	17.5	15.6	18.1	30.0	18.8

续表

序号	问题	非常不同意/%	比较不同意/%	不赞同不反对/%	比较同意/%	非常同意/%
31	高校教代会和工会因履行职责会受到打击报复或阻挠	26.9	20.6	32.5	14.4	5.6
33	高校教代会和工会可以审议和监督校方工作(工程建设、财务、招生、决策等)	13.1	8.8	32.4	26.9	18.8

5.进修培训权

教师进修培训权利的调查情况，如表2-1-21所示：73.8%的教师选择了在参加进修培训期间，校方能够保障进修培训的时间、经费等条件；60.0%的教师选择了在进修培训期间，校方会保证其薪资；均有46.3%的教师选择了能够自由申请参加进修培训，不会受到职称影响，以及对校内开展的进修培训活动感到很丰富。教师进修培训权得到了有效的行使，但教师申请参加培训却受到职称影响的仍占一定比例，也存在培训期间教师薪资无法得到保证的状况。

表2-1-21　教师的进修培训权

序号	问题	非常不同意/%	比较不同意/%	不赞同不反对/%	比较同意/%	非常同意/%
2	您在参加进修培训期间，校方能够保障进修培训的时间、经费等条件	5.6	7.5	13.1	41.9	31.9
35	您能够自由申请参加进修培训，不会受到职称影响	11.2	14.4	28.1	31.9	14.4
36	您在进修培训期间，校方会保证您的薪资	4.4	5.6	30.0	36.3	23.7
38	您对校内开展的进修培训活动感到很丰富	11.9	13.8	28.0	31.3	15.0

三、调查结果的推断性统计分析

推断性统计是在描述性统计的基础上，将问卷中各客观题的选择结果量化得到一个数值，用以表示调查对象对问卷中每个问题的倾向度，然后深入探究不同类别的被调查者在各维度上表现出的普遍性和差异性，以此探究公立高校管理权力与教师权利冲突现状所呈现出的不同特点。

管理者卷与教师卷客观题的各选项均采用李克特的“五点”量表来设计，量化采用5分制，即最低分为1分，最高分为5分。赋予各选项分值的基本原则为：教师权利落实状况越好分数越低，即现实化的高校管理权力与教师权利冲突越小，反之分数越高，现实化的冲突越大。另外，管理者卷中的第13、15、21、22、25题，教师卷中的第6、9、11、22、31题，共计10题,属于反向赋值,即分数越低,教师权利落实状况越差,现实化的高校管理权力与教师权利冲突越大,反之分数越高,现实化的冲突越小。

利用统计软件SPSS19.0,得出管理者卷、教师卷的信度系数分别为0.929、0.949,基于信度系数,表示测验的结果稳定可靠。将问卷各题量化赋值后,对两类问卷分别进行内部和外部的均值比较分析和相关性分析,由此得到量化统计的结果。

(一)均值比较分析

对教师卷和管理者卷的统计数据做量化分析,分别对两类问卷的问题按照维度进行归类后再求其均值和标准差,通过分值比较,以此得出高校管理权力与教师权利的现实化冲突所在。

教师卷,如表2-1-22所示,共含五个维度分别为教育教学改革试验权,对应问卷中的第1、5、7、10、20、25、28、37题;科学研究与学术交流权,对应第4、6、13、14、19、21、23、24、26、29、30、32题;获取工资报酬、享受福利待遇权,对应问卷中的第3、8、9、11、16、22、27、34题;民主管理权,对应第12、15、17、18、31、33题;进修培训权,对应第2、35、36、38题。遵循赋值原则:教师权利落实状况越好分数越低。教师各权利行使情况由好到差依次为:教育教学改革实验权,进修培训权,科学研究与学术交流权,民主管理权,获取工资报酬、享受福利待遇权,其中,获取工资报酬、享受福利待遇权的均值为2.99,标准差为0.61;民主管理权的均值为2.75,标准差为0.97;科学研究与学术交流权的均值为2.54,标准差为0.74。所以,对于教师而言,这三项权利在现实化冲突中表现得最突出。

表2-1-22　教师行使各项权利情况的均值及标准差

教育教学改革实验权	科学研究与学术交流权	获取工资报酬、享受福利待遇权	民主管理权	进修培训权
2.32±0.76	2.54±0.74	2.99±0.61	2.75±0.97	2.50±0.87

管理者卷,如表2-1-23所示,包括五个维度分别是组织实施教育教学活动权,对应问卷中的第1、4、5、6、7、19、24、34题;管理使用经费、科学研究权,对应第2、3、9、10、11、12、17、21、23、28、31、38题;校内人事权、实施奖惩权,对应第8、15、16、18、22、25、26、27题;按照章程自主管理权,对应问卷中的第13、20、29、30、32、33题;自主聘任及管理教师权,对应第14、35、36、37题。赋值原则:高校管理权力行使状况越好分数越低,即所对应的高校管理权力与教师权利现实化冲突越小。校方各权力行使情况由好到差依次为:组织实施教育教学活动权,按照章程自主管理权,自主聘任及管理教师权,管理使用经费、科学研究权,校内人事、实施奖惩权,其中,校内人事权、实施奖惩权的均值为2.93,标准差为0.51;管理使用经费、科学研究权的均值为2.27,标准差为0.67;自主聘任及管理教师权的均值为2.24,标准差为0.84;按照章程自主管理权的均值为2.21,标准差为0.86。由此得出,对于校方管理者来讲,这四项权利在现实化冲突中表现突出。

表2-1-23　高校行使各项权力的均值

组织实施教育教学活动权	管理使用经费、科学研究权	校内人事权、实施奖惩权	按照章程自主管理权	自主聘任及管理教师权
2.01±0.75	2.27±0.67	2.93±0.51	2.21±0.86	2.24±0.84

（二）相关性分析

高校管理权力之间、教师权利之间乃至于高校管理权力与教师权利之间，都存在着客观联系。借助统计软件SPSS，对问卷做相关性分析以此来探究这三种关系，这对于高校管理权力与教师权利冲突内容的概括、冲突根源的透析以及如何平衡两者都大有裨益。

1.高校管理权力的相关性分析

通过相关性分析，可发现高校管理的各项权力之间并不是独立的，而是有着一定的关联，那么，它们之间的相关性到底如何？具体分析结果如表2-1-24所示。

表2-1-24　高校管理权力的相关分析

维度		组织实施教育教学活动权	管理使用经费、科学研究权	校内人事权、实施奖惩权	按照章程自主管理权	自主聘任及管理教师权
组织实施教育教学活动权	Pearson 相关性	1				
	显著性（双侧）					
	N	68				
管理使用经费、科学研究权	Pearson 相关性	0.851**	1			
	显著性（双侧）	0.000				
	N	68	68			
校内人事权、实施奖惩权	Pearson 相关性	0.452**	0.490**	1		
	显著性（双侧）	0.000	0.000			
	N	68	68	68		
按照章程自主管理权	Pearson 相关性	0.530**	0.625**	0.275*	1	
	显著性（双侧）	0.000	0.000	0.023		
	N	68	68	68	68	
自主聘任及管理教师权	Pearson 相关性	0.687**	0.712**	0.354**	0.708**	1
	显著性（双侧）	0.000	0.000	0.003	0.000	
	N	68	68	68	68	68
**表示在 0.01 水平（双侧）上显著相关						
*表示在 0.05 水平（双侧）上显著相关						

整体而言，各项权力之间的正相关性较为明显，但并非一致。其中，组织实施教育教学活动权与其他各项权力的相关性最为显著，它与管理使用经费、科学研究权的相关系数值0.851为最大值，与校内人事权、实施奖惩权的相关系数值0.452为最小值。

自主聘任及管理教师权与管理使用经费、科学研究权之间的相关性显著，相关系数为0.712；自主聘任及管理教师权与按照章程自主管理权也存在着明显的相关性，相关系数为0.708；自主聘任及管理教师权与组织实施教育教学活动权的相关系数为0.687，相关显著；校内人事权、实施奖惩权与按照章程自主管理权的相关系数为0.275，相关程度弱；校内人事权、实施奖惩权与自主聘任及管理教师权的相关系数为0.354。

2. 教师权利的相关性分析

通过分析，发现教师各项权利之间的相关性显著，且均为正相关，具体分析如表2-1-25所示。

表2-1-25 高校教师权利的相关分析

维度		教育教学改革试验权	科学研究与学术交流权	获取工资报酬、享受福利待遇权	民主管理权	进修培训权
教育教学改革试验权	Pearson 相关性	1				
	显著性（双侧）					
	N	160				
科学研究与学术交流权	Pearson 相关性	0.752**	1			
	显著性（双侧）	0.000				
	N	160	160			
获取工资报酬、享受福利待遇权	Pearson 相关性	0.581**	0.580**	1		
	显著性（双侧）	0.000	0.000			
	N	160	160	160		
民主管理权	Pearson 相关性	0.703**	0.778**	0.610**	1	
	显著性（双侧）	0.000	0.000	0.000		
	N	160	160	160	160	
进修培训权	Pearson 相关性	0.706**	0.729**	0.521**	0.663**	1
	显著性（双侧）	0.000	0.000	0.000	0.000	
	N	160	160	160	160	160

**表示在 0.01 水平（双侧）上显著相关；
*表示在 0.05 水平（双侧）上显著相关。

民主管理权与其他几项权利的相关性显著，且与各项权利的相关性系数均大于0.5，其中，它和科学研究与学术交流权的相关性最为明显，其相关系数值为最大值0.778；和获取工资报酬、享受福利待遇权的相关性明显，其相关系数值为最小值0.610。

从整体数据来看，各相关系数值均大于0.5，获取工资报酬、享受福利待遇权和进修培训权的相关性系数值为最小值0.521，两者属于相关；获取工资报酬、享受福利待遇权和科学研究与学术交流权的相关性系数值为0.580，两者表现出相关；获取工资报酬、享受福利权和教育教学改革试验权的相关性系数值为0.581，两者相关。

3. 高校管理权力与教师权利的相关性分析

经分析发现，高校管理权力与教师权利各维度之间呈现出的相关性，既有正相关也有负相关，具体结果如下表2-1-26所示。

表2-1-26　高校管理权力与教师权利的相关分析

维度		教育教学改革实验权	科学研究与学术交流权	获取工资报酬、享受福利待遇权	民主管理权	进修培训权
组织实施教育教学活动权	Pearson 相关性	0.184	0.022	0.069	−0.038	−0.063
	显著性（双侧）	0.132	0.857	0.579	0.761	0.612
	N	68	68	68	68	68
管理使用经费、科学研究权	Pearson 相关性	0.148	0.020	0.027	−0.081	−0.056
	显著性（双侧）	0.227	0.871	0.827	0.510	0.652
	N	68	68	68	68	68
校内人事权、实施奖惩权	Pearson 相关性	0.082	0.030	0.077	−0.026	0.008
	显著性（双侧）	0.509	0.811	0.531	0.830	0.950
	N	68	68	68	68	68
按照章程自主管理管理权	Pearson 相关性	0.106	−0.018	0.069	−0.048	−0.065
	显著性（双侧）	0.390	0.884	0.578	0.697	0.601
	N	68	68	68	68	68
自主聘任及管理教师权	Pearson 相关性	0.126	−0.035	0.095	−0.075	−0.062
	显著性（双侧）	0.306	0.774	0.443	0.542	0.613
	N	68	68	68	68	68
**表示在0.01 水平（双侧）上显著相关； *表示在 0.05 水平（双侧）上显著相关。						

从整体数据来看，高校管理权力与教师权利呈现负相关的有：高校的组织实施教育教学活动权与教师的民主管理权、进修培训权的相关系数分别为：−0.038、−0.063；高校的管理使用经费、科学研究权与教师的民主管理权，进修培训权的相关系数分别为：−0.081、−0.056；高校的校内人事权、实施奖惩权与教师的民主管理权的相关系数为−0.026；高校的按照章程自主管理管理权和教师的科学研究与学术交流权、民主管理权、进修培训权的相关系数分别为：−0.018、−0.048、−0.065；高校的自主聘任及管理教师权和教师的科学研究与学术交流权、民主管理权、进修培训权的相关系数分别为：−0.035、−0.075、−0.062。

由此可得出：教师的民主管理权与高校管理的各项权力均呈现负相关性，其次教师的进修培训权除了与高校的校内人事权、实施奖惩权呈正相关，与其他高校管理权力均呈负相关。从正相关的数据来看，相关性并不明显。

第二节　公立高校管理权力与教师权利冲突的内容及原因

根据上述调查结果的分析可以概括了解公立高校管理权力与教师权利冲突的内容，并从法理学角度阐释两者冲突的原因。

一、公立高校管理权力与教师权利冲突的内容

根据调查数据分析得出的结果：公立高校与教师之间的权益发生了摩擦，高校管理权力与教师权利存在冲突。调查问卷的维度，即归纳高校管理权力在行使过程中涉及、影响教师权利那部分内容而得出的可能冲突焦点，经调查验证后，存在的可能冲突焦点有2、3、4、5，与之对应的就是高校管理权力与教师权利存在冲突的领域。

（一）高校的经费使用管理、科学研究权与教师的科学研究与学术交流权的冲突

可能冲突焦点2即为高校管理使用经费、科学研究权与教师的科学研究与学术交流权。从具体数据来看，41.2%的被调查者以及43.2%的教师认为在从事研究过程中，会受到校方固定的作息制度的约束；48.5%的管理者和47.6%的教师认为在申报课题时，教师不能知晓整个评审过程；64.7%的管理者承认和62.4%的教师认为其所在学校存在对教师在学术论著、项目申请、核心期刊上发表论文等数量上进行量化考核的刚性规定；56.9%的教师认为因不可避免的因素（如评审者的学术偏好、情感因素等）导致其申报的课题得不到承认，他们也不能相应地提出异议或申诉；60.6%的教师认为在从事科研过程中不能自由选择合作伙伴，组建研究队伍。以上数据说明，学校在行使管理使用经费、科学研究权的过程中涉及教师的科学研究与学术交流权的那部分内容时，教师的部分权益受到了损害，其部分权利有所丧失。

学校的管理使用经费、科学研究权与教师的科学研究与学术交流权存在的冲突主要表现为当教师在从事研究过程中，仍会受到校方固定作息制度上一定的约束；在一定程度上整个课题申报评审过程并非都让教师知晓；校方对教师存在学术成果的刚性量化；教师对于申报课题并非都能很好地提出异议或申诉；教师选择组建研究队伍的合作伙伴自由度并不高。

（二）高校的校内人事、实施奖惩权与教师的获取工资报酬、享受福利待遇权的冲突

可能冲突焦点3即为高校的校内人事、实施奖惩权与教师的获取工资报酬、享受福利待遇权。从相关数据分析可以得出，63.2%的管理者承认和64.4%的教师认为绩效工资与自身在规定期限内的学术成果（级别、数量）直接挂钩；61.8%的管理者以及56.2%的教师认为校内福利津贴均与其在规定期限内的学术成果（级别、数量）是直接挂钩的；42.7%的管理者和46.3%的教师认为学校对教师进行其他工作（如党政服务类）考核时，仍然以发

表学术成果等标准进行考核；52.9%的管理者和36.8%的教师选择了教师不能自由选择休假的地点和形式；50%的被调查者和60%的教师认为教师的校内福利不能全面覆盖；57.4%的管理者和61.8%的教师认为即使符合带薪学术休假（不上班搞科研）的申请条件，教师也不能提出申请；41.2%的管理者和54.4%的教师均认为当教师在学术休假期间，并非可以休得规定的期限，其薪资也并非得到保证。这说明，高校在行使校内人事权、实施奖惩权力的过程中涉及教师的津贴调整、工资福利待遇时，教师相应的这部分权益受到了损害。

高校的校内人事、实施奖惩权与教师的获取工资报酬、享受福利待遇权的冲突是高校管理权力与教师权利现实化的冲突中表现最突出的一个焦点。主要表现为当教师符合带薪学术休假的申请条件时，在一定程度上并不是就可以提出申请；当其成功申请后，选择休假地点和形式的自由度也可能要受到校方一定的限制；校内福利的覆盖面并非非常全面；教师在休寒暑假期间，也并非一直都处于放假休息状态；教师符合带薪学术休假申请条件并申请成功的数量仍占少数，即使申请成功，选择地点和形式的自由度并不高。

（三）高校的按照章程自主管理权与教师的民主管理权的冲突

可能冲突焦点4即为高校的按照章程自主管理权与教师的民主管理权。从相关数据分析可得出，13.2%的被调查管理者和20%的教师承认高校教代会和工会因履行职责会受到打击报复或阻挠；53.2%的教师认为校方不重视、不愿意真心听取其提出的建议或意见；51.2%的教师认为高校教代会和工会并不能代表教师将教师的意见反馈给学校，而是被动开会走形式；54.3%的教师认为高校教代会和工会不能够审议和监督校方工作（工程建设、财务、招生、决策等）；61.9%的教师所在的学校并不都能保证教师直接参与学校管理。可以得出，教师参与民主管理的权利在行使过程中有所丧失。

高校按照章程自主管理权与教师的民主管理权的冲突主要表现为校内存在能代表教师意见的组织的高校所占比例数不大，且校方不太重视且不太愿意真心听取教师提出的建议或意见，甚至还存在学校教代会和工会因履行职责受到打击报复或阻挠的消极现象。

（四）高校的自主聘任及管理教师权与教师的进修培训权的冲突

可能冲突焦点5即为高校的自主聘任及管理教师权与教师的进修培训权。相关数据显示，40%的教师在进修培训期间，其薪资得不到保证；53.7%的教师认为申请参加进修培训要受到其职称影响。由此可看出，教师的进修培训权利受到了一定的损失。

高校的自主聘任及管理教师权与教师的进修培训权的冲突主要表现为教师在进修培训期间，其薪资仍无法完全保证；当教师申请进修时，学校在一定程度上仍以其职称作为参考标准。这种现象的持续恶化，甚至会引发教师对学校的抵触情绪，导致教师与高校的冲突升级，以致产生法律纠纷。

根据上述文中的赋值原则，得出在高校管理权力运行中与教师权利冲突最明显的是冲突焦点3：高校的校内人事、实施奖惩权与教师的获取工资报酬、享受福利待遇权。于教师而言，参与民主管理权在现实化冲突中仅次于获取工资报酬、享受福利待遇权；但于校方管理者来讲，仅次于冲突表现最突出的校内人事权、实施奖惩权的是高校的管理使用经费、科学研究权。

二、公立高校管理权力与教师权利冲突的原因

高校与中小学相比较，其办学规模大、资源投入多以及学科领域划分更专业等特点，都使得高校在管理模式上需要更大的自主性；中小学教师的任务以讲解基础知识为主，而高校教师除了授课还要在自身的专业领域里做研究，这无疑表明高校教师比中小学教师的"需求条件"只会更多。高校与教师之间的权益摩擦日益频繁，然而现有调解手段有效性欠缺，因此需要着手寻找高校管理权力与教师权利冲突的根源问题，只有对根源问题正确认识和把握，才有助提出有效的解决途径。以下试图从外部、内部来分析两者冲突的原因。

（一）高校管理权力与教师权利冲突的外部因素

两者冲突的外部原因是指那些高校管理者和教师主体本身不能控制而导致冲突产生的因素，可分为以下三个要素。

1.法律对权利边界的规定存在模糊性

权利是法律赋予主体所享有的利益，若是不存在边界，那么，主体在行使自身权利时就会为了得到更多的利益而不惜侵犯他人权利，势必造成一种为所欲为的无序状态，同时也会产生更多的矛盾和冲突，因此，权利的边界必须存在。那么，如果法律对权利边界的规定是泾渭分明的，主体之间的权利没有交叉、重叠部分，就不会产生冲突，但这只是一种理想的状态，现实却受限于诸多因素。

立法者知识的有限性，语言表达的模糊性，法律内容的不具体性等都可能造成权利边界的模糊。加之，法律具有概括性、抽象性、相对稳定性，需要不断地进行修改和完善[①]。因而，这些因素都决定了法律本身是有缺陷的，主体间权利存在交叉或重叠部分这一问题是不能根除的，只能不断地改进，尽可能地使主体在法律授权的范围内安分守己地寻求自身利益。权利是对利益的客观表达，法律在对该项权利范围进行界定时，实质也是对利益范围进行划定，但权利对利益的客观反映本身就是有限的，因此，法律不可能准确地对权利边界进行一厘一毫细致的规定，模糊是必然存在的。

调查表明，高校在行使管理权力过程中，涉及与教师权利有交叉或重叠部分时，拥有管理权力者有延伸自己权力的表现，导致出现了高校管理权力与教师权利冲突的现象。

① 王克金.权利冲突论——一个法律实证主义的分析[J].法制与社会发展，2004(2)：55.

在“大学老师请调遭学校除名”案例中，成都某高校教师杨某要求请调，却被校方以未在学校工作满五年为由要求其交纳9000元的调动费，杨某当即提出异议，校方人事处则提出交钱是学校的规定，要么交钱，要么放弃调动。杨某决定辞职，开学也未到校正常工作，系里就将其“不假不到、擅自离岗”的情况反映到学校，校方决定将杨某开除公职，同时停发了工资，并声称：“报市人事局撤销编制”。直到杨某去校方提取个人档案时，才发现这些情况，还被迫向学校交纳了360元的“档案管理费”。事例中所发展的经过无疑说明了高校管理者扩张了其管理权力，并占据了教师的部分权利，直到教师奋起抵制，才阻止了校方权力的继续扩张。这同时也说明高校的管理权力在实际运作中，权力延伸的范围也并不取决于法定的边界，而是取决于高校与教师之间的相互作用。也就是只要权利者接受不利影响，拥有管理权力者就意识到自己的行为有效，就占据这部分权利；权利者能容忍到何种程度，拥有管理权力者就将权力运作到什么程度，直到权利者奋起抵制或者其他强大力量干预并阻止权力扩张为止。这一倾向被称作“权力的可接受原则”。这也证明了法律无法对权利操作过程以及边界进行细致的规定，以致冲突的产生。

2.发展中的法制不完善导致高等教育相关立法的缺陷

规定我国高校管理权力以及教师权利内容相关的法律有《宪法》《教育法》《高等教育法》《教师法》等，尽管我国高等教育领域已经具备了比较完整的法律体系，但是仍然存在诸多弊端。

从法制现状来看，我国法制起步较晚，形成的法律体系还不够完善。当主体为维护自身利益试图寻求法律帮助，却因缺少法律依据，无法可依，最终其权利得不到保护的事件时有发生。例如，高校基于行政法律关系对教师进行管理时，发生的冲突矛盾在法律纠纷中不能归纳为双方在履行聘用合同时发生的争议，以致教师就不能寻得《劳动法》的保护。民事诉讼不会审查学校的管理行为，然后行政诉讼又将学校的管理行为视作学校内部的管理而拒绝审查，最终让教师权利保护留下盲点。

从法律本身来看，法律内容的规定存在缺陷，它不会对主体行使权利内容以及过程作出细致的规定。加之，主体受限于主观意识，因此不能准确把握权利的边界从而发生冲突。例如，《教育法》规定学校有权“自主管理”，《高等教育法》规定高等学校应“自主办学，实行民主管理”。显然教育法规在立法内容上存在缺陷，只是笼统说明高校拥有自主管理权，但出于管理需求各高校都在制定各式各类的管理规章制度，在实际管理中，高校是具有很大的权力的，尤其体现在对教师的管理权与处分权上。学校制定的规章在法律授予其自主性的前提下就会出现不合理甚至不合法的管理内容。法律条款的描述有时也会因表达模糊存在歧义，造成我们对其理解存在误区，这也就是所谓的“法律漏洞”。例如，在案例“留美副教授生二胎面临开除”中，蔡某在华南理工大学任教之前，曾在美国俄亥俄州立大学从事博士后研究,2007年12月,其配偶在陪读期间生下第一胎。2009年9月,蔡某回国并正式到校工作,当时,其配偶已怀孕六个月,并于2010年1月产下第二胎。后被举报,校方认为蔡某作为学校事业编制的工作人员,严重违反国家计划生育政策,超生二胎,给予蔡某开除处分。但蔡某认为其理应受到《出国留学人员生育问题规定》的保护,应该不予处理。双方争议的焦点就在于这个规定中的一条:夫妻双方在国外连续居住一年以上的留学人员,在国外生育或者怀孕后回中国内地生育第二个子女的,回中国内地后不予处理。校方则认为其配偶不能认定为留学人员(无证明材料),所以不满足该规定中"不予处理"的前提条件,应按照计生政策进行处理。蔡某认为自己符合"留学人员"的规定,夫妻双方也在国外连续居住两年以上,适用该项规定。这里的歧义当属夫妻双方均为留学人员才可适用此条款,还是只要其中一方为留学人员,就可适用此条款。

3.我国高校教师权利救济渠道不畅通

在教育领域中,适用的救济方式有行政救济:行政复议和行政诉讼制度;民事救济:民事诉讼制度。对教师而言还有一个特殊的法律救济制度:教师申诉制度。这里主要讨论教师的行政救济方式。

《教师法》第三十九条规定了教师的申诉制度:教师对学校或者其他教育机构侵犯其合法权益的,或者对学校或者其他教育机构作出的处理不服的,可以向教育行政部门提出申诉,教育行政部门应当在接到申诉的三十日内,作出处理。教师认为当地人民政府有关行政部门侵犯其根据本法规定享有的权利的,可以向同级人民政府或者上一级人民政府有关部门提出申诉,同级人民政府或者上一级人民政府有关部门应当作出处理。从该条款看出,教师提起申诉的范围规定得比较宽泛,受理申诉的机关因被诉对象的不同而有所不同,申诉程序比较复杂。教师申诉制度存在的问题之一:教师申诉的受理部门规定得不够明确。条款中的教育行政部门和地方人民政府均不是处理教师申诉的专门机构,这给教师在具体行使申诉权利时带来不可小觑的障碍,甚至有些机构部门对教师的申诉互相推诿进行搁置,使得教师"无处诉冤"。存在问题之二:对申诉处理的规定不尽完善。例如,"学校管理行为违反法律法规的,可撤销其原处理决定",但若学校对申诉人的处理决定只是部分内容违反法律的话也适用全部撤销形式,就会给被申诉人的再处理带来不便和困惑。存在问题之三:申诉制度部分程序规范有缺失。尤其是"申诉部门作出处理结果时应当说明理由"这一程序的缺失已然成为教师申诉程序的重要缺口。存在问题之四:申诉与行政复议、行政诉讼制度的区别不明确。其一,《教师法》并未对这三种救济形式作出明确规定;其二,教师若对申诉部门所作决定不服是否可以申请行政复议或者进行行政诉讼的问题缺乏规定。

教育行政复议。教育行政复议制度，是指教育行政机关或个人在行使教育行政职权时，与作为被管理对象的相对人就已生效的具体行政行为发生争议，根据相对人的申请，由该教育行政机关的上一级教育行政机关，对引起争议的具体教育行政行为进行复查并作出决定的一种法律制度[①]。行政复议与教师申诉制度都是非诉讼的行政救济制度，教育行政复议仅受理教师与行政机关之间的行政纠纷。因此，在行政复议中，行政机关和行政相对人必然处于一种不平等的地位。《行政复议法》规定：行政复议机关负责法制工作的机构具体办理行政复议事项。这表明受理行政复议事项的并不是一个独立的机构，而是复议机关内部的行政机构[②]。教育行政复议救济制度体系中缺乏独立健全的机构设置。

教育行政诉讼制度是指教育行政管理相对人认为教育行政机关的具体行政行为侵犯其合法权益，而依法向人民法院起诉，请求给予法律补救。在此基础上，人民法院对教育行政机关具体行政行为的合法性进行审查，维护和监督行政职权的依法行使，矫正或撤销违法侵权的行政行为，给予相对人的合法权益以特殊保护的法律救济活动。[③]这属于一种司法行为，在处理纠纷问题时要走司法程序，最终由法院裁决，这使得教育行政诉讼的审理程序十分复杂、严格、琐碎，同时消耗的时间长，成本高。

(二)高校管理权力与教师权利冲突的内部因素

两者冲突的内部原因是指高校管理者和教师两个主体本身能够控制并相互影响而导致冲突产生的因素，包括了以下两个要素。

1.有限的资源引发高校与教师利益冲突

资源的有限性大多指在特定范围内资源数量上的不足，但除了数量上的有限，也指基于主体需求的不同，双方对资源的需求存在重叠之处。资源对主体而言就是利益，当一方主体在实现自身利益，涉及重叠部分时，若要得到满足势必会影响或牺牲另一方主体的利益，造成其利益部分或全部损失，相应双方产生了冲突。不断发展完善的法律只有尽可能保护各方利益，但也有无法满足的时候。对于高校与教师而言，主要的资源当属教学所需的软、硬条件设施以及教师的工资待遇、福利津贴等，一般而言，各公立高校都能保证教学必需的软、硬件等需求，因此工资待遇、福利津贴等属于两者最主要的资源。例如，“武汉大学张在元教授病危遭解聘”这个案例中，学校与老教授签订了4年的合同，但老教授因病几乎3年未在岗教学，学校帮其已垫付高额的医疗费用，若以学校的立场来讲，是不愿意付出如此高的“代价”，按照教授委托人的说法，是学校为了终止付出“代价”而更改了合同终止

① 王景斌，朱翠兰.论教育行政法律关系及相对人权利救济[J].东北师大学报(哲学社会科学版)，2005(6)：117.
② 卞良.浅析我国教师权利法律救济制度的困境与对策[J].科技与法制，2011(3)：833.
③ 刘彦博.完善我国高校教师权利救济制度的思考[J].黑龙江高教研究，2012(3)：55.

时间。又如,在“学校扣发参加进修教师的工资”这个案例中,杨某在学校批准的前提下到另一所高校进修,而校方以所谓杨某“未在学校正常教学工作”为由,扣发了杨某在这期间一半的工资。

2.高校管理者和教师对自身权利意识的淡薄

根据《高等教育法》第三十条对高校的规定,可知我国高校被定位为“法人”,但高校的法律定位仍旧模糊。而高校与教师之间,其法律关系取决于教师的法律地位在公务员和劳动者之间所面临的选择,事实上,高校与教师属于复合关系,既有行政法律关系,又有民事法律关系。但在我国根深蒂固的传统教育理念的影响下,高校仍会忽视教师的主体地位,使得高校在管理的过程中常常会不自觉地处于一个居高临下的地位。

在传统法学理论上,权利之间有着界限划分。当法律严格界定并保护了一个人的合法权利时,实际上也就界定和保护了他人的权利①。因此,不论法院如何决定,只要它保护了一种权利,实际上必然侵犯另一种权利,这就是权利的相互性。权利与权力之间也存在相互性。在高校行使管理权力的过程中涉及并影响教师那部分权利内容时,因无法找到一个明确的界限,如果一味地允许校方完全行使管理职权,必将侵犯教师的个人权利;如果确认保护教师权利,必将相应地制约校方的管理权。实际上,对高校管理权力的制约有多种方式,其中一种,也是最重要的一种就是除了高校管理者以外的其他利益者对高校管理的权力的限定。因为高校管理的权力所依存的基础是其他利益者的权利,即被公认可以享有和支配的各种利益资源的主体,限定其权利则制约了其权力的发生和作用。而欲制约高校管理的权力,教师必须维护自己的权利②。但在实际调查中发现,有些高校管理者和教师对自身权利的意识是模糊的。例如,教师拥有参与学校民主管理的权利,但有些教师并不积极主动参加,觉得自己只要保证教学质量以及完成科研任务就是完成了学校的工作;或者学校的教代会和工会等仅仅只是被动开会走形式,并没反馈教师的相关意见,也并未加强教师参与力度和改善其参与条件等,最终的结果势必就不能做到以教师参与式权利制约高校管理权力,也不能防止高校对有关利益资源作不当处置和支配。

① 苏力.法治及其本土资源[M].北京:中国政法大学出版社,1996:181.

② 漆多俊.论权力[J].法学研究,2001(1):23.

第三节 公立高校管理权力与教师权利的平衡

基于外部原因和内部原因对公立高校管理权力与教师权利冲突根源的阐释,可以发现其实质包含了国家、高校、教师等三个层面的因素。因此,可以基于这三个层面思考平衡公立高校管理权力与教师权利的策略。

一、完善高等教育法律体系,改进教师权利救济渠道

国家政府层面对于平衡公立高校管理权力与教师权利的举措是以完善高等教育法律体系和改进高校教师权利救济渠道为主的。

(一)完善我国高等教育法律体系

《教育法》《高等教育法》《教师法》等相关法律构成了我国高等教育法律体系。其中,《教育法》《高等教育法》等规定了高校所特有的"自主管理"的权力,但并未就其行使的范围作出明确指示,仅仅做了一些原则性的规定。高校在管理过程中依靠的是学校"管理者"这个行为人,其本身会因为存在的主观意识而对权力行使范围存在误解和偏差,导致在这过程中可能对教师的权利产生侵犯,这势必会违背高校管理所追求的科学化和民主化的初衷,最终形成高校管理权力的腐败化,面对这些不足之处,都需要加快对《高等教育法》等相关立法的改进和完善。

首先,明确法律条款中的责任以及法律表述术语。因为在现行相关的高等教育法规中,对法律责任的提及往往是所谓参照有关法律规定,或者只是作出一些原则性规定。同时需要明晰法律条款中的表达模糊项,例如在《教育法》规定学校有权"自主管理",《高等教育法》中规定高等学校应"自主办学,实行民主管理"等概括性的条款,需要及时对类似这种模糊规定的权力内容范围进行适当的界定,以保证高校各利益者的权益。并且对法律条款中存在歧义的条项,如《出国留学人员生育问题规定》中规定"夫妻双方在国外连续居住一年以上的留学人员,在国外生育或者怀孕后回中国内地生育第二个子女的,回中国内地后不予处理"。这里对留学人员的限定存在歧义,应该及时修正,且还要根据生育政策的变化适时调整,这样在依据法律条款进行判决时,不会有异议,更不会让不法之徒钻法律的漏洞。

其次,《高等教育法》应该合理配置高校的管理权。高校的管理权大致可分为行政权力、学术权力以及教师民主管理权利,高校应明确三者之间的相互关系,高校是做学术研究的地方,理应将学术权力授予能代表其学术能力的类似于学术委员会来行使,在学术委员会的成员选拔以及下设机构都要遵循民主选举产生,要实行一定期限的任期制,并且在人员组成上要包含有非行政人员等。行政权力主要是总体把关与执行学术委员会和教代

会等能代表教职工的组织作出的决议，以及负责学校的整体运行管理。高校管理的初衷追求的是民主的管理和科学的管理，那么教师参与学校的民主管理正好与初衷相契合，只有积极地行使这一权利，才能相应地制约行政权力的强化。

最后，加快制定和出台与《高等教育法》配套的法律。例如，《高等教育法》中“按照国家有关规定”，在实际运用中到底具体参照什么规定，要在实施中有具体“法”之所依，因此，要加快制定高等教育法规的配套立法，进行协调配合，形成统一的高等教育法规体系。

高等教育法规在执法以及监督中都需要改进和完善。当今不断推进依法治国，相应地也要加大高等教育法规的执法力度，明确执法主体的责任与义务，整体加强教育执法机构的建设，要依法治校，提高教育执法过程中的科学性与民主性。在教育执法过程中可通过适当设立监督执法的程序性规范，提高社会大众对教育执法的监督作用，强化司法监督机制，加强司法机关对教育法律纠纷的审查等等方式来完善监督。

（二）完善我国高校教师权利救济渠道

从现有法律中对高校教师权利救济的规定来看，教师权利救济大致分为三类：行政救济、民事救济、特殊的法律救济制度。其中，行政救济包括了行政复议和行政诉讼制度；民事救济指的是民事诉讼制度；特殊的法律救济制度则指的是基于教师身份所享有的申诉制度。

1.健全教师申诉制度。申诉制度是当前高校教师权利救济的主要途径。在目前已有规定的基础之上，作出如下的思考。

第一，设立专门负责教师申诉的相应委员会。该委员会由各级评议委员会组成，教师可以根据自身案件情节等级程度向相应级别的评议委员会提出申诉，由该级评议委员会负责独立处理教师的申诉案件。申诉评议委员会委员的人选应尽可能是能够代表教师与高校双方利益的人，但出于公平起见，也要包括第三方，例如委员的构成包括高校行政机关的代表、教师、学者和一些从事教育相关工作的社会公正人士。委员会的成立不仅对申诉案件能做出针对性的处理，也提高了办事效率。当然，根据《教师法》规定的申诉受理的主管教育行政部门，以及当地人民政府的有关行政部门应承担统筹工作，负责评议委员会的建立和工作完善。第二，完善教师申诉处理的规定。例如，“学校管理行为违反法律法规的，可撤销其原处理决定”，但若学校对申诉人的处理决定只是部分内容违反法律的话还是要全部撤销的。因此，为减轻处理申诉的相关人员的负担和困惑，应尽可能对已有规定中申诉处理形式描述模糊、界定不清的语句根据案件情节的分级进行更细致的规定。第三，完善教师申诉程序的规范。当今法治化的呼声愈来愈高，为提升申诉案件的解决效率，需从以下几个方面来规范教师申诉程序：其一，不能笼统地规定在收到申诉书的次日起30天内进行处理,应在接收之后规定一个合理的期限,决定该申诉案件是否能够受理,且应当在期限内告知申诉人本人。其二,申诉部门作出处理结果时应适当说明理由。其三,应将申诉制度与行政复议、行政诉讼制度组合在一起构建完整体系。在《教师法》中对教师权利的救济只提到了教师申诉制度,会让人误解为申诉制度是教师权利救济的唯一途径,事实上,教师申诉制度与行政复议、行政诉讼制度都属于行政救济方式。当教师对学校、其他教育机构或当地人民政府有关行政部门的决定不服时,可以选择申诉、行政复议、行政诉讼等途径进行权利的救济;当教师不愿提出申诉或对行政机关的申诉处理意见不服时,可允许教师申请行政复议或提起行政诉讼。

2.界定教师权利救济制度的受案范围。教育行政复议属于行政非诉讼救济制度,它只受理教师与行政机关之间的行政纠纷,其程序严格,处理的权限严格,其效力权威。适当拓宽教师申请行政复议的范围,自然有利于教师权利的保护。可进一步允许教师对学校教育行政部门作出的纪律处分、工作考核、业绩评定等内部行政行为申请复议[①]。教育行政诉讼由于其裁决的"最终性",使它成为保护教师权益的最后一道屏障[②]。教育行政诉讼的审理程序十分复杂、严格、琐碎,因而教师提起行政诉讼会受限于诸多因素。当教师因纠纷提起诉讼时,适当给予司法保障是十分必要的,但要注意的是,由于该类纠纷的特殊性,司法的介入应当有所保留,主要限定在侵犯教师基本权利和重大权利,尤其是足以改变教师身份的法律纠纷中[③]。

3.健全教师权利救济渠道的监督体系。纵然管理条款规定明确,但要保障其顺利实施,必须依靠监督。要保障教师权利救济渠道的畅通应注重高校内部和外部的双重监督。加强高校教师的监督权,要合理明确制定高校管理所遵循的规章制度,教师的监督行为有所依据,也要提高教师自身的监督意识;加强上级教育行政部门的监督,高校与上级教育行政部门属于隶属关系,这种监督是必须的,监督内容应包括高校对于教师管理规章制度的合法和合理,高校以及同级的教育行政部门对于教师申诉案件的处理情况等;社会监督要注重利用信息化时代的传媒渠道进行教师申诉案件的监督。

二、高校管理要遵循原则且合理分配有限资源

学校对于平衡公立高校管理权力与教师权利的举措主要包括了高校面对模糊的权利边界应当如何实施管理权力以及面对有限的资源如何合理分配两个层面。

(一)高校管理要遵循相应的原则

权利边界是必然存在的,但法律的抽象性和相对稳定性就客观导致了对边界进行明

① 刘彦博.完善我国高校教师权利救济制度的思考[J].黑龙江高教研究,2012(3):57.

② 郭秀晶,马乐,王霁.北京教育法律救济的现状、问题与政策建议[J].北京教育(高教版),2006(1):52.

③ 刘彦博.完善我国高校教师权利救济制度的思考[J].黑龙江高教研究,2012(3):57.

确的规定只是一种理想状态。这里需要思考的是当面对权利边界客观存在却又模糊时，权利主体应如何做？

教师行为和高校管理行为之间频繁发生冲突，是校方管理规章制度越界，还是教师的行为出格？一方面，高校要进行管理就离不开规章制度；另一方面，随着大众法治意识的增强，在对教师的管理上要更加法治化，即校方管理行为在涉及并影响教师权利内容时应当小心界定规章制度与法律冲突的边界。但事实上，对教师的管理大多是原则性条款，需要校方在执行过程中进行细化，要兼顾遵循国家法律，满足教师的需求，还要顾及社会观念。

1.高校实施管理权力，要遵循法律优先原则

学校在实施行政行为时，要受制于现有既存的法律，不能碰触法律的边界。高校得到国家的授权，有权制定管理办法细则，有权通过有效评价对教师进行奖励和处分，但都必须符合国家的法律规章制度，必须保障行政相对人的权益。现今推进依法治国时，其中强调要依法行政，同样依法治校也是法治建设的重要内容之一，而要依法治校，最基本的要求就是遵循法律优先原则，即高校任何的管理行为均不得违反国家既存法律的原则，避免出现高校校规越位国家法律之上的情况。例如，校方依照管理规定对教师进行处分，涉及影响教师权利或使教师权利丧失时，必须要有具体法律依据，而不能由校方单纯根据学校的校规而自主处理。凡涉及公民基本权利的问题，只能由法律在符合宪法的前提下作出必要的、适当的约束，其他限制都可能是违宪的。高校在制定校规时，必须符合国家的法律规定，尤其对教师作出处分决定时，也要符合法律程序，依法行使自主管理权力。对于高校的自主管理权要限制于国家法律法规的监督之下，不能越位于国家法律之上。但法律优先原则，只是在强调行政行为不得与法律相冲突，其实在某种程度上只是一种消极地要求行政主体作出的行政行为不得违背国家法律规定的原则，但当法律并未对这个行政行为作出具体规定时，此时的法律优先原则会显得无能为力。

2.高校实施管理权力，要适用法律保留原则

法律保留原则，简而言之就是指行政行为必须有法可依，也就是所谓行政主体作出的行政行为必须要在有明确法律规定的前提下才能执行，并且行政主体是不能制定行政法规和规章的，法律保留原则不仅对整个行政行为起着实践指导的作用，还对行政主体提出了本质性的要求。然而高校在实施行政管理过程中却未能很好地贯彻执行法律保留原则，使包括教师在内的行政相对人的合法权益受到损害。高校应充分认识到法律保留原则的重要作用，针对本校的实际情况，要因地制宜，例如，当高校在制定处分教师的规定可

能会损害教师权利的情况时，校方应把这种决定保留给法律，让法律作出规定。学校被授权“自治”，但只能在既存的法律规范下进行相应的细化，而不能有所创新。

3.高校实施管理权力，需考虑比例原则

这里的比例原则是指校方在实施行政行为时应兼顾行为目标的实现与行政相对人的权益。如果当实施的这种行为对相对人的合法权益要造成损失时，应尽可能降低其损失，保持行政行为目标和相对人低损失的适度比例。比例原则又包括三个子原则：妥当性原则，指行政行为对于实现行政目的是适当的、有用的；必要性原则，指行政行为对于达到行政目的是必要的，给相对人权益造成的不利影响是难以避免的，即行政权行使只能限于必要的度，以尽可能使相对人权益遭受最小的损害；比例性原则，指行政行为在任何时候均不应给予相对人权益以超过行政目的、目标本身价值的损害。因此，高校在管理过程中对教师作出行政行为时，应当考虑比例原则，调整行政目标和行政相对人低损失的适度性，同时，必须遵循程序依法，且要告知教师本人，向其说明行政行为的法律依据和处理办法，若教师对这一处理结果表示不服，学校也要尊重其本人正常合法的权利救济渠道维护自身权益，以保证校方作出的处理结果是公平、公正、公开的。

（二）高校分配有限资源应遵循法律并体现人文关怀

有限资源通常是指要给予的对象主体数较多，而分配时因资源的数量较少而显得有限。这里讨论的有限资源更多的是指在特定的时间、特定的场合所处的一种资源不足的状态，需求有不同之处，同时也有重叠之处。当资源同时要满足校方和教师等多个主体时，可能暂时是无法同时满足的，这时分配方式一定要优先遵循法律原则，校方不得以对教师具有行政管理权力为借口，将这部分资源归入校方，从而满足自身利益而影响或牺牲教师的权益。当学校作出具体行为时，都必须符合法律、法规、规章的规定。其次，在符合法律规定的前提下，要体现人文情怀，原则上校方实施行政行为应兼顾行为目标的实现与相对人的权益。例如，校方实施某种行政行为时，会对相对人造成不利影响，这时，应当酌情处理，尽可能降低不利影响，寻求实现行为目标和降低影响之间的平衡点。

三、教师应提高自身权利保护意识并切实落实权利

教师自身对于平衡公立高校管理权力与教师权利的举措主要是指教师不仅要提高对自身权利的保护意识，还要将这些权利落到实处，尤其是教师的民主管理权利，要积极真实地参与到学校的民主管理中，才能实现有效制约高校行政管理权力强化现象。

作为教师，在履行教师职务的过程中，可以通过自觉学习、贯彻、理解相应法律条款，树立法治观念，要求自己依法办事。依照法律规定，教师可根据自己的意愿实现其权利，有权作为或不作为，这都体现了教师是权利的主体。教师除了投身于日常工作的教育行

为中,也要积极参与到高校的民主管理中。教师参与学校管理的方式主要是通过教职工代表大会实现的,《教师法》规定:教师享有“对学校教育教学、管理工作和教育行政部门工作提出意见和建议,通过教职工代表大会或其他形式参与学校的民主管理”的权利。《高等学校教职工代表大会条例》对教职工代表大会也作出了明确的规定:“学校要建立和健全以教师为主体的教职工代表大会制度,加强民主管理和民主监督。”这些都是法律赋予教师的权利,教师应当真切地将个人意见或建议反馈到上级,使其行之有效,若高校创造良好的民主管理环境,而教师却选择被动开会走形式,这也违背了高校管理所追求的民主和科学。当教师的权利在学校行使管理职权过程中被侵犯时,教师也不能因外界一些因素的“威胁”而选择不断让步和妥协,要有维护自身权利的意识,通过合法的教师权利救济渠道实现自己的诉求,在某种程度上,相应地制约了高校管理权力日趋强化的现象,这种双方制约也无疑对无法明晰确定的权利边界问题有着良好的协调作用。

第三章　高校内部治理中学生权利及其实现

第一节　高校内部治理中学生权利维度划分

学生权利是学生作为高校利益主体的基本需要，在高校内部治理中具有不可取代的意义。关于高校治理中学生权利的内容在我国现行的教育立法中无划分标准，根据相关法律法规、政策文本和部分大学章程对学生参与学校治理的规定，如表3-1-1所示。参照学生权利的界定及学生参与学校治理的权利内容的研究，梳理了我国学者们对学生权利内容的相关研究，如表3-1-2所示。

表3-1-1　学生参与高校治理的相关法律法规、政策文本、大学章程

法律法规、政策文本、大学章程	关键词
《教育法》在第四十三条中规定：对学校处分不服具有申诉权，学校、教师侵犯其人身权、财产权等合法权益时，有权提出申诉或者依法提起诉讼；法律、法规规定的其他权利。	申诉权 其他权利
《高等教育法》在第五十六条中规定：高等学校的学生在课余时间可以参加社会服务和勤工助学活动。在第五十七条中明确规定：高等学校的学生，可以在校内组织学生团体。学生团体在法律、法规规定的范围内活动，服从学校的领导和管理。	参与权 引导和管理 学生团体
《普通高等学校学生管理规定》在第六条中规定学生在校期间依法享有的权利：在校内组织、参加学生团体，以适当方式参与学校管理，对学校与学生权益相关事务享有知情权、参与权、表达权和监督权。	知情权 参与权 表达权 监督权
《中国人民大学章程》在第九条中规定学生享有的权利：知悉学校改革、建设和发展及其他涉及个人切身利益的事项；参与学校民主管理，对学校发展和教育、教学改革提出意见、建议和批评；法律、法规和规章规定的其他权利。	知情权 参与民主管理 其他权利
《东南大学章程》在第二十五条中规定学生享有的权利：对纪律处分和涉及其权益的相关决定表达异议，提出申诉；涉及个人切身利益的事项，对教学活动、校园文化、后勤服务、校园安全等工作提出意见和建议，参与民主管理；法律、行政法规、规章、章程以及学校规章制度规定的其他权利。	申诉权 知情权 后勤服务监督权 其他权利

表3-1-2 关于学生参与学校治理的权利内容的研究

关于学生参与学校治理的权利内容的研究	关键词
姜传松(2005)认为:学生在直接或者间接参与高校内部事务管理中享有参与权	参与权
李小琼(2011)认为:学生在学业、学位授予中享有公正评价权	评价权
罗建河(2014)认为:学生理应分享高校内部的决策权	决策权
胡萌(2014)认为:与大学生密切相关的权利有参与权、公正评价权	参与权、公正评价权

把学生作为高校内部治理的主体,而不是单纯的治理对象,是目前我国依法治国新形势下治理的客观需求。通过对以上法律法规及章程的梳理,结合学者们提出的高校内部治理中学生应享有的相关权利,鉴于高校内部治理中学生的行为认知、关键动机、权利内容、权利具体呈现及参与形式、权利实现途径及采纳情况、权利保障、阻碍其权利实现因素等内容,以及结合多元治理理论和学生身处多重权利下的维度,需要强调的是,以下几点如学生事务处理的知情权、高校民主管理的参与权、学校教育教学决策权、学校教育教学评价权、学校行政事务与后勤管理监督权的具体执行应落于实处。

一是学生事务处理的知情权。知情权又被称为了解权或信息权,是政治民主化的基本前提。高校学生对学校内部治理中学生的事务处理享有知情权,是指高校在校学生对于学校内部治理中与学生切身相关的各项事务的处理结果拥有掌握详细信息的权利。学生事务处理知情权也是在校学生参与学校内部治理的必要前提,是推进学生参与学校内部治理的必然要求。在保障学生的知情权后,才能更好地服从学校对与自己切身相关的各项事务的处理结果,否则,他们只会口服心不服,从而导致高校内部治理效果的错位。因此,在高校内部治理中,一定要赋予学校的主要群体——学生对学生相关事务处理的知情权。

二是高校民主管理的参与权。高校民主管理的参与权是指高校学生参与学校民主管理的权利。随着时代的进步、市场经济的推动、高等教育教学改革的深化以及学生维权意识的加强,参与权已是各大高校实行民主管理的时代呼唤。《普通高等学校学生管理规定》明确指出:学校应当建立和完善学生参与民主管理的组织形式,支持和保障学生依法参与学校民主管理。可见,高校民主管理的学生参与权也得到了法律的保障。高校学生参与高校内部治理已成为高等教育发展的一大趋势,也是高校内部治理的一个重要组成部分,因此,高校在内部治理中不能忽略了学生的参与权,当高校赋予学生的权利在不断地满足学生发展的需求时,高校管理就更民主化。随着高校学生的主体意识在不断提高,学生越来越不满足于传统的被学校管理的地位,而是开始寻求多种途径来表达自己的意愿和诉求。2012年,南开大学校长龚克在该校的学生代表大会上提出“希望同学们把参与学校的民主管理当成一种学习过程、一种社会体验、一种公民的民主体验、一种成长的经历和职业的准备”，这在一定程度上表明，高校的组织管理者鼓励大学生参与学校内部的治理。鉴于高校学生自身对参与学校治理和表达自身利益诉求的意愿在不断地加强，那么学生参与学校治理以及学生民主管理权的发展也将是高等教育管理体制改革与发展必须要面对和解决的问题。但是，在高等教育管理的具体实践中，学生参与高校治理的积极性和对高校治理的满意度还不够高，学生参与高校治理存在着参与的层次偏低、程度较浅、方法简单和参与的效度低等问题。

三是学校教育教学决策权。高校内部治理中学生对学校教育教学的决策权是指学生对高校内部治理系统内的活动具有选择、驾驭以及支配的权利。学生作为高等教育的投资者和高等教育服务的购买者，理应分享高校内部的决策权[①]。高校学生只有拥有了学校教育教学方法的决策权，才能真正从自身的发展需求去要求学校对教育教学进行改革；高校只有不断地以学生的需求以及社会发展的需要进行改革，才能促进自身的发展。也只有这样，高校内部治理才能更加合理，学生才能拥有主人翁意识，从而行使主人翁的权利。然而，世界始终处于不断变化发展的过程中，高校要在复杂变化中立于不败之地，只有不断地发展、改革、创新，才拥有发言权。高校课程与教学改革是不可忽视的，学生作为高校的主体，应对学校的课程与教学拥有改革决策权。

四是学校教育教学评价权。学校教育教学评价权，主要是指在校大学生对学校日常的教育、教学活动拥有评价、建议的权利。学校教育教学评价权是学生参与高校内部治理的具体形式，也是学生参与治理的具体方式之一。保障高校学生对学校教育教学的评价权不仅是推进师生共同治校的基础，更是学校组织发展的必然趋势。目前我国高校学生对学校教育教学的评价权仅限于对教学质量的评价，通常也仅限于在学期末以填写问卷的方式对学校教育教学进行评价，然而教学评价并不仅仅只是一个工具和手段，它更在于促进教学的改进和完善，以及促进教师和学生的共同发展。然而，如果学生参与评价的理念携有工具主义的评价观和形式，那高校学生的评价权也终将只是形式而已。

五是学校行政事务与后勤管理监督权。就事实而言，学校行政事务监督权，是指基于在校大学生这一特殊身份，依法享有的监督自身学校一切行政事务活动的权利。它是高校学生参与高校内部治理中的一项不可缺少的内容，是学生参与学校治理体系中的一种最具活力的监督。学生既是学校的管理对象，又是学校治理中参与治理的主体，作为治理共同体之一，高校学生对学校的行政事务理应享有监督权。当高校学生享有学校行政事务监督权后，一方面既有助于扭转当前高校普遍存在的官本位现象，另一方面又能促进高校内部管理的科学化、民主化。同时，也是在高校内部治理中发展学生主体性的有效途

①罗建河，潘甲甲．高校内部治理中学生权力的谱系分析[J]．当代教育科学，2014(9)：5.

径。显然,学校后勤管理监评权,是指在校学生对学校的后勤管理拥有监督、评价的权利。高校学生作为一个特殊的群体存在于高校之中,他们既是学校教育的对象,又是购买学校教育服务的消费者;既是学校管理过程里的被管理者,又是需要参与到学校共同治理中的治理者。作为消费者,高校学生在享受教育服务时,对学校后勤的管理拥有基本的服务评价权;作为治理者,高校学生在参与高校内部治理过程中对学校后勤管理拥有监督参与权。

概而言之,高校内部治理中学生权利在不同维度的体现,显示了学生权利的充分发展,同时,也丰富了学生权利的内涵,更向我们阐释了学生作为高校内部治理体系中的主体随着社会的不断发展而增长的权利意识。现代化的组织管理,不论是企业还是单位,都朝着人性化的管理方向在前进和发展,而参与式的管理则是人性化管理发展的思潮,是近代管理学上的一种民主领导及激励法则的管理制度。[①]在现代大学中,学生参与高校内部治理也是高校发展的逻辑必然。

第二节　高校内部治理中的学生权利实现情况考察

一、调查设计

此次调查问卷的设计,是在阅读大量文献和反复讨论的基础上,参照了关于高校内部治理及学生权利相关的学位论文、科研论文以及专家提议等相关内容设计编制的。本次问卷根据调查对象的不同进行了分类设计,以期收集更有针对性和真实性的资料和数据。为了确保调查的顺利进行以及测评数据的有效性,问卷在正式投放使用前,已经在部分高校进行了小范围的预测。最终用于测评的分为调查问卷和访谈提纲两大类,其中学生调查问卷主要包括基本信息、客观问答题和开放题三个方面,主要是针对高校内部治理中学生权利问题现状中的学生群体设计的。其中基本信息由学生的性别、就读的学校、学习阶段、所学的专业和就读的年级五部分组成。客观问答题由15个选择题组成,内容主要涉及高校学生对高校内部治理中学生权利的意义认识、参与积极性、保障机制和监评机制四项内容。在开放题型中设计了2个简答题,这2个简答题的设计主要是为了了解学生对高校内部治理中的学生权利实现有何期待和他们对高校内部治理中更好保障学生权利有何建议(内容详见附录五)。

①孔丽苏.大学生参与高校内部治理的理论思考[J].求实,2013(2):273-274.

学校管理工作者类调查问卷是专门针对高校内部治理管理者设计的，主要内容也包括基本信息、客观问答题和开放题三个方面。基本信息由性别、所在工作单位、职务和学科专业四部分组成。客观问答题由13个选择题组成，内容主要涉及高校内部治理中学生权利现状的行为认知、关键动机、具体呈现、参与形式、权利内容、实现途径、采纳情况、权利保障和阻碍权利实现的因素等几项内容。开放题设计了4个简答题，这4个简答题的设计主要是为了了解高校内部治理中学生参与情况如何，学生在高校内部治理中是否具有权利意识，学生是否愿意参与高校内部治理，在高校内部治理中学生权利保障环境如何，高校内部治理中学生参与权利配置和权利监督救济如何（内容详见附录六）。

为了使得问卷更加有效，以上两类问卷中客观问答题采用了乱序排列。为了避免研究的片面性，进一步全面、准确而客观地了解高校内部治理中学生权利的运行现状，本研究准备了“高校内部治理中学生权利实现问题现状访谈提纲”（内容详见附录七）。针对学校学生管理工作者，主要从如何看待高校内部治理中学生权利现状、具体权利表现、当代大学生在高校内部治理中的权利意识、参与高校内部治理的意愿、高校内部治理中是否应积极吸引大学参与其中来、当前高校内部治理中学生权利保障的环境、现今高校内部治理中学生权利配置和权利监督救济情况以及改进措施等多个方面进行访谈后做描述性记录，为探寻高校内部治理中学生权利存在的基本问题和可提供的建议做资料准备。

二、调查问卷测试的信效度分析及问卷发放与回收

考虑到高校内部治理中的学生权利现实考察的实际问题，主要呈现在高校内部治理中学生权利的实际运行活动过程之中。因此，以C市区的4所高校作为典型进行深入调查和分析，选取了212位高校管理工作者以及304位学生为研究对象进行了问卷调查。此次调查覆盖了C市区内的部属高校、地方高校、职业院校，能够较为全面和客观地反映其高校内部治理中的学生权利实现的具体状况。此外，为了进一步深入分析高校内部治理中的学生权利实现状况，还选取了能提供详细信息的专家样本进行更加深入的定性研究。考虑到调查取样的难易程度、高校师生和管理者们的时间以及调查者自我学习和工作时间等诸多方面的因素，经过认真思考和分析，研究采用了“有目的抽样”，最终选定了C市区4所高校里负责学生管理工作的校领导6名，学生工作管理者18名和辅导员27名，一共51人进行了访谈。具体而言，接受问卷和被访谈者的基本信息如表3-2-1所示。

表3-2-1 被调查对象的基本信息

人员	具体身份	人数/人	比例/%
高校学生管理工作者	校级学生工作管理者	6	1.1
	院系级学生工作管理者	18	3.2
	辅导员	27	4.8
高校管理工作者	行政管理者	212	37.4
高校就读学生	就读学生	304	53.5

本文的信度主要强调的是调查问卷和访谈结论的可靠性和可靠的程度，经过对预测问卷的分析，其分半系数和Alpha都在0.86以上，表明问卷的信度较高，能用于此次调查。本次问卷通过问卷星进行设计，同时采用电脑网上填问卷、微信扫一扫填问卷和现场发放填写问卷等三种方式。通过问卷星和现场共计发放516份，其中学校管理工作者卷212份，学生卷304份。在516份中，共回收问卷512份，现场回收率99.2%，其中学校管理工作者卷210份，学生卷302份。其中排除学校管理工作者卷无效问卷2份、学生无效问卷6份，共计8份无效问卷外，回收到有效问卷504份，问卷有效回收率达到98.4%。在此，需要说明剔除无效问卷的原则是“整份问卷漏答项目数≥3的”或者整份调查问卷呈波浪型和同一性规律作答的。通过对调查问卷与相关数据进行必要的统计分析和核查之后，在此基础上把所收集到的数据资料进行分析、编码、整理和保存。数据的整理分析主要用SPSS和Excel统计软件包来进行具体执行。分析主要有描述性统计分析、均值分析和相关性分析三个方面，以此检查和保障相关研究的有效性和可信度。

三、高校内部治理中学生权利实现状况考察的结果描述性与推断性分析

事实上，数据分析主要是为了保障所研究的主要问题能够以直观的方式进入到大众们的眼帘，要深入了解高校内部治理中学生权利的实现状况，就必不可少地需要对收集到并整理好的原始资料和数据进行更加深入的分析、处理与加工。本章主要是通过描述性统计、均值分析和相关性分析等相关的分析方法，从行为认知、关键动机、权利内容、具体呈现、参与形式、实现途径、采纳情况、权利保障和阻碍权利实现的因素等多维度来深入分析高校内部治理中学生权利实现的状况。

（一）调查结果的描述统计分析

1.学生视角下高校内部治理学生权利基本状况分析

高校学生对自身在高校内部治理中的权利情况有着自己的独到看法，我们对收集到的296份有效问卷基于行为认知、关键动机、权利内容、权利呈现与参与形式、实现途径与

采纳情况、权利保障（侵权维护、保障满意度、重视情况）、阻碍权利实现因素等七个方面进行了系统分析。

第一，在行为认知方面，通过1至5题进行了具体考察，如表3-2-2所示。通过具体分析发现，在“你认为学生有权利参与高校内部治理吗”题项中，认为“有”的有192人，占比高达64.9%；认为“没有”的有47人，占比达15.9%；认为“不清楚”的有32人，占比10.8%；“其他”选项有25人选择，占比8.4%。在“你参与过高校内部治理的有关工作吗”题项中，选择“经常参加”的有38人，占比12.8%；选择“参加过几次”的有45人，占比15.2%；选择“偶尔参加”的有53人，占比17.9%；选择“几乎没有参加过”的有76人，占比25.7%；选择“不参加”的有84人，占比高达28.4%。在“你是否愿意参与到高校内部治理活动过程中去”题项中，选择“非常愿意”的有192人，占比高达64.9%；选择“比较愿意”的有47人，占比15.9%，选择“不愿意”的有25人，占比8.4%；选择“不清楚”的有32人，占比10.8%。在“你是否支持‘学生有权参与学校内部治理活动过程中与学生利益相关的各项事务’”题项中，选择“非常支持”的有198人，占比高达66.9%；选择“比较支持”的有62人，占比达20.9%；选择“不支持”的有12人，占比4.1%；选择“不清楚”的有24人，占比8.1%。在“你是否赞同‘高校内部治理活动过程中在做出与学生利益有关的决策前有必要征求学生意见’”题项中，选择“完全赞同”的高达217人，占比高达73.3%；选择“比较赞同”的有59人，占比19.9%；选择“不太赞同”的有11人，占比3.7%；选择“很不赞同”的有9人，占比3.1%。

表3-2-2　学生视角下高校内部治理学生权利的行为认知情况

序号	问题	选项	人数/人	比例/%
1	你认为学生有权利参与高校内部治理吗	有	192	64.9
		没有	47	15.9
		不清楚	32	10.8
		其他	25	8.4
2	你参与过高校内部治理的有关工作吗	经常参加	38	12.8
		参加过几次	45	15.2
		偶尔参加	53	17.9
		几乎没有参加过	76	25.7
		不参加	84	28.4
3	你是否愿意参与到高校内部治理活动过程中去	非常愿意	192	64.9
		比较愿意	47	15.9
		不愿意	25	8.4
		不清楚	32	10.8

续表

序号	问题	选项	人数/人	比例/%
4	你是否支持"学生有权参与学校内部治理活动过程中与学生利益相关的各项事务"	非常支持	198	66.9
		比较支持	62	20.9
		不支持	12	4.1
		不清楚	24	8.1
5	你是否赞同"高校内部治理活动过程中在做出与学生利益有关的决策前有必要征求学生意见"	完全赞同	217	73.3
		比较赞同	59	19.9
		不太赞同	11	3.7
		很不赞同	9	3.1

第二，在关键动机方面，通过第6题进行了具体考察，如表3-2-3所示。通过具体分析发现，在"你参与高校内部治理活动的关键动机是什么"题项中，选择"锻炼能力"项的有41人，占比达13.9%；选择"兴趣爱好"项的有37人，占比达12.5%；选择"学生应有之权利"项的有149人次，占比高达50.3%；选择"强化主体意识"项的有64人，占比达21.6%；选择"其他"项的有5人，占比1.7%。由此可见，大多数高校学生认为参与高校内部治理活动的关键动机是学生应有之权利，其次是强化主体意识和锻炼能力及兴趣爱好，也有极少部分认为是其他动机的影响。

表3-2-3 学生视角下高校内部治理学生权利的关键动机情况

序号	问题	选项	人数/人	比例/%
6	你参与高校内部治理活动的关键动机是什么	锻炼能力	41	13.9
		兴趣爱好	37	12.5
		学生应有之权利	149	50.3
		强化主体意识	64	21.6
		其他	5	1.7

第三，在权利内容方面，通过第7题可多选的方式进行了具体考察，如表3-2-4所示。通过具体分析发现，在"你认为在高校内部治理活动过程中学生应具备哪些权利内容"题项中，选择了"参与决策权"项的有285人，占比达96.3%；选择了"知情权"项的有238人，占比达80.4%；选择了"监督权"项的有244人次，占比达82.4%；选择了"评价权"项的有276人次，占比达93.2%；选择了"其他权利"项的有103人次，占比达34.8%。由此分析窥知，学生认为参与决策权是高校学生参与高校内部治理活动过程的最重要权利内容，随后按重要程度递减依次是评价权、监督权、知情权，同时，选择了其他权利作为学生参与校内部治理活动过程的重要权利内容的也占了不小的比例，因此不可忽视。

表3-2-4　学生视角下高校内部治理学生权利的权利内容情况

序号	问题	选项	人数/人	比例/%
7	你认为在高校内部治理活动过程中学生应具备哪些权利内容	参与决策权	285	96.3
		知情权	238	80.4
		监督权	244	82.4
		评价权	276	93.2
		其他权利	103	34.8

第四，在权利具体体现及参与形式方面，通过第8题、第9题可多选的方式进行了具体考察，如表3-2-5所示。通过具体分析发现，在“你认为学生权利在高校内部治理中具体体现在哪些方面”题项中，选择了“学生事务处理”项的有277人，占比达93.6%；选择了“教学评价”项的有251人，占比达84.8%；选择了“行政事务监督”项的有239人次，占比达80.7%；选择了“后勤管理监评”项的有196人次，占比达66.2%；选择“其他”项的有81人次，占比达27.4%。据此可见，高校学生就学生权利在高校内部治理中具体体现在哪些方面的认知中，选择最多的是学生事务处理，跟随其后的依此是教学评价、行政事务监督、后勤管理监评，同样在其他方面中也有不小的比重，需要给予重视。在“你认为学生在高校内部治理活动过程中的主要参与形式有哪些”题项中，选择了“知情参与”项的有182人，占比达61.5%；选择了“监督参与”项的有288人，占比达97.3%；选择了“评价参与”项的有274人，占比达92.6%；选择了“决策参与”项的有246人，占比达83.1%；选择了“其他”项的有77人，占比达到了26.0%。据此可知，高校学生认为在高校内部治理活动过程中最为主要参与的形式是监督参与，随后依次是评价参与、决策参与、知情参与，而且其他形式的参与也有一定比例，需要高度重视。

表3-2-5　学生视角下高校内部治理学生权利的具体体现及参与形式情况

序号	问题	选项	人数/人	比例/%
8	你认为学生权利在高校内部治理中具体体现在哪些方面	学生事务处理	277	93.6
		教学评价	251	84.8
		行政事务监督	239	80.7
		后勤管理监评	196	66.2
		其他	81	27.4
9	你认为学生在高校内部治理活动过程中的主要参与形式有哪些	知情参与	182	61.5
		监督参与	288	97.3
		评价参与	274	92.6
		决策参与	246	83.1
		其他	77	26.0

第五，在权利实现途径及采纳情况方面，通过第10题可多选、第11题单选的方式进行了具体考察，如表3-2-6所示。通过具体分析发现，在“你认为在高校内部治理活动过程

中学生权利实现的主要途径有哪些”题项中，选择了“学生会”项的有294人，占比高达99.3%；选择了“社团组织”项的有87人，占比达29.4%；选择了“学生代表”项的有283人，占比达95.6%；选择了“网络平台”项的有161人，占比达54.4%；选择了“学生事务座谈会”项的有138人，占比达46.6%；选择了“其他 ”项的有59人，占比19.9%。由此可见，在此题项中，高校学生最为倾向于学生会，接下来是学生代表、网络平台、学生事务座谈会、社团组织，其中潜在的其他途径也不可忽略。在高校学生“你认为在高校内部治理活动过程中学校是否听取并采纳了你的提议”题项中，选择“完全采纳”项的有37人，占比12.5%；选择“大部分采纳”项的人有48人，占比16.2%；选择“小部分采纳”项的有74人，占比25.0%；选择“只听取不采纳”项的有132人，占比高达44.6%；选择“不听取不采纳”项的有5人，占比1.7%。在此题项中，学生较普遍认为高校内部治理活动过程中学校是只听取不采纳。

表3-2-6　学生视角下高校内部治理学生权利的实现途径及采纳情况

序号	问题	选项	人数/人	比例/%
10	你认为在高校内部治理活动过程中学生权利实现的主要途径有哪些	学生会	294	99.3
		社团组织	87	29.4
		学生代表	283	95.6
		网络平台	161	54.4
		学生事务座谈会	138	46.6
		其他	59	19.9
11	你认为在高校内部治理活动过程中学校是否听取并采纳了你的提议	完全采纳	37	12.5
		大部分采纳	48	16.2
		小部分采纳	74	25.0
		只听取不采纳	132	44.6
		不听取不采纳	5	1.7

第六，在权利保障方面，通过第12题、第13题、第14题进行了具体考察，如表3-2-7所示。通过具体分析发现，在“当在高校内部治理活动过程中学校侵犯了你的权利时是否会维权”题项中，选择“会”项的有47人，占比15.9%；选择“不会”项的有139人，占比47.0%；选择“视情况而定”项的有66人，占比22.3%；选择“不清楚”项的有44人，占比14.8%。可见，选择不会的占据大多数。在“你对目前高校内部治理过程中就学生权利的保障情况满意吗”题项中，选择“非常满意”项的有34人，占比11.5%；选择“比较满意”项的有46人，占比15.5%；选择“一般”项的有107人，占比36.1%；选择“不满意”项的有98人，占比33.2%；选择“极为不满意”项的有11人，占比3.7%。据此窥知，在此题项中学生较多集中在一般层级上，其次是不满意层级上。在“你认为当前高校内部治理中重视了学生的权利吗”题项中，认为“非常重视”的有37人，占比12.5%；认为“比较重视”的有49人，占比16.6%；认为“一般”的有113人，占比达38.2%；认为“不重视”的有74人，占比25.0%；

认为“极为不重视”的有23人，占比7.7%。据此可见，在当前高校内部治理中是否重视学生的权利方面，学生普遍认为只是在一般水平上，更有相当数量的学生认为不重视或极不重视。

表3-2-7　学生视角下高校内部治理学生权利的权利保障情况

序号	问题	选项	人数/人	比例/%
12	当在高校内部治理活动过程中学校侵犯了你的权利时是否会维权	会	47	15.9
		不会	139	47.0
		视情况而定	66	22.3
		不清楚	44	14.8
13	你对目前高校内部治理过程中就学生权利的保障情况满意吗	非常满意	34	11.5
		比较满意	46	15.5
		一般	107	36.1
		不满意	98	33.2
		极为不满意	11	3.7
14	你认为当前高校内部治理中重视了学生的权利吗	非常重视	37	12.5
		比较重视	49	16.6
		一般	113	38.2
		不重视	74	25.0
		极为不重视	23	7.7

第七，在阻碍权利实现因素方面，通过第15题可多选的方式进行了具体考察，如表3-2-8所示。通过具体分析发现，在“你认为当下阻碍高校内部治理中学生权利实现的因素有哪些”题项中，选择了“学校保障制度尚不健全”项的有206人，占比达69.6%；选择了“民主意识缺乏”项的有238人，占比达80.4%；选择了“参与治理渠道狭窄”项的有264人，占比达89.2%；选择了“学生自身局限”项的有134人，占比达45.3%；选择了“权利界定不清”项的有283人，占比达95.6%；选择了“其他因素”项的有57人，占比19.3%。由此可见，在此题项中高校学生大多集中在了权利界定不清上，其次是参与治理渠道狭窄，再其次是民主意识缺乏，随后是学校保障制度尚不健全和学生自身局限因素，同时也不可忽略其他方面的因素。

表3-2-8　学生视角下高校内部治理学生权利的阻碍权利实现因素情况

序号	问题	选项	人数/人	比例/%
15	你认为当下阻碍高校内部治理中学生权利实现的因素有哪些	学校保障制度尚不健全	206	69.6
		民主意识缺乏	238	80.4
		参与治理渠道狭窄	264	89.2
		学生自身局限	134	45.3
		权利界定不清	283	95.6
		其他因素	57	19.3

2.学校管理工作者视角下高校内部治理学生权利基本状况分析

学校管理工作者对学生在高校内部治理中的权利情况也有着不同的看法，本文对收集到的208份有效问卷基于行为认知、关健动机、权利内容、权利呈现与参与形式、实现途径与采纳情况、权利保障（侵权维护、保障满意度、重视情况）和阻碍权利实现因素等七个方面进行了系统分析。

第一，在行为认知方面，通过1至3题进行了具体考察，如表3-2-9所示。通过具体分析发现，在“您认为学生有权利参与高校内部治理吗”题项中，选择“有”的有203人，占比达97.5%；选择“没有”的有2人，占比1.0%；选择“不清楚”的有2人，占比1.0%；选择“其他”的有1人，占比0.5%。在此题项中，绝大多数学校管理工作者认为学生有权利参与高校内部治理。在“您是否支持‘学生有权参与学校内部治理活动过程中与学生利益相关的各项事务’”题项中，选择“非常支持”项的有32人，占比达15.4%；选择“比较支持”项的有69人，占比高达33.2%；选择“一般”项的有74人，占比35.5%；选择“不支持”项的有21人，占比10.1%；选择“很不支持”项的有12人，占比5.8%。据此，在是否支持学生有权参与学校内部治理活动过程中与学生利益相关的各项事务题项里，学校管理工作者普遍选择比较支持和一般，但也有极少部分选择了很不支持和不支持。在“您是否赞同‘高校内部治理活动过程中在做出与学生利益有关的决策前有必要征求学生意见’”题项中，选择了“完全赞同”项的有114人，占比达54.8%；选择了“比较赞同”项的有65人，占比31.2%；选择了“一般”项的有21人，占比10.2%；选择了“不太赞同”项的有4人，占比1.9%；选择了“很不赞同”项的有4人，占比1.9%。可见，在此题项中学校管理工作者主要集中在完全赞同和比较赞同上，但还是有很少部分选择了很不赞同和不太赞同。

表3-2-9　学校管理工作者视角下高校内部治理学生权利的行为认知情况

序号	问题	选项	人数/人	比例/%
1	您认为学生有权利参与高校内部治理吗	有	203	97.5
		没有	2	1.0
		不清楚	2	1.0
		其他	1	0.5
2	您是否支持“学生有权参与学校内部治理活动过程中与学生利益相关的各项事务”	非常支持	32	15.4
		比较支持	69	33.2
		一般	74	35.5
		不支持	21	10.1
		很不支持	12	5.8
3	您是否赞同“高校内部治理活动过程中在做出与学生利益有关的决策前有必要征求学生意见”	完全赞同	114	54.8
		比较赞同	65	31.2
		一般	21	10.2
		不太赞同	4	1.9
		很不赞同	4	1.9

第二，在关键动机方面，通过第4题进行了具体考察，如表3-2-10所示。通过具体分析发现，在“您认为学生参与高校内部治理活动的关键动机是”题项中，选择“锻炼能力”项的有58人，占比达27.9%；选择“兴趣爱好”项的有32人，占比15.4%；选择“学生应有之权利”项的有67人，占比高达32.2%；选择“强化主体意识”项的有49人，占比23.5%；选择“其他”项的有2人，占比1.0%。由此可见，学生应有之权利是学校管理工作者认为学生参与高校内部治理活动最为重要的关键动机，其次是锻炼能力和强化主体意识，随后是兴趣爱好。

表3-2-10 学校管理工作者视角下高校内部治理学生权利的关键动机情况

序号	问题	选项	人数/人	比例/%
4	您认为学生参与高校内部治理活动的关键动机是	锻炼能力	58	27.9
		兴趣爱好	32	15.4
		学生应有之权利	67	32.2
		强化主体意识	49	23.5
		其他	2	1.0

第三，在权利内容方面，通过第5题可多选的形式进行了具体考察，如表3-2-11所示。通过具体分析发现，在“您认为学生在高校内部治理活动中应具备哪些权利内容”题项中，选择了“参与决策权”项的有148人，占比达71.2%；选择了“知情权”项的有155人，占比达74.5%；选择了“监督权”项的有189人，占比达90.9%；选择了“评价权”项的有201人，占比达96.6%；选择了“其他权利”项的有57人，占比达27.4%。由此可得知，在此题项中整体偏差不是很大，较多集中在监督权、评价权上。

表3-2-11 学校管理工作者视角下高校内部治理学生权利的权利内容情况

序号	问题	选项	人数/人	比例/%
5	您认为学生在高校内部治理活动中应具备哪些权利内容	参与决策权	148	71.2
		知情权	155	74.5
		监督权	189	90.9
		评价权	201	96.6
		其他权利	57	27.4

第四，在权利具体呈现及参与形式方面，通过第6题、第7题可多选的方式进行了具体考察，如表3-2-12所示。通过具体分析发现，在“您认为学生权利在高校内部治理中具体体现在哪些方面”题项中，选择了“学生事务处理”项的有194人，占比达93.3%；选择了“教学评价”项的有203人，占比达97.6%；选择了“行政事务监督”项的有163人，占比达78.4%；选择了“后勤管理监评”项的有187人，占比达89.9%，选择了“其他”项的有32人，占比达15.4%。可见，学校管理工作者认为学生权利在高校内部治理中具体体现较多在

教学评价上，其次有学生事务处理、后勤管理监评、行政事务监督等方面。同时，在“您认为学生参与高校内部治理活动的主要形式是”题项中，选择“知情参与”项的达147人，占比达70.7%；选择“监督参与”项的达201人，占比达96.6%；选择“评价参与”项的达203人，占比达97.6%；选择“决策参与”项的达151人，占比达72.6%，选择了“其他”项的也有28人，占比13.5%。据此，概而观之，学校管理工作者认为学生参与高校内部治理活动的基本形式主要是评价参与和监督参与，其次是决策参与和知情参与。

表3-2-12　学校管理工作者视角下高校内部治理学生权利的具体呈现及参与形式情况

序号	问题	选项	人数/人	比例/%
6	您认为学生权利在高校内部治理中具体体现在哪些方面	学生事务处理	194	93.3
		教学评价	203	97.6
		行政事务监督	163	78.4
		后勤管理监评	187	89.9
		其他	32	15.4
7	您认为学生参与高校内部治理活动的主要形式是	知情参与	147	70.7
		监督参与	201	96.6
		评价参与	203	97.6
		决策参与	151	72.6
		其他	28	13.5

第五，在权利实现途径及采纳情况方面，通过第8题可多选和第9题单选的方式进行了具体考察，如表3-2-13所示。通过具体分析发现，在“您认为学生在高校内部治理活动过程中其权利实现有哪种途径”题项中，选择“学生会”项的达201人，占比达96.6%；选择“社团组织”项的达173人，占比达83.2%；选择“学生代表”项的达204人，占比达98.1%；选择“网络平台”项的达198人，占比达95.2%；选择有“学生事务座谈会”项的达174人，占比达83.7%；选择了“其他”项的也有61人，占比达29.3%。由此可见，学校管理工作者对于学生在高校内部治理活动过程中其权利实现的途径，选择人数依次递减是学生代表、学生会、网络平台、学生事务座谈会、社团组织、其他。在“您认为学生在高校内部治理活动过程中学校是否听取并采纳了他们的提议”题项中，选择了“完全采纳”项的有46人，占比22.1%；选择了“大部分采纳”项的有52人，占比25.0%；选择了“小部分采纳”项的有89人，占比高达42.8%；选择了“只听取不采纳”项的只有19人，占比9.1%；选择“不听取不采纳”项的为2人，占比为1.0%。可见，在此题项中几乎没有人选择不听取不采纳项，普遍集中在小部分采纳和大部分采纳项中，相对较少部分选择了完全采纳和只听取不采纳项。

表3-2-13　学校管理工作者视角下高校内部治理学生权利的实现途径及采纳情况

序号	问题	选项	人数/人	比例/%
8	您认为学生在高校内部治理活动过程中其权利实现有哪种途径	学生会	201	96.6
		社团组织	173	83.2
		学生代表	204	98.1
		网络平台	198	95.2
		学生事务座谈会	174	83.7
		其他	61	29.3
9	您认为学生在高校内部治理活动过程中学校是否听取并采纳了他们的提议	完全采纳	46	22.1
		大部分采纳	52	25.0
		小部分采纳	89	42.8
		只听取不采纳	19	9.1
		不听取不采纳	2	1.0

第六，在权利保障方面，通过第10题、第11题、第12题进行了具体考察，如表3-2-14所示。通过具体分析发现，在“当在高校内部治理活动过程中学校侵犯了学生权利时您是否会支持维权”题项中，选择了“会”的有144人，占比达69.2%；选择“不会”的为0人，占比0%；选择“视情况而定”的有51人，占比达24.5%；选择“不清楚”的有11人，占比5.3%。据此可见，在此题项中没有人选择不会支持，主要集中在会支持。在“您对目前高校内部治理过程中学生权利保障的现状满意吗”题项中，选择“非常满意”项的有67人，占比32.2%；选择“比较满意”项的有92人，占比高达44.2%；选择“一般”项的有42人，占比20.2%；选择“不满意”项的只有5人，占比2.4%；选择“极为不满意”项的仅有2人，占比1.0%。可见，大都集中在非常满意、比较满意和一般层级上，但也有极少数人选择了极为不满意，不可忽略。在“您认为当前高校内部治理中对学生权利的重视情况如何”题项中，认为“非常重视”的达36人，占比达17.3%；认为“比较重视”的达62人，占比高达29.8%；认为“一般”的达87人，占比41.8%；认为“不重视”的有18人，占比8.7%；认为“极为不重视”的只有5人，占比只有2.4%。据此可知，大都集中在非常重视、比较重视和一般上，但同样也有极少部分认为不重视和极为不重视。

表3-2-14　学校管理工作者视角下高校内部治理学生权利的权利保障情况

序号	问题	选项	人数/人	比例/%
10	当在高校内部治理活动过程中学校侵犯了学生权利时您是否会支持维权	会	144	69.2
		不会	0	0
		视情况而定	51	24.5
		不清楚	13	6.3
11	您对目前高校内部治理过程中学生权利保障的现状满意吗	非常满意	67	32.2
		比较满意	92	44.2
		一般	42	20.2
		不满意	5	2.4
		极为不满意	2	1.0

续表

序号	问题	选项	人数/人	比例/%
12	您认为当前高校内部治理中对学生权利的重视情况如何	非常重视	36	17.3
		比较重视	62	29.8
		一般	87	41.8
		不重视	18	8.7
		极为不重视	5	2.4

第七，在阻碍权利实现因素方面，通过第13题可多选的方式进行了具体考察，如表3-2-15所示。通过具体分析发现，在“您认为当下阻碍高校内部治理中学生权利实现的因素有哪些”题项中，选择“学校保障制度尚不健全”项的达164人，占比达78.8%；选择“民主意识缺乏”项的达157人，占比达75.5人；选择“参与治理渠道狭窄”项的达139人，占比达66.8%；选择“学生自身局限”项的达198人，占比达95.2%；选择“权利界定不清”项的达173人，占比达83.2%；选择了“其他因素”项的有82人，占比达39.4%。基于此，学校管理工作者认为当下阻碍高校内部治理中学生权利实现的因素，按照占比从高到低排序依次是学生自身局限、权利界定不清、学校保障制度尚不健全、民主意识缺乏、参与治理渠道狭窄，同时还得注意其他因素的制约。

表3-2-15　学校管理工作者视角下高校内部治理学生权利的阻碍实现因素情况

序号	问题	选项	人数/人	比例/%
13	您认为当下阻碍高校内部治理中学生权利实现的因素有哪些	学校保障制度尚不健全	164	78.8
		民主意识缺乏	157	75.5
		参与治理渠道狭窄	139	66.8
		学生自身局限	198	95.2
		权利界定不清	173	83.2
		其他因素	82	39.4

3.负责学生管理工作的校领导视角下高校内部治理学生权利基本状况分析

问1：当前您所在高校就高校内部治理中学生权利现状如何？具体权利表现在哪些方面？

H：随着学校依法治校的深入推进，学生的权益逐步得到更好的保障，具体体现在学生的学习权、参与权、择业权意识逐步提高，参与学校活动日益积极、主动。

Y：一是我院修订了学院《章程》，学生权利得以保障。二是我院每个月开展“院长午餐会”，听取学生对学院管理服务上（提出的）应改进的意见建议，进行面对面交流，谋学校发展，让学生行使参与学院发展的权利。三是学生参与教学评价，结果纳入对教师考核的比例，以提高教学水平。四是学生党员全程参与学院党员大会及换届选举等重大事项。

C：目前，很多高校的行政化现象依然严重，去行政化的路还很漫长，表现在行政权利膨胀、学术权利薄弱、学生权利缺失。学生权利现状要从校方和学生自身两方面来看，从学校层面来讲，一是高校管理者缺乏尊重和维护学生权利的意识，二是高校学生权利的内容模糊，没有专门的法律法规来明确界定和有效保护，三是高校欠缺学生权利救济机制。而从学生层面来讲，一是学生权利意识薄弱，二是学生权利认知模糊，对权利的来源和内容不了解，也对相关的法律法规不熟悉。

问2：您认为在高校内部治理中是否应积极吸引学生参与其中？为什么？

H：我认为当前高校内部治理中吸引学生参与其中这项工作非常必要，而且还应进一步加强。积极吸引学生参与，更有利于依法治校的深入推进，有利于高校内部治理的全面开展，有利于提升高校内涵建设，有利于大学生社会主义核心价值观的树立，为新时代培养社会主义事业接班人打下坚实基础。

Y：我认为高校治理中应积极吸引大学生参与其中。让学生参与高校的内部治理，有利于推进高校的民主化进程。学生参与高校内部治理是公平、正义的重要举措和体现。不仅要吸引大学生参与其中，更要激发学生参与高校内部治理的主体意识及（主动）参与意识。

C：我认为高校在内部治理过程中应该积极引导大学生参与到其中。因为，当今的高校，强调内涵发展，强调完善内部治理体系，从而向现代大学治理体系看齐。而衡量高校管理体系好坏的标准，不仅仅看其管理效率的高低，着重还要看其是否实现了对人（特别是学生）正当权利的保障和维护。依法治校已成为完善高校内部治理体系的一个非常重要的方面，而保障学生的权利则是依法治校的根本要求；高校人才培养的核心是以学生为本，学生是高校的主体，脱离了学生，高校将不复存在，高校在运行过程中，教师、管理者都是以学生为核心的，那么，保障学生的权利则是体现学生主体地位的必然结果。

问3：您认为当前高校内部治理中学生权利保障的环境如何？具体体现在哪些方面？

H：目前，高校内部治理中学生权利保障的环境还不能适应新时代高校建设的需要，主要体现在学生参与的广泛性、主动性、代表性不够。

Y：当前高校内部治理中学生权利保障主要体现在学院《章程》里。学院也通过开学生座谈会的形式充分听取学生的意见建议。在现有的措施的基础上，学校应建立内部治理的机制，让学生权利得以保障和行使。

C：学生权利保障环境还很欠缺。

问4：您认为现今高校内部治理中学生权利配置和权利监督救济情况如何？有何改进措施？

H：目前，高校内部治理中学生权利配置和权利监督救济情况得到明显改善。维护学生权利的实现状况日益凸显。建议加强学生主体意识方面的培养，在学生的知情参与、监督参与、决策参与等方面在学院《章程》里面进一步明确，确保学生权利得到保障和实现。

Y：现今高校学生权利配置和权利监督救济情况还很欠缺。我认为高校内部治理必须从法律和学校的规章制度上着手，细化学生应享有的权利，有哪些监督救济的渠道。比如取消学生学籍、处分、限制学生奖学金申报等问题，确保学生的权利实现，以及权利受到侵犯的时候知道有何救济的渠道。

C：现今高校的内部治理着重从学校和管理者出发，而学生权利的配置缺乏或者相对薄弱。表现在高校的学生很难参与高校的决策，也难以全面参与高校的管理中，至多能够参与一些对学生的自我管理，而很难参与到教学管理及相关制度的建设中来；此外，学生也难以参与到高校的服务中来，即使是后勤服务，学生的参与程度都非常有限。同时，高校在学生权利监督救济方面机制欠缺，学校的管理者在行使管理权力的过程中所造成的对学生权利的伤害、损害难以得到纠正或改正。我认为，改进的措施应该是健全学生权利救济机制，特别是要完善学校校内的申诉制度，因为校内申诉是学生权利救济的首要途径。

（二）调查结果的推断性分析

利用统计软件SPSS得出学生卷、学校管理工作者卷的信度系数分别为0.937、0.914，基于信度系数可得知用以测验的结果稳定可靠。并且，将调查问卷的各题进行量化赋值后，对这两类问卷分别进行了内外部的均值比较分析以及相关性分析，据此以得到量化的统计结果。

1.均值比较分析

对高校内部治理结构中学生权利实现中的学生卷和学校管理工作者卷的统计数据进行了程度上的量化分析，分别对这两类问卷的有关问题按照其维度进行了归类后，再求其各自相应的均值和标准差，通过其相应的分值比较，据此得出高校内部治理学生权利的现实情况、矛盾以及冲突所在。

高校内部治理中学生权利实现中的学生卷分析情况，如表3-2-16所示，总共含有七个维度，分别为行为认知、关键动机、权利内容、权利具体呈现及参与形式、权利实现途径及采纳情况、权利保障、阻碍权利实现因素。具体而言，行为认知分别对应问卷中的第1题、第2题、第3题、第4题、第5题；关键动机对应问卷中的第6题；权利内容对应问卷中第7题；权利具体呈现及参与形式对应问卷的第8题和第9题；权利实现途径及采纳情况对应问卷中的第10题和第11题；权利保障对应问卷中的第12题、第13题和第14题；阻碍权利实现因素对应问卷中的第15题。在此需要强调的是依据转换成赋值原则，高校内部治理中学生权利实现得越好分数也就越低。因此，学生在高校内部治理中权利落实的冲突状况由高到低的是权利具体呈现及参与形式、权利实现途径及采纳情况、权利保障、阻碍权利实现因素、权利内容、关键动机、行为认知。其中，权利具体呈现及参与形式的均值为3.09，标准差为0.64；权利实现途径及采纳情况的均值为2.75，标准差为0.71；权利保障的均值为2.53，标准差为0.76。所以，对于学生而言，与学生密切相关的这三项权利及实现形式在高校内部治理现实化的矛盾以及冲突中表现得最为突出。

表3-2-16　学生视角下高校内部治理学生权利实现情况的均值

行为认知	关键动机	权利内容	权利具体呈现及参与形式	权利实现途径及采纳情况	权利保障	阻碍权利实现因素
2.31±0.75	2.46±0.89	2.49±0.92	3.09±0.64	2.75±0.71	2.53±0.76	2.51±0.96

高校内部治理中学生权利实现中的学校管理工作者卷分析情况，如表3-2-17所示，同学生卷一样总共含有七个维度，分别为行为认知、关键动机、权利内容、权利具体呈现及参与形式、权利实现途径及采纳情况、权利保障、阻碍权利实现因素。具体而言，行为认知分别对应问卷中的第1题、第2题、第3题；关键动机对应问卷中的第4题；权利内容对应问卷中第5题；权利具体呈现及参与形式对应问卷的第6题和第7题；权利实现途径及采纳情况对应问卷中的第8题和第9题；权利保障对应问卷中的第10题、第11题和第12题；阻碍权利实现因素对应问卷中的第13题。同上述内容一样，在此需要强调的是依据转换成赋值原则，高校内部治理中学生权利实现得越好分数也就越低。因此，在学校管理工作者视角下学生在高校内部治理中权利落实的冲突状况由高到低的是权利实现途径及采纳情况、阻碍权利实现因素、权利保障、关键动机、行为认知、权利具体呈现及参与形式、权利内容。其中，权利实现途径及采纳情况的均值为2.93，标准差为0.52；阻碍权利实现因素的均值为2.77，标准差为0.64；权利保障的均值为2.58，标准差为0.73。所以，对于学生而言，与学生密切相关的这三项权利及实现形式在高校内部治理现实化的矛盾以及冲突中表现得最为突出。

表3-2-17　学校管理工作者视角下高校内部治理学生权利实现情况的均值

行为认知	关键动机	权利内容	权利具体呈现及参与形式	权利实现途径及采纳情况	权利保障	阻碍权利实现因素
2.27±0.67	2.43±0.82	2.23±0.84	2.09±0.64	2.93±0.52	2.58±0.73	2.77±0.64

2. 相关性分析

高校内部治理中关于学生权利实现的行为认知、关键动机、权利内容、权利具体呈现及参与形式、权利实现途径及采纳情况、权利保障、阻碍权利实现因素之间都必然存在着一定程度上的客观联系。借助统计软件SPSS对学生和管理者问卷做相关性分析，以此来探究这七种关系，这对于学生权利及实现形式在高校内部治理现实化中的矛盾以及冲突的分析和怎么平衡几者都是大有裨益的。

(1)学生视角下影响高校内部治理学生权利实现要素的相关性分析

通过相关性分析,不难发现学生视角下高校内部治理学生权利实现的各项要素之间并非独立且不相关联的,它们之间存在着一定的关联性,那么它们之间的相关性到底如何呢?具体分析结果如表3-2-18所示:

表3-2-18　学生视角下影响高校内部治理学生权利实现要素的相关性分析

维度		行为认知	关键动机	权利内容	权利具体呈现及参与形式	权利实现途径及采纳情况	权利保障	阻碍权利实现因素
行为认知	Pearson相关性	1						
	显著性(双侧)							
	N	296						
关键动机	Pearson相关性	0.851**	1					
	显著性(双侧)	0.000						
	N	296	296					
权利内容	Pearson相关性	0.492**	0.450**	1				
	显著性(双侧)	0.000	0.000					
	N	296	296	296				
权利具体呈现及参与形式	Pearson相关性	0.287*	0.664**	0.858**	1			
	显著性(双侧)	0.021	0.000	0.000				
	N	296	296	296	296			
权利实现途径及采纳情况	Pearson相关性	0.639**	0.429**	0.594**	0.866**	1		
	显著性(双侧)	0.000	0.000	0.000	0.000			
	N	296	296	296	296	296		
权利保障	Pearson相关性	0.794**	0.847**	0.736**	0.381*	0.893**	1	
	显著性(双侧)	0.000	0.000	0.000	0.004	0.000		
	N	296	296	296	296	296	296	
阻碍权利实现因素	Pearson相关性	0.724**	0.681**	0.694**	0.805**	0.883**	0.897**	1
	显著性(双侧)	0.000	0.000	0.000	0.000	0.000	0.000	
	N	296	296	296	296	296	296	296
**表示在0.01水平(双侧)上显著相关 *表示在0.05水平(双侧)上显著相关								

通过分析可以发现,就整体而言,学生视角下影响高校内部治理学生权利实现的各项要素之间的正相关性比较明显,但也并非完全一致。其中阻碍权利实现因素与权利保障之间的相关性最为显著,其相关系数值最大,相关系数值为0.897,行为认知与权利具体呈现及参与形式的相关系数值最小,其相关系数值为0.287。

其他项,行为认知与关键动机之间存在显著性相关,相关系数值为0.851;关键动机与权利具体呈现及参与形式之间同样也是显著性相关,相关系数值为0.664;权利具体呈现及参与形式与权利内容之间也存在显著性相关，相关系数值为0.858；权利实现途径及采纳情况与行为认知之间亦存在显著性相关，相关系数值为0.639；权利具体呈现及参与形式与权利实现途径及采纳情况之间的相关性显著，相关系数值为0.866，权利保障与行为认知、关键动机、权利内容、权利实现途径及采纳情况之间的相关性也很显著，相关系数值分别为0.794、0.847、0.736、0.893，阻碍权利实现因素与行为认知、关键动机、权利内容、权利具体呈现及参与形式、权利实现途径及采纳情况之间的相关性也较为显著，相关系数值分别为0.724、0.681、0.694、0.805和0.883。

（2）学校管理工作者视角下影响高校内部治理学生权利实现要素的相关性分析

通过相关性分析，同样不难发现学校管理工作者视角下高校内部治理学生权利实现的各项要素之间并非独立且不相关联的，它们之间同样也是存在着一定的关联性，那么它们之间的相关性到底如何？具体分析结果如表3-2-19所示：

表3-2-19　学校管理工作者视角下影响高校内部治理学生权利实现要素的相关性分析

维度		行为认知	关键动机	权利内容	权利具体呈现及参与形式	权利实现途径及采纳情况	权利保障	阻碍权利实现因素
行为认知	Pearson 相关性	1						
	显著性（双侧）							
	N	208						
关键动机	Pearson 相关性	0.746**	1					
	显著性（双侧）	0.000						
	N	208	208					
权利内容	Pearson 相关性	0.308*	0.447**	1				
	显著性（双侧）	0.016	0.000					
	N	208	208	208				
权利具体呈现及参与形式	Pearson 相关性	0.387*	0.634**	0.758**	1			
	显著性（双侧）	0.003	0.000	0.000				
	N	208	208	208	208			
权利实现途径及采纳情况	Pearson 相关性	0.693**	0.484**	0.649**	0.816**	1		
	显著性（双侧）	0.000	0.000	0.000	0.000			
	N	208	208	208	208	208		
权利保障	Pearson 相关性	0.734**	0.874**	0.737**	0.359*	0.899**	1	
	显著性（双侧）	0.000	0.000	0.000	0.004	0.000		
	N	208	208	208	208	208	208	
阻碍权利实现因素	Pearson 相关性	0.742**	0.618**	0.679**	0.855**	0.879**	0.852**	1
	显著性（双侧）	0.000	0.000	0.000	0.000	0.000	0.000	
	N	208	208	208	208	208	208	208

**表示在0.01水平（双侧）上显著相关

*表示在0.05水平（双侧）上显著相关

通过分析可以发现，整体层面上而言，学校管理工作者视角下影响高校内部治理学生权利实现的各项要素之间的正相关性比较明显，但同样也并非完全一致。其中权利实现途径及采纳情况与权利保障之间的相关性是最为显著，其相关系数值最大，为0.899。行为认知与权利内容的相关系数值最小，其相关系数值为0.308。

在这其中，行为认知与关键动机之间存在显著性相关，相关系数值为0.746；权利具体呈现及参与形式与关键动机、权利内容之间同样也是显著性相关，相关系数值分别为0.634、0.758；权利实现途径及采纳情况与行为认知、权利内容、权利具体呈现及参与形式之间亦存在显著性相关，相关系数值分别为0.693、0.649、0.816；权利保障与行为认知、关键动机、权利内容之间的相关性也很显著，相关系数值分别为0.734、0.874、0.737；阻碍权利实现因素与行为认知、关键动机、权利内容、权利具体呈现及参与形式、权利实现途径及采纳情况、权利保障之间的相关相也较为显著，相关系数值分别为0.742、0.618、0.679、0.855、0.879和0.852。

第三节　高校内部治理中的学生权利配置问题及归因

一、高校内部治理中学生权利配置中的基本问题

（一）学生参与高校内部治理工作的程度不够

经过调查资料数据分析不难发现，通过学生卷和学校管理工作者卷中对高校学生参与高校内部治理的有关工作情况的了解，就其结果来说都不是很乐观。

一方面，如图3-3-1所示，通过对回收到的296份高校学生有效问卷进行相关统计分析后发现，高校学生对其参与过高校内部治理的有关工作题项回答“不参加”项的有84人，在同题所有选择项中的占比值达28.4%；然而选择“几乎没有参过”项和“偶尔参加”项的分别为76人和53人，在其同题所有选择项中的占比值分别为25.7%和17.9%。因此，基于此次相关调查所得的资料数据不难发现，所调查的高校就其学生参与高校内部治理工作程度明显不够的人数合计高达213人，其合计占比值达到了72.0%，数量已大幅超过总体的一半。据此可见，从学生的角度窥得高校学生参与高校内部治理工作的程度明显不够。

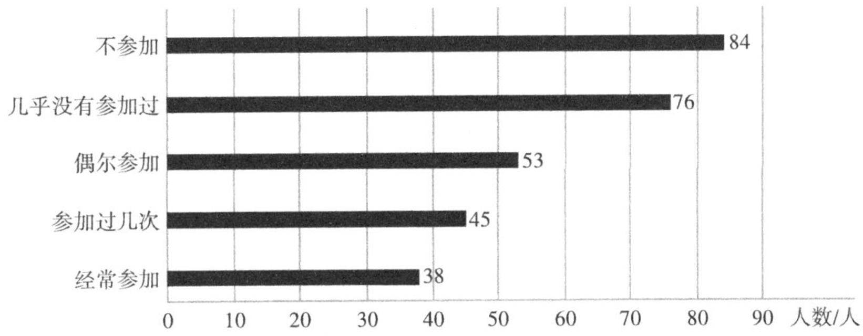

图3-3-1　学生参与过高校内部治理有关工作的情况

另一方面，从学校管理工作者支持学生有权参与高校内部治理活动过程中与学生利益相关的各项事务的情况来看，如图3-3-2所示，通过对回收到的208份学校管理工作者有效问卷进行相关统计分析整理能够发现，选择了"比较支持"选项的学校管理工作者69人，在同题的所有选择项中占比值为33.2%；其中选择"一般"选项的学生工作管理者有74人，在同题的所有选择项中占比值为35.6%；选择"不支持"选项的学校管理工作者有21人，在同题的所有选择项中占比值为10.1%；选择"很不支持"项的学生工作管理者也有12人，在同题的所有选择项中占比值为5.8%.据此可得知，学校管理工作者中不太支持学生有权参与学校内部治理活动过程中与学生利益相关的各项事务的人数合计高达107人，其合计占比值达到了51.4%，同样已经超过了其总体人数的一半。由此可见，学校管理工作者支持学生有权参与高校内部治理活动过程中与学生利益相关的各项事务的程度也明显不够。

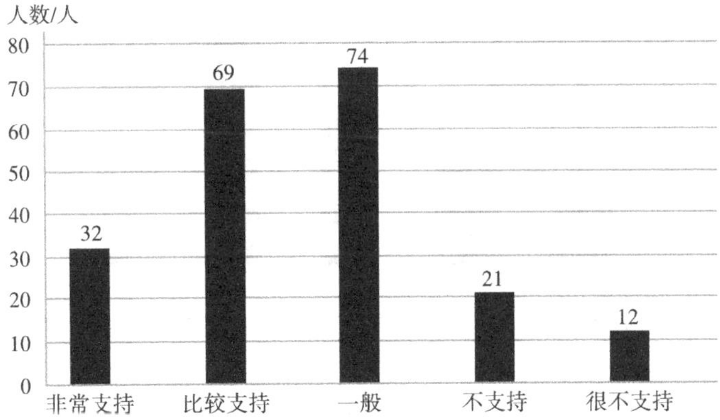

图3-3-2　学校管理工作者支持学生参与高校内部治理活动过程中各项事务的情况

综上言及，通过相关数据分析发现，在学生有权参与学校内部治理活动过程中与学生利益相关的各项事务这件事上，学生本身的参与程度和学校管理工作者的支持程度都明显不够，故而要保障高校内部治理中学生权利实现的前提性、必要性条件就是要提高学生参与高校内部治理活动过程中各项事务及工作的程度，最好是把主动参与和积极引导相融合起来。

（二）高校内部治理活动过程中学校听取并采纳学生的提议不够

通过学生和学校管理工作者有关问卷调查分析发现，高校内部治理活动过程中学校听取并采纳学生的提议的情况不容乐观，并且这个问题还是比较突出的，具体状况从学生本身和学校管理工作者维度来加以具体剖析。

首先，就学生本身群体层面而言，如图3-3-3所示，通过对回收到的296份学生本身有效问卷进行相关统计分析整理后发现，在“你认为在高校内部治理活动过程中学校是否听取并采纳了你的提议”题项中，其回答“完全采纳”项的只有37人，在同题的所有选择项中占比值只有12.5%；然而选择“大部分采纳”项的也不多，也只有48人，在同题的所有选择项中占比值也只有16.2%。由此可见，学生本身群体认为高校内部治理活动过程中学校听取并采纳学生的提议的人数合计只有85人，合计占比值只有28.7%，在总体中占比较低。然而，在题项中回答“小部分采纳”项的有74人，在同题的所有选择项中占比值为25.0%；而其中选择“只听取不采纳”项的有132人，在同题的所有选择项中占比值高达44.6%；选择回答“不听取不采纳”项的也有5人，在同题的所有选择项中占比值为1.7%。因此，基于此次的调查所得数据分析发现，学生认为在高校内部治理活动过程中学校听取并采纳学生的提议不够高的人数合计达到了211人，合计占比达到了71.3%，俨然已经超过了总体的一半。由此可以明显看出，学生群体认为在高校内部治理活动过程中学校听取并采纳学生的提议的情况很不好。

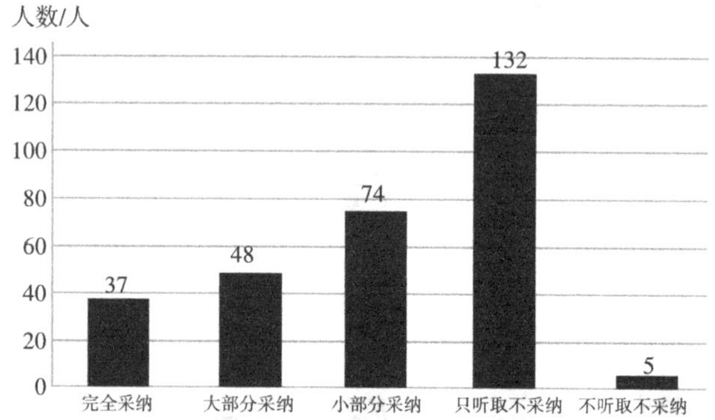

图3-3-3　学生群体认为高校内部治理活动过程中学校听取并采纳学生的提议情况

其次，就学校管理工作者层面而言，如图3-3-4所示，通过对回收到的208份学校管理工作者有效问卷进行相关统计分析整理后发现，在“您认为学生在高校内部治理活动过程中学校是否听取并采纳了他们的提议”题项中，其回答“完全采纳”项的有46人，在同题的所有选择项中占比值有22.1%；然而选择“大部分采纳”项的也不是很多，有52人，在同题的所有选择项中占比值为25.0%。由此可见，学校管理工作者群体认为高校内部治理活动过程中学校听取并采纳学生的提议的人数合计有98人，合计占比值有47.1%，在占比上低于总体的一半。然而,在题项中其回答“小部分采纳”项的有89人,在同题的所有选择项中占比值为42.8%;选择回答“只听取不采纳”项的也有19人,在同题的所有选择项中占比值为9.1%;选择回答“不听取不采纳”项的也有2人,占比1.0%。因此,基于此次的调查所得数据分析发现,学校管理工作者认为高校内部治理活动过程中学校听取并采纳学生的提议的情况不够好的人数合计到达了110人,合计占比值达到了52.9%,已经超过了总体的一半。由此可以明显看出,学校管理工作者群体同样也认为在高校内部治理活动过程中学校听取并采纳学生的提议的情况不好。

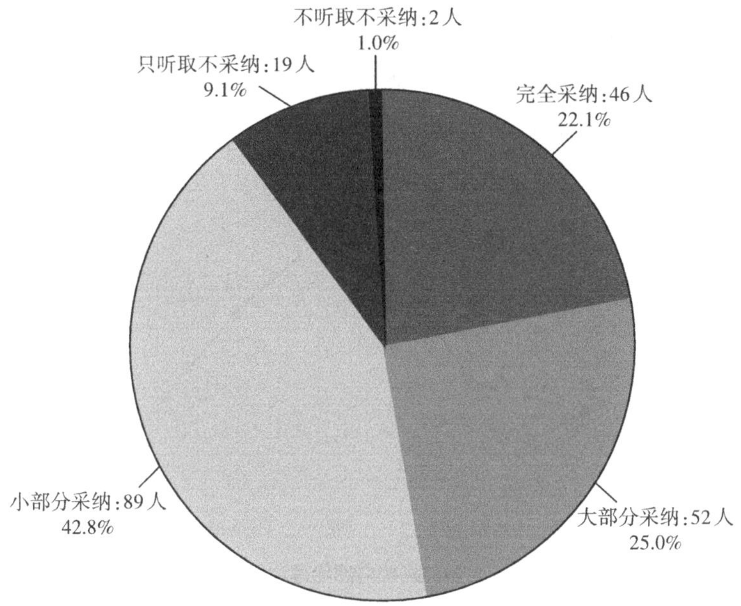

图3-3-4　学校管理工作者认为高校内部治理活动过程中听取并采纳学生的提议情况

综而言之,通过相关数据分析发现,学生本身和学校管理工作者群体认为在高校内部治理活动过程中学校听取并采纳学生的提议的情况都不好。故而要保障高校内部治理中学生权利实现的前提条件之一,就是要听取并采纳学生对高校内部治理活动提出的有益和合理提议,以此帮助高校内部治理中学生权利的高效能实现。

(三)当前高校内部治理中对学生权利的重视度还不够

通过学生和学校管理工作者有关问卷调查分析发现,当前高校内部治理中对学生权利的重视度还很不够,并且这还是个比较突出的问题,具体状况从学生本身和学生工作管理者维度来进行解析。

其一,从学生本身群体层面而言,如图3-3-5所示,通过对回收到的296份学生本身有效问卷进行相关统计分析整理能够发现,当前高校内部治理中存在对学生权利的重视度严重不够的现象。具体言及,在“你认为当前高校内部治理中重视了学生的权利吗”题项中，其回答“非常重视”项的只有37人，在同题的所有选择项中占比值只有12.5%；然而选择“比较重视”项的也不多，只有49人，在同题的所有选择项中占比值也只有16.6%。由此可见，基于此次调查所得的数据可发现，学生本身群体认为当前高校内部治理中重视了学生权利的人数合计只有86人，合计占比值只有29.1%，在总体百分比上占比较低。然而，在题项中回答“一般”项的高达113人，在同题的所有选择项中占比值为38.2%；而其中选择“不重视”项的有74人，在同题的所有选择项中占比值高达25.0%；选择回答“极为不重视”项的也有23人，在同题的所有选择项中占比值为7.8%。因此，基于此次的调查所得数据分析发现，学生本身认为当前高校内部治理中对学生权利的重视度还不够的人数合计到达了210人，合计占比达到了70.9%，俨然已经超过了总体的一半。由此可以明显看出，学生群体本身认为当前高校内部治理中对学生权利的重视度严重不够。

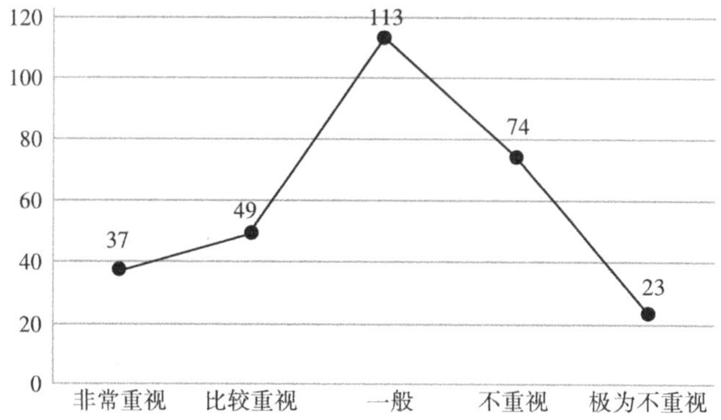

图3-3-5 学生本身认为当前高校内部治理中重视了学生权利的情况

其次，从学校管理工作者层面而言，如图3-3-6所示，通过对回收到的208份学校管理工作者有效问卷进行相关统计分析整理后同样可以发现，当前高校内部治理中对学生权利的重视度同样存在还不够的现象。进一步而言，在“您认为当前高校内部治理中对学生权利的重视情况如何”题项中，其回答“非常重视”项的不是很多，只有36人，在同题的所有选择项中占比值有17.3%；然而选择“比较重视 ”项的有62人，在同题的所有选择项中占比值为29.8%。基于此次调查所得的数据可发现，学校管理工作者群体认为当前高校内部治理中重视了学生权利的人数合计有98人，合计占比值有47.1%，在总体百分比上占比略低于总体的一半。然而，在题项中其回答“一般 ”项的有87人，在同题的所有选择项中占比值为41.8%；选择回答“不重视”项的也有18人，在同题的所有选择项中占比值为8.7%；选择回答“极为不重视”项的也有5人，占比2.4%。因此，基于此次的调查所得数据分析发现，学校管理工作者认为当前高校内部治理中在对学生权利的重视度还不够的人数合计到达了110人，合计占比值达到了52.9%，已经超过了总体的一半。由此可以看出，学校管理工作者群体同样也认为当前高校内部治理中存在对学生权利的重视度不够高的问题。

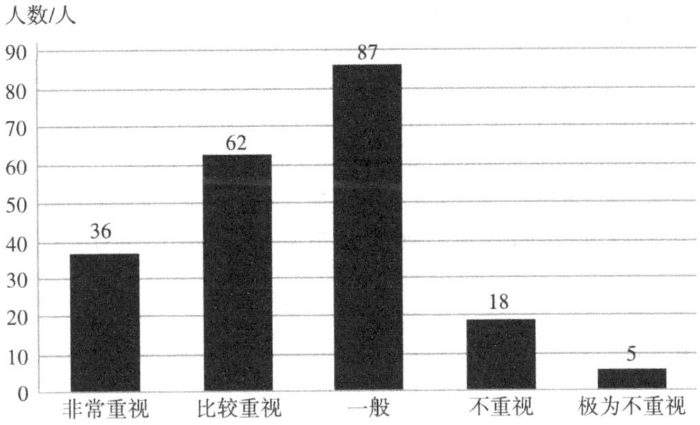

图3-3-6　学校管理工作者认为当前高校内部治理中重视了学生权利的情况

综上,通过相关数据分析发现,学生本身和学校管理工作者群体都认为当前高校内部治理中存在对学生权利的重视度不够高的问题,故而集中解决这一问题,才能有效推动高校内部治理中学生权利实现的进程。

二、高校内部治理中学生权利配置问题的主要归因

(一)高校内部治理主要由政府和学校主导

毫不讳言,政府和学校本身参与高校内部治理结构是教育内部事项的重要内容。然而,依据利益相关者和权利本位的相关理论,高校的行政人员、教师和学生都属于高校治理结构中的内部成分,构成了高校内部治理结构的应有主体,其中家长作为学生的监护人一般也纳入高校内部结构考量,在此不过多赘述。所以,处理好高校内部治理结构中的利益相关主体的权益与责任界别,能够推动高校内部治理中学生权利科学、合理、合法地实现,也能助推学生参与高校内部治理的建设方案,健全和完善高校内部治理结构,保障高校具备法治化、科学化、民主化、去行政化的内部治理结构,这既是教育内部事项的重要内容,亦是高校内部治理中学生权利落实策略建设的内容载体。但现实情况并不乐观,高校内部治理中的学生本位理念存在缺位、错位冲突,高校内部治理的权利边界也存在一定程度上的模糊不清。

然而,回顾我国高校建设的有关政策性文本,政府和高校之间的关系属于一种典型的行政隶属关系,并且这种关系表现得甚为清晰和明了。在国家的建设发展前期,高校基本上没有相应的自主权,抑或极为弱化,高校的相关管理及制度规定都以政府为主导,因此政府管理的固化和科层化形势带来的高校内部治理中学生权利无法有效落实的问题甚为严峻。在国家实施改革开放后,虽然政府给予了高校一定的内部办学自主权,要求高校积

极引导学生参与到高校的内部治理活动中来。但是,在整体层面上政府和高校本身在高校的管理活动中还是占据绝对要位,而且政府在高校的内部治理监督和评估中相对缺乏第三方参与的制度保障。[①]可见,政府和学校在高校内部治理中还是占据绝对的主导地位,学生的权利实现明显不够,同时也很大程度上造成了高校内部治理中学生合法权利的救济保障机制不健全的问题。

(二)学生参与高校内部治理工作的意识薄弱

虽然,随着新时代人们对权益保障的日益重视,加上学校依法治校的宣传引导,学生参与学校内部治理的权利意识不断增强,在涉及其自身权益、学校发展等方面参与意识更强烈了一些。但事实上,当代大学生对权利认知程度还不够高,意识不够强,在实现权利和承担责任的能力上相对薄弱。大多数学生不愿意参与,或者就是愿意参与,但是参与能力有限,特别是学校的一些重大事项的决策,或许都是从自身的这方面进行思考,而不是从整个学校进行全局性的思考。所以,尽管有少部分学生在一定程度上有了权利的意识,但作为整体而言,学生的权利意识还是比较薄弱。因此而言,大部分学生的权利意识尚待觉醒,其缺乏正确的权利认知,还不清楚自己拥有哪些权利,是否拥有与教师、学校管理工作者同样的权利等。另外,绝大部分学生践行权利的意愿和能力都比较弱。当然,通过培养学生的权利意识,学生作为整体而言应该是非常愿意以权利主体的身份参与到高校的内部治理中来的。诚然,学生参与高校内部治理工作的意识薄弱,这种情况严重影响和制约着高校内部治理中学生权利的实现。

(三)高校内部治理中阻碍学生权利实现因素呈多元状

通过前面的相关数据分析,从"您认为当下阻碍高校内部治理中学生权利实现的因素有哪些"的可多选题项,可得知阻碍高校内部治理中的学生权利实现因素并非是单一的。具体而言,首先从学生工作管理者层面言及,各单项按照208人计算,认为"学校保障制度尚不健全"阻碍了高校内部治理中的学生权利实现有164人,相对占比值为78.8%;认为"民主意识缺乏"阻碍了高校内部治理中的学生权利实现的有157人,相对占比值为75.5%;认为"参与治理渠道狭窄"阻碍了高校内部治理中的学生权利实现的有139人,相对占比值为66.8%;认为"学生自身局限"阻碍了高校内部治理中的学生权利实现的有198人,相对占比值为95.2%;认为"权利界定不清"阻碍了高校内部治理中的学生权利实现的有173人,相对占比值为83.2%。由此可以看出,影响高校内部治理中学生权利实现的因素有学校保障制度尚不健全、民主意识缺乏、参与治理渠道狭窄、学生自身局限等多种,但就

①陈恩伦,龚洪.从"双一流"建设谈政府与大学的关系[J].高校教育管理,2017(06):14-19.

其选项的人数来看，主要影响因素是学生自身的局限，其后依次是权利界定不清、学校保障制度尚不健全、民主意识缺乏、参与治理渠道狭窄。

其次从学生本身群体层面言及，各单项按照296人计算，认为“学校保障制度尚不健全”阻碍了高校内部治理中的学生权利实现的有206人，相对占比值为69.6%；认为“民主意识缺乏”阻碍了高校内部治理中的学生权利实现的有238人，相对占比值为80.4%；认为“参与治理渠道狭窄”阻碍了高校内部治理中的学生权利实现的有264人，相对占比值为89.2%；认为“学生自身局限”阻碍了高校内部治理中的学生权利实现的有134人，相对占比值为45.3%；认为“权利界定不清”阻碍了高校内部治理中的学生权利实现的有283人，相对占比值为95.6%；认为“其他因素”阻碍了高校内部治理中的学生权利实现的有57人，相对占比值为19.3%。由此可以看出，影响高校内部治理中学生权利实现的因素有学校保障制度尚不健全、民主意识缺乏、参与治理渠道狭窄、学生自身局限等多种，但就其选项的人数来看，主要影响因素是权利界定不清，其后依此是参与治理渠道狭窄、民主意识缺乏、学校保障制度尚不健全、学生自身的局限、其他因素。

第四节　基于学生权利的高校内部治理优化调适建构

一、注重以学生本位理念增强高校内部治理中学生权利主体意识

理念是事物发展不可或缺的关键支持，起着保障、指导、规约的功能和作用。教育的本质是培养人，而学校是提供教育活动的场所。“学校工厂说”中将学生看成是机械的、加工后可以用统一的标准进行衡量、评估的产品。正是受到这样一种观念的影响，学生被单纯地视为被教育者，被视为学校教育活动的产出品，这就使得在传统学校管理中，教师本位、官本位的思想在高校内部管理中根深蒂固。在现行提倡完善学校内部治理的过程中，传统的学校观已然不适应时代的发展，与之相对应的学生本位理念随之而生。学生本位是与教师本位相对应的一种人文主义观念。学生本位体现的是以学生为中心的学校，或者是将学习者作为中心的课程设置思想，从教育的本质属性出发，把价值取向的重点定位于接受教育的受教育者本身的发展。高校学生在高校内部治理中的角色转变，使得注重学生本位理念成为构建高校内部治理体系的必要条件。同时，也使优化高校内部治理权利调适具有其正当性。

显然，为了提高高校内部治理活动中学生的权利主体意识，平衡政府、高校、学生各主体间的权利边界，保障学生在高校内部治理中权利得以真正落实，需要以学生本位理念来

规约、指导高校内部治理权利结构的优化调整与模式变革。首先,政府和高校在内部治理活动过程中,应坚持以学生本位为重要指导理念,以此防范学生权利实现的缺位、错位、越位状况发生,保障学生应有的合法权利不被忽略或忽视,杜绝学校管理者只听取不采纳或不听取不采纳现象的发生,做到归还学生应有之权利、强化学生应有之主体意识。其次,学生自身在高校内部治理活动里,也应注意和把握学生本位这一重要理念来指导自身应有合法权利的运用,使自身权利在高校内部治理中得以有效落实。因此,只有政府、高校、学生各主体间都注意学生应有之合法权利,才能推动高校内部治理的科学化、民主化、合法化,实现高校内部治理质量的提升和高校治理现代化发展目标。

二、划清学生与高校权利边界以保障高校内部治理中学生的应有权利

在高校内部治理权利中,学生的治理权利极易被学校管理者的治理权利和教师的治理权利所代替或者挤压,造成这一现象的主要原因:一是因为高校内部治理的"掌权人"从来就不是学生群体,他们对于高校内部治理中的学生权利不够重视,加之国家法律对高校内部治理中的学生权利的具体规定还不够清晰;二是因为学生对自身在高校内部治理中的主体地位认识不够,或者具有一定认识却没有将这些权利行使到实处,从而导致自身权利缺乏保障。为了使高校内部治理结构更加优化,划清内部治理权利的边界就变得至关重要。学生作为学校教育的购买者,拥有享受学校资源的权利,在高校内部治理主体中应享有一席之地,且作为治理主体参与高校内部治理活动时与其他治理主体一样平等,一样重要,因此要重新厘定各个主体的权利,保证学生权利在高校内部治理中不受其他治理主体权利的挤压、替代。从学校层面来讲,须进一步完善学校《章程》,明确高校、教师和学生在高校内部治理中的权责,保障学生权利得以实现。

三、构筑政府、学校、学生、第三方"四位一体"的高校内部治理权利运行模式

高校内部治理结构很大程度上取决于一国文化传统以及高等教育管理体制。然而,我国高校内部管理体制是党委领导下的校长分工负责制。教育既有公共产品的性质,也有私人产品的性质,正是因为这种融合产品的属性,导致了学校的办学主要还是依靠政府和社会给予的经济支持,同时因教育的专业性使学校需要自身独立进行运作,且接受第三方的监督。学校作为社会极为重要的构成部分,在行使权利时需要得到充分的尊重,政府作为提供资源的主体,在为教育提供资源的同时不应过多地干涉高校内部事务,一旦干预过度必定使高校丧失自身的自治权及学校自主的活力。同时政府也不能全然不顾学校的发展,而是应该为学校的发展保驾护航,从国家宏观的层面制定一系列的教育方针,通过颁布政策法规对学校进行约束。

同时,学校作为育人的场所,它的主要功能是为学生提供教育。作为学校的管理者更加不能只对政府惟命是从,不能对政府中非教育行业内的专业人员制定的有关学校管理中过多过细的规定,和未经实证考察而想当然地分配学校内部的资源,介入学校内部管理的命令言听计从。所谓专业人员治校,即是学校管理的专门人员根据本校自身情况制定目标和方向。值得注意的是,学校专业管理人员治校,不等于将高等教育行政化。不是将高校中的行政部门作为学校治理、内部资源分配的主导者,进而剥夺高校教师的话语权。在高校内部治理中,要建立起“教授治学”的制度,要让教师充分参与学术事务的管理、决策,最大化他们的专业作用,做到让学校全体教职人员共同治校。武汉大学原校长顾海良曾说过,教授治学是根本。大学内部治理结构的架构就在于党委领导的核心地位、校长负责的关键作用和教授治学的根本要求这三者的有机结合。党委的政治领导、校长的行政职权和教授的学术权力,构成高校管理体制和运行机制的基本方面,构成大学内部治理结构的基本要素。党委领导、校长负责和教授治学这三个方面,也涉及高校基本资源即政治资源、行政资源和学术资源的优化配置问题。把学校作为研究学术的组织进行建设,使学术权与行政权并驾齐驱。

高校内部治理的目标是为了实现高校的科学发展,就是要坚持以人为本、以师生根本利益为本。而学生正是存在于高校中最庞大的集体,又是教育中最根本的“人”,但因为学生在整个学校内部治理主体中处于弱势地位,加强学生权利,提高学生在高校内部治理决策时的话语权,建设学生在高校内部治理权利行使制度就显得尤为重要。一般情况下,高校学生通过组建学生社团的方式对学校内部管理行使权利并参与管理。学生的民主管理权利是学生权利在高校内部管理、决策中运行的象征,主要表现为高校学生对学校管理制度制定拥有参与权,在学校教育、教学等方案制定时的话语权,以及对所在学校的日常工作具有参与和监督的权利。再者,高校内部治理是否能取得成效,一是需要政府统筹规划,进行宏观把控;二是需要学校结合本校特点,对已有的资源进行整合后再合理分配,同时调动教授参与学校管理,给予他们充分的学术权利;三是需要学校和政府尊重学生在高校内部治理中的权利,不侵犯、忽视学生在高校内部治理中的权利,并且通过制定学校规章制度、切合国家相关法律来保障学生权利。高校办学是面向社会进行的自主办学,在此过程中既要明确国家教育行政部门的管理权限,又要明确学校自身的管理权限,这就需要政府管理高校不越位、高校校长不弄权、本校教授敢担当、全体师生参与感强。而这往往需要第三方进行监督,一旦发现有权利被侵犯的情况,立即作出干预、矫正,从而形成政府、学校、学生、第三方“四位一体”的高校内部治理权利行使模式,保障高校内部治理能够取得成效。

四、健全和完善高校内部治理中学生合法权利受到侵犯时的救济保障机制

树立高校内部权利运行的法治化理念是构建高校学生权利法律保护体系的首要条件，是法治、和谐、稳定的校园氛围形成的根本内因。随着高校内部管理向内部治理的不断发展革新，高校学生的角色也逐渐发生变化，由传统的“义务性”的被管理者逐渐向“权利性”的治理者转变，基于此角色的转变要求我国现代高等教育必须重视以学生为本位的新型观念，重视学生权利在高校内部治理中的地位，使高校始终坚持“法治化”的内部治理模式。

受到传统观念的影响，高校学生的权利意识较为淡薄。完善高校内部治理中学生合法权利被侵犯时的救济保障机制的前提是学生对自身合法权利拥有知情权且保持坚决捍卫合法权利的态度，其次是从制度层面完善救济保障机制，这就得从法律、学校规章制度上进行完善。我国《教育法》、《高等教育法》等法律法规对高校学生在其合法权利受到侵害或对学校给予的处分等有异议时的救济保障、救济途径没有明确规定，只是在《普通高等学校学生管理规定》中谈及学生在被处分后不服并提起申述的渠道及流程。对于高校治理中学生权利受到侵犯时的保障机制没有谈及。有的学校在行政管理中通过校级规章制度对侵犯学生合法权行为做出禁止，并明确责任，落实处罚。同时对被侵犯合法权利的学生给予政策帮助，对学生权利受到的伤害予以补偿，且将其写进了学校规章形成制度。但是在实际生活中，学生在维护自身的合法权益时，往往这些救济途径不甚畅通，特别是学生在向校内有关部门提起申诉时，经常申诉无门，即使是有部门对侵权事件进行过问，也仅仅限于“过问”而已，或者对提起申诉的条件设置较高的门槛，将大部分学生阻挡在申诉外。当前大学生对母校“屡讼不止”，但现行的法律制度仅在为学生申诉提供笼统的依据，却不在适用的具体情况上做进一步的解释说明。

完善我国《教育法》、《高等教育法》中对学生权利保护的内容，应对学生权利进行具体的、细节性的规定，减少笼统性的叙述和模棱两可的表达，对侵犯学生权利的行为如何处理应尽可能全地规定。并且，对学生权利被侵犯后的申诉途径应进行完善和补充，降低乃至取消申诉时的诸多限定条件，让学生在维权时渠道更畅通，且有法可依，有法能依，依法维权。大学生这类特殊群体的社会活动区间主要还是在学校，因此完善高校内部的校纪校规对学生权利受到侵犯时的救济保障机制的重要性，自然也就不言而喻了。完善我国高校校纪校规体系应立足以下几个方面予以构建：一是遵守法律保留的原则，二是坚持民主原则，三是严格程序原则。依法治校是高校进行自主管理的基本前提，高校的内部治理权利来源于我国的《教育法》《高等教育法》的授权，一切违反我国法律规定而自主设立的高校内部规章制度均是无效的。所以，高校内部在制定本校的规章制度时要依法保留学

生的基本权利,不得对基本权利加以限制。在人文主义大行其道的今天,坚持民主原则是“以人为本”最基本的体现。坚持民主即是充分尊重高校内部治理主体的意见和建议,这有助于学校组织内部新的发展、延续。国家的底线是法律,学校的底线是校纪,在完善校规校纪时必须要严肃且谨慎,在程度上保证制定的合理合法性。

第四章　高校开除学籍处分法律风险与防范机制

第一节　高校开除学籍处分中的法律风险

高校开除学籍处分中的法律风险，是指高校在行使开除学籍处分权过程中，由于开除学籍处分行为违反了法律、法规或规章的相关规定或者由于违纪事实认定不清等原因，导致开除学籍处分行为被撤销，从而使高校在法律上承担不利后果的可能性。造成高校开除学籍处分中存在法律风险的原因主要有：高校法律地位、校生关系、处分权性质等理论研究滞后；处分依据中存在瑕疵；高校治理中存在失范的情形。

一、2011—2019年高校开除学籍处分行政诉讼的情况

笔者于2019年11月17日，通过"中国裁判文书网"，输入检索条件"开除学籍""行政案由"，检索该网站公开的从2011年至2019年我国四级法院因开除学籍引发行政诉讼作出的法律文书，共检索到81份行政诉讼法律文书。其中驳回起诉3份，不予立案1份，这4份法律文书，只是程序上进行了处理，法院没有进行实体上的审判，不作为研究对象。二审维持一审的判决结果的，只选取一审的裁判文书作为研究对象。(2013)吉中行终字第35号等5份二审的法律文书改变了一审的处理结果，根据"二审终审原则"，将二审的裁判文书作为研究对象，对应的5份一审的法律文书予以剔除。经整理后，一共得到55件行政诉讼的案例。

(一)2011—2019年高校开除学籍处分行政诉讼的概况

因高校开除学籍处分引起的行政诉讼案件，在2013年之前非常少，基本都保持在2件以内，而后开始变多，2011年为1件，2012年为1件，2013年为2件，2014年为9件，2015年为13件，2016年为14件，2017年为6件，2018年为5件，2019年为4件。2016年是高校开

除学籍处分行政诉讼案件数量的转折点，2011—2016年，高校开除学籍处分行政诉讼案件快速增长，从2011年的1件增长到2016年的14件，2016年为最高值，但是2016年之后，逐渐下降。

从高校开除学籍处分行政诉讼案件发生的高校看，既有全国重点高校，如华南师范大学、暨南大学、北京工业大学、华东理工大学，也有地方普通高校，如辽宁工程技术大学、惠州学院、吉林建筑大学。另外，高校开除学籍处分行政诉讼案件发生地域非常广，涉及北京、广东、辽宁、吉林、上海、山东、新疆等20多个省、自治区、直辖市。

（二）高校胜诉的案例

在55件案例中，开除学籍处分被维持的有29件（见表4-1-1），比例约占53%。从法院层级来看，基层法院审理的案件有9件，中院审理的案件有20件。从案件类型来看，在开除学籍处分被维持的案件中作弊类22件，占76%左右；打架类2件，占7%左右；涉嫌犯罪类2件，占7%左右；旷课2件，占7%左右；违反高校管理秩序类1件，占3%左右。

表4-1-1　开除学籍处分高校胜诉的案例

序号	案号	审级	裁判时间	情形	结果
1	（2015）宁行终字第470号	二审	2016.1.20	替考	维持
2	（2015）南行初字第249号	一审	2016.3.3	作弊	维持
3	（2014）开行初字第17号	一审	2014.6.10	打架	维持
4	（2014）桂市行终字第201号	二审	2015.2.2	替考	维持
5	（2015）宁行终字第464号	二审	2016.1.20	替考	维持
6	（2016）闽0203行初124号	一审	2016.9.26	替考	维持
7	（2016）津0112行初33号	一审	2016.8.22	替考	维持
8	（2014）杭临行初字第7号	一审	2014.8.15	刑事犯罪	维持
9	（2014）沪一中行终字第2号	二审	2014.2.25	考试作弊	维持
10	（2013）吉中行终字第35号	二审	2013.12.26	考试作弊	维持
11	（2018）粤71行终2667号	二审	2018.12.19	组织作弊	维持
12	（2015）江海法行初字第71号	一审	2015.6.9	考试作弊	维持
13	（2019）津02行终72号	二审	2019.4.17	作弊	维持
14	（2014）宁行终字第142号	二审	2014.8.7	旷课	维持
15	（2018）辽0911行初55号	一审	2018.12.26	作弊	维持
16	（2014）桂市行终字第202号	二审	2015.2.2	替考	维持
17	（2018）京02行终1110号	二审	2019.2.14	刑事犯罪	维持
18	（2016）闽0203行初123号	一审	2016.9.26	替考	维持
19	（2017）沪02行终173号	二审	2017.7.17	组织、介绍作弊	维持
20	（2016）鲁02行终20号	二审	2016.4.1	两次考试作弊	维持
21	（2019）黑01行终335号	二审	2019.8.16	考试作弊	维持
22	（2014）桂市行终字第200号	二审	2015.2.2	考试作弊	维持
23	（2015）深中法行终字第478号	二审	2015.9.21	殴打他人	维持
24	（2017）京03行终87号	二审	2017.6.2	考试作弊	维持

续表

序号	案号	审级	裁判时间	情形	结果
25	(2016)鲁0602行初6号	一审	2016.6.29	两次旷课	维持
26	(2017)京02行终1257号	二审	2017.10.31	考试作弊	维持
27	(2017)陕01行终12号	二审	2017.7.3	破坏管理秩序	维持
28	(2016)吉01行终11号	二审	2016.4.13	考试作弊	维持
29	(2014)桂市行终字第199号	二审	2015.2.2	考试作弊	维持

(三)高校败诉的案例

在55件案例中,开除学籍处分被撤销的有26件(见表4-1-2),比例约占47%。从法院层级来看,基层法院审理的案件10件,中院审理的案件14件,高院提审的案件1件,最高人民法院提审的案件1件。从案件类型来看,在开除学籍处分被撤销的案件中作弊、考试相关类19件,占73%左右;打架类6件,占23%左右;违反高校管理秩序类1件,占4%左右。

表4-1-2　开除学籍处分高校败诉的案例

序号	案号	审级	裁判时间	情形	结果
1	(2017)粤71行终330号	二审	2017.6.2	作弊	撤销
2	(2015)浦行初字第3号	一审	2015.3.20	替考	撤销
3	(2011)行提字第12号	最高院再审	2011.10.25	抄袭	确认违法
4	(2016)兵08行终4号	二审	2016.5.9	作弊	撤销
5	(2019)京03行终987号	二审	2019.9.27	作弊	撤销
6	(2016)兵06行终10号	二审	2017.1.16	打架	撤销
7	(2014)乌中行终字第63号	二审	2014.9.10	替考	撤销
8	(2015)惠中法行终字第62号	二审	2015.6.15	替考	撤销
9	(2016)甘行终133号	二审	2016.6.21	打架	撤销
10	(2014)甘行初字第13号	一审	2014.6.17	打架	撤销
11	(2017)粤7101行初4106号	一审	2018.5.4	打架	撤销
12	(2015)惠中法行终字第61号	二审	2015.6.15	替考	撤销
13	(2015)长行终字第49号	二审	2015.8.10	作弊	撤销
14	(2012)豫法行提字第00009号	高院提审	2013.4.16	损害公物和扰乱秩序	撤销
15	(2017)粤7101行初4162号	一审	2018.5.4	替考	撤销
16	(2012)穗天法行初字第185号	一审	2012.10.30	替考	撤销
17	(2015)蜀行初字第00046号	一审	2016.1.4	打架	撤销
18	(2016)0105行初1号	一审	2016.1.28	修改成绩,学生从中获利	撤销
19	(2015)衡行终字第16号	二审	2015.3.26	作弊	撤销
20	(2018)鲁0112行初287号	一审	2018.12.4	破坏考试秩序	撤销
21	(2015)万行初字第00003号	一审	2015.3.4	打架	撤销
22	(2014)长中行终字第00309号	二审	2014.12.23	作弊	撤销
23	(2015)长行终字第48号	二审	2015.8.10	作弊	撤销

续表

序号	案号	审级	裁判时间	情形	结果
24	(2015)大行终字第429号	二审	2016.3.3	作弊	撤销
25	(2014)济行终字第333号	二审	2014.6.26	作弊	撤销
26	(2013)海行初字第135号	一审	2014.3.12	作弊	撤销

二、高校开除学籍处分中的法律风险

高校败诉意味着高校行使学籍处分权的过程中，在处分依据的适用或者处分程序上存在瑕疵。笔者对26件高校败诉案例中呈现的法律风险进行归纳，发现主要存在以下法律风险。

（一）适用法律、法规中存在的法律风险

适用法律、法规中存在的法律风险主要有两种情形：一种情形是法律、法规本身的问题造成的；另一种情形则是适用法律、法规的主体，由于自身原因导致适用中出现错误。

1.法律、法规条文的不确定性、模糊性造成适用错误

法律、法规是通过文字来表达的，但是文字具有不确定性和模糊性。语义、概念的模糊性、争议性、不完全性和翻译的不确定性是语言不确定性的渊源[①]。语言文字是构成法律规范与传达法理思想的基础，因此在某种程度上语言文字的模糊性也构成了法律不确定性的原因。比如在《普通高等学校学生管理规定》中经常出现的，“情节严重”“性质恶劣”“严重作弊”“严重影响”“造成严重后果的”“屡次违反”等内容，法律、法规的不确定性会造成适用者有不同的理解，从而造成不同的处分结果。在26件开除学籍处分决定被撤销的案例中，有4件案件是因为法院认定学生违纪的程度较轻或系首次，达不到“严重”、“屡次”的程度，与高校认定的事实不一致，从而导致开除学籍处分决定被撤销。比如在(2014)乌中行终字第63号案件中，法院认为，新疆大学在一、二审中对李某的行为具有严重情节且符合顶格处分的情形既未有效证实，亦未作出合理解释的情况下，而简单地引用上述规定中的条款对李某作出开除学籍处分决定，违法剥夺其受教育权，应予以撤销。

2.高校工作人员法律素养不高，造成法律、法规适用错误

主要表现在对于同一违纪事实作出了2个处分决定或者作出处分决定的依据不合法。前一种情形主要是违反了行政诉讼中的“一事不再罚”原则，即对于一个违法行为只能处罚一次。比如在(2015)衡行终字第16号案件中，对于王某的作弊行为，衡水学院在2014年3月7日所作处分决定未被撤销的情况下，于2014年4月29日再次作出处分决定，应属程序违法、适用法律错误，法院撤销衡水学院作出的处分决定并责令其重新作出。又如在(2016)兵06行终10号案件中，新疆兵团警官高等专科学校在给李某颁发了毕业证书确认李某在校学籍关系终结的情况下，又对李某作出开除学籍的处分决定，该两个行政管

①邱昭继.法律语言与法律的不确定性[D].北京：中国政法大学，2008：1.

理行为具有前后矛盾的情形，故法院认为新疆兵团警官高等专科学校开除李某学籍的行为不合法，应予以撤销。

（二）依据的校规、校纪中存在的法律风险

1.处分校规加重了对学生的处罚，与上位法冲突

受教育权是公民依法享有的基本权利，根据法律保留原则，高校管理者剥夺和限制学生受教育权时，应以法律的明确规定为依据，学校不得擅自以校规规定为依据实施处分行为，这是法律保留原则的基本要求。《教育法》《高校教育法》《普通高等学校学生管理规定》作为高校处分学生的法律依据，高校校规对其中涉及开除学籍的情形，不得增、减、变、修，否则都应是无效的。在26件开除学籍处分行为被撤销的案件中，有4件案件，法院直接认定高校制定的校规违反了上位法，所占比例约为15%。例如，在(2015)长行终字第49号判决中，法院认定，《吉林建筑大学学生管理规定(试行)》第二十七条的规定，有悖于《普通高等学校学生管理规定》中规定的“可以开除学籍”的立法本意，不符合上位法的规定，不能单独作为吉林建筑大学对孟某进行开除学籍处分的法律依据，开除学籍处分决定属适用法律错误，依法应予撤销。

2.处分校规表述模糊，缺乏可操作性

高校制定的处分校规，是其对学生行使管理权的重要工具。如果高校始终未把学生当作权利主体，而是仅仅作为管理对象，制定校规的过程中很少吸纳学生参与制定，很少征求学生的意见，就会造成处分校规表述不科学或缺乏操作性。比如，在蔡某诉广东工业大学开除学籍案中，《广东工业大学学生违纪处分办法》第二十条第(三)项规定：“有下列行为之一的，认定为考试严重作弊……6.其他作弊行为严重的”。广东工业大学依据上述规定，认定蔡某系“作弊行为严重”，但是法院认为，广东工业大学未对蔡某的行为属于严重作弊情形作出充分说明。归根到底是该条款规定得比较模糊，根本无法界定何为“作弊行为严重的”。正因高校制定的处分校规存在随意性和模糊性，造成在适用校规对学生进行处分时，无法准确定性或者定量，为开除学籍处分行为被撤销埋下了隐患。

（三）高校管理自主权行使中的法律风险

高校管理自主权与学生的受教育权是可以和谐共存的，但是基于行政权力的扩张性和侵犯性，导致高校管理自主权经常侵犯学生的受教育权。高校管理自主权行使中的法律风险主要有以下两种情形。

1.开除学籍处分权行使主体不合法

开除学籍处分权行使的主体必须是法律、法规等规定的主体，其他任何组织、个人均无权行使开除学籍处分权。《普通高等学校学生管理规定》第五十六条规定，对学生作出

开除学籍处分决定的，应当提交校长办公会或者校长授权的专门会议研究决定。根据上述规定，有权行使开除学籍处分权的主体只能是“校长办公会或者校长授权的专门会议”，任何高校的职能部门或者学部、学院等高校的内设机构均不能行使该权利，否则即是主体不合法。在实践中，经常会出现学生处或者学院作为主体，对学生作出开除学籍的处分决定。但实际上，学生处或者学院仅可以针对学生的违纪事实进行调查或者初步拟定处分意见，最终决定是否开除学籍，必须由“校长办公会或者校长授权的专门会议”研究决定。在(2013)海行初字第135号赵某诉河北科技师范学院开除学籍案中，本来对赵某的开除学籍处分决定应该由河北科技师范学院的校长办公会或者校长授权的专门会议研究后作出，但是在该案中，赵某提出该校的开除学籍处分没有经过上述会议研究决定，河北科技师范学院也没有举示经过上述会议研究决定的证据，比如会议记录等，故该案中开除学籍的处分决定被撤销也就在所难免了。

2.高校对学生过度惩戒

对违纪、违法的学生进行惩戒是高校行使自主管理权的体现，也是为了维护教育、教学秩序的需要，但是高校作为教育者，对于学生应该是教育优先，并不是一旦其违纪就要开除。《普通高等学校学生管理规定》第五十二条规定高校“可以”开除学籍，而非“应当”，而此条中的“可以”为非强制性规定，也就是说学校可针对具体情况酌情处理。在对学生的违纪程度、危害性、平时表现等情况未进行充分评估的情况下，作出开除学籍的决定，将心智尚未成熟的学生推向社会，就违背了管理与加强教育相结合的立法本意。经笔者统计，26件开除学籍处分被撤销的案例中，法院认为案件中存在过度惩戒的案件有9件，所占比例为35%左右。在(2014)济行终字第333号案件中，法院认为济宁医学院未充分考虑张某是否系初犯、违纪行为的性质、过错的严重程度和其平时在校表现等情况，作出开除学籍的决定，有悖于《普通高等学校学生管理规定》的立法精神。张某平时学习认真、要求进步，并担任学生干部，平时表现良好，本次作弊属初犯，且在事后的检讨、申辩和申诉时，均对作弊行为表达了深刻的认识和悔改的态度。济宁医学院依据《济宁医学院学生管理规定》直接作出开除学籍的决定失当，应当予以纠正。

(四)证据收集中的法律风险

随着人们法治观念的加强，“打官司就是打证据”的理念慢慢得到大家的认可。没有证据或者证据不足以证明当事人主张的事实，由负有举证责任的当事人承担不利后果。证据缺失、形式不合法、证明力不强等原因，都会导致高校作出的开除学籍处分决定被法院撤销。26件高校败诉的行政诉讼案件中，笔者发现因为证据意识不强导致高校败诉的有8件，占31%左右。证据收集中存在的风险，主要有以下两种情况。

1.没有第一时间固定相关的证据

主要包括关于告知学生拟作出处分决定的事实和依据、告知学生享有陈述和申辩的权利、经过校长办公会议讨论决定、处分决定书送达、送给省级教育行政管理部门备案等方面的证据,上述任何环节证据缺失或者不足,就可能导致开除学籍的处分行为被撤销。比如,在(2016)兵08行终4号案件中,法院认为,郭某考试作弊的事实成立,石河子大学作出的开除学籍处分行为认定事实清楚,适用法律正确。但石河子大学未能提交有效的证据证明,其在对郭某作出处分行为前,保障了郭某陈述、申辩的权利,应当对此承担举证不能的法律后果,石河子大学开除学籍的处分行为因违反法定程序而被法院撤销。

2.相关机关尚未作出调查结论,或者调查决定被相关机关撤销,导致学生违纪的事实无法确定

在(2012)豫法行提字第00009号案件中,新乡学院以"损害公物、扰乱学校正常的办公和教学秩序"为由,对孟某作出了开除学籍的处分行为,但是对于损害公物问题,新乡市公安局红旗分局已经撤销了该问题的调查决定,法律上应当认为孟某损坏公物的事实不成立,故法院认为,新乡学院对孟某作出的开除学籍处分行为证据不足,依法应予撤销。另外,安徽省合肥市蜀山区人民法院作出的(2015)蜀行初字第00046号行政判决书显示,沈某与刘某涉案纠纷公安机关已受案调查,未作处理决定之前,安徽中医药大学即作出处分决定属证据不足,故撤销了安徽中医药大学作出的开除学籍的处分行为。

(五)处分程序中存在的法律风险

行政程序是指行政主体行使职权所涉及的环节、步骤、方式、顺序、期限、信息等诸项要素及其制度的组合。程序正义是保障实体正义的前提,《普通高等学校学生管理规定》第五十五条、五十六条规定,在对学生作出处分或者其他对学生的不利决定之前,高校应当告知学生作出决定的事实、理由及依据,并告知学生其享有陈述和申辩的权利,听取学生的陈述和申辩。处分决定应当送达学生本人,对学生作出开除学籍处分决定之前,应当提交校长办公会或者校长授权的专门会议研究决定。在26件高校败诉的案件中,因程序存在瑕疵而被撤销开除学籍处分行为的有15件,占高校败诉案件的58%左右,主要有以下四种情形。

1.高校作出处分行为前,未听取学生陈述或者申辩

在(2015)浦行初字第3号案件中,法院认为,南京工业大学浦江学院在作出开除学籍处分决定前,没有给予陈某陈述和申辩的权利,故南京工业大学浦江学院违反法定程序。法院撤销了其作出的开除学籍的处分行为。

2. 高校作出处分行为前，未告知学生有申请听证的权利

在（2012）穗天法行初字第185号案件中，法院认为，华南师范大学并未提供相应证据证明其履行了告知听证的义务，剥夺了何某的听证权利，违反了程序规定，华南师范大学对何某作出的处分行为应当予以撤销。

3. 高校作出处分行为前，未告知学生可以申诉的权利和提出申诉的期限

在（2015）万行初字第00003号案件中，法院认为，太原理工大学向谢某送达的学生违纪处分表中未告知谢某可以提出申诉的权利及申诉的期限，太原理工大学对谢某作出开除学籍的处分行为程序违法，应予撤销。

4. 高校作出处分决定行为后，未将处分决定书送达给学生本人

在（2013）海行初字第135号案件中，河北科技师范学院未向赵某送达处分决定书，程序违法，法院撤销了河北科技师范学院作出的开除学籍的处分行为。

第二节　高校开除学籍处分中存在法律风险的成因分析

高校开除学籍处分权涉及教育学、行政法学、管理学等众多学科，根据第一节的分析和总结，笔者认为高校开除学籍处分中存在法律风险的主要原因有：基本理论研究滞后、处分依据存在瑕疵、高校治理中存在失范的情形等。本节主要对高校开除学籍处分中存在法律风险的成因进行分析，为接下来完善法律风险的防范机制提供材料基础。

一、开除学籍处分权的相关理论研究滞后

近年来，学生通过司法途径来解决校生矛盾的案例越来越多，然而，高校法律地位、校生关系、处分权的性质等相关理论研究滞后，造成高校管理者、家长、学生等主体不能正确定位校生之间的法律关系，发生冲突后不能以合理的方式解决，增加了高校开除学籍处分权行使中的法律风险。

（一）对高校法律地位的界定存在争议

高校的法律地位是确定校生法律关系、处分权性质的前提，只有明确了高校的法律地位，才能确定校生之间的法律关系，厘清校生之间权利、义务的内容，此后才能确定高校开除学籍处分权的法律性质。

1. 目前关于高校法律地位的主要观点

国内的观点：第一种观点认为高校是事业单位法人，仅能作为民事主体，不能作为行政主体，高校与学生之间的教育、被教育关系及管理与被管理关系是一种合同关系；第二

种观点认为高校是法律法规授权组织,高校具有行政主体地位,高校与学生之间存在管理与被管理的关系,高校在管理活动中作为行政主体行使行政权力;第三种观点认为高校是公务法人,是以公务为基础的分权形式,能够享有权利并承担一定义务的行政组织,具有一定的独立性,既是行政主体,又是民事主体。

国外的观点:在德国,采用"公法上的营造物说"定义高校,某种主体在其内部,基于特殊法律关系实施管理,但高校作出的决定,影响了学生受教育权等"重要事项"时,司法机关可以介入审查。在法国,高校属于公务法人,是以公务分权为基础而产生的行政主体,法律将某种需要一定独立性的行政职能,从国家和地方团体一般行政职能中分离出来,交由专门的公务法人实施,并承担由此产生的权利和义务。在英国,公立高校的法律地位比较复杂,既有早期通过皇室获得特许获取法人身份的大学,也有通过议会获得法人资格的高校,还有以公司形式存在的学院,这类高校大多依公司模式运作,但被作为公共机构对待(公法人)①。在美国,公立高校属于公共机构,必须严格遵守联邦宪法,受到正当程序原则的限制,从性质来区分主要有三种:第一种,政府机构,它依据美国各州的法律而设立,是政府的附属机构;第二种,公共信托,由政府或者基金组织依据相关规定设立,高校享有独立的法人资格,不是政府机构;第三种,自治大学,这种高校受州宪法的保障,有一定的自主管理权,其自治机关有的部分独立,有的则完全独立,不是政府的机构,不受议会控制。

2.对高校的法律地位的再认知

就前述观点而言,认为高校是事业单位法人的观点,强调了高校与学生在某种领域的平等性,但没有准确体现出高校对学生行使处分权时所具有的强制性、单方性等特征,不能准确、全面反映高校的法律地位。认为高校是法律法规授权组织的观点,来自于司法实践部门,起初主要是为了解决高校作为行政诉讼被告的资格问题,后来很多学者慢慢也接受了这种观点,但是这种观点没有法律上的依据。认为高校是公务法人的观点,是理论界的主流观点。不管是大陆法系,还是英美法系,随着现代行政管理的进一步分化,都出现有公益性、非营利性的事务,而处理这些事务的机构是行政权力的延伸,但是其本身又不具有行政机关的特征,故用公务法人的概念来界定,这有利于提高处理行政事务的效率,同时赋予了这些机构更大的活力。

(二)对校生法律关系的界定不清楚

关于校生之间的法律关系界定,虽然《宪法》《教育法》《高等教育法》中有相关规定,但是上述三部法律的规定比较笼统,没有形成统一的意见。正是由于对校生法律关系的界

①胡玉浪.我国公立高等学校的法律定位[J].福建农林大学学报(哲学社会科学版),2004(3):68.

定不清楚，导致校生发生纠纷时，无法确定高校是作为民事主体行使权利的，还是以行政主体的身份行使职权的，自然也就无法确定是适用民事法律规范，还是适用行政法律规范，造成了实践中比较混乱的局面。

1.目前关于校生法律关系的观点

第一种观点：特别权力关系。这种观点起源于大陆法系的德国，认为高校是行使特别权力的主体，有权依据内部管理规定，对学生作出处分决定，学生对于高校的处分决定不服的，只能寻求内部的救济，不能提起行政诉讼。第二种观点：民事法律关系。认为校生之间是一种平等的民事法律关系，作为民事主体，高校和学生享有财产权、债权等相关的权利，同时承担相应的义务。很多民法界的学者都持有这种观点，比如《中国民法典草案建议稿附理由》负责人梁慧星教授提出“教学合同”的概念，将“教学合同”定义为：“就学人(学生)与教学人(学校或培训机构)约定，由教学人向就学人传授知识、技能的合同”。第三种观点：行政法律关系。认为校生之间是基于高校的行政管理职权而建立起来的法律关系，校生之间的地位是行政管理者与相对人，即“管理者”与“被管理者”的关系。

2.对校生法律关系的再界定

就前述观点而言，认为校生关系是特别权力关系的观点，强调高校内部自治，管理的效率比较高，这也是特别权力关系理论影响深远的原因之一①。但特别权力关系是为了保护“行政特权”，违背了依法治校和保障权利的原则，排除了当事人向法院提起行政诉讼的救济途径，从人权保障的角度出发，也不能一味地支持特别权力关系理论。认为校生关系是民事法律关系的观点，强调了校生关系的平等性，但忽略了《教育法》《高等教育法》等法律均规定了高校对学生的处分权力，这种处分是单方行为且具有强制性，校生之间存在不平等的法律关系。从司法实践来看，各级法院大都认可了高校的处分行为是一种具体行政行为，持有这种观点的学者，回避了实践中校生关系存在不平等的问题。认为校生关系是行政法律关系的观点，并不能准确界定高校与学生之间的关系。虽然在司法实践中，高校在某种情况下可以作为行政诉讼的被告，但是目前我国新修订的《行政诉讼法》并没有确认高校的行政主体资格。另外，根据我国《民法总则》的规定，高校是独立的法人组织。当前校生之间因为违约或者侵权产生纠纷的趋势越来越明显，因此单纯认为校生之间是行政法律关系的观点是不正确的。

①文正邦，伍操，邓华平.公民受教育权的行政法保护问题研究——兼论学校教育管理行为侵权的行政法救济体系建构[J].政法论丛，2005(6)：21.

（三）对高校开除学籍处分权的性质界定不清

基于同样的开除学籍处分行为，不同的法院作出不同的裁决，对学生受教育权保护结果截然不同，出现这种情况的重要原因，就是对于高校开除学籍处分权的性质没有准确的界定，从而导致司法实践中出现混乱。

1.目前关于高校开除学籍处分权性质的观点

高校开除学籍处分权性质的准确界定，已经成为高校依法治校过程中无法回避的问题，目前，理论界和实务界主要有两种观点。第一种观点认为：高校开除学籍处分权是一种行政权力。即认为学校的招生权、学籍管理权、学校的处分权等具有明显的单方意志性和强制性，符合行政权力的主要特征，因而在性质上应当属于行政权力或公共管理权力。笔者搜索的行政诉讼案例中，大多数法院也认可开除学籍处分权是行政权力，高校系"经法律、法规授权的组织"，具有成为行政诉讼被告的资格，(2016)鲁0602行初6号[①]等案件对此进行了确认。第二种观点认为：高校开除学籍处分权是高校内部的管理权力。国家赋予高校自主管理权，高校可以根据相关的规定自行行使，司法机关无权对高校的开除学籍处分行为进行审查。

2.对高校开除学籍处分权性质的再认知

就前述观点而言，认为高校开除学籍处分行为是高校内部管理行为的观点，主要是受特别权力关系理论的影响，这种观点排斥司法机关对高校开除学籍处分行为的审查，不利于保障学生的受教育权，不符合现代社会的发展方向。作为特别权力关系理论发源地的德国，现在已经抛弃了这种观点，取代的是"重要性理论"，即高校作出的剥夺或限制学生受教育权的行为，司法机关有权进行审查。

笔者认为，高校开除学籍处分权是一种行政权力，司法机关有权进行审查。具体理由如下。

第一，从法理的角度看，"权力"属于更为广泛意义上的"权利"范畴。《教育法》《高等教育法》《普通高等学校学生管理规定》等法律、法规赋予了高校对其内部事务进行管理的职权，法律、法规并没有确认其是否具有行政权力的属性，因此存在这种职权系行政权力的可能性。

第二，《高等教育法》等法律在规定高校、校长的权利时，运用了"职权"、"职责"等规定行政职权的概念。通过对《高等教育法》的分析，可以看出高校及校长是依法享有教育行

①该案中法院认为，高校作为法律法规授权的组织，具有对受教育者进行学籍管理的行政职权，有权制定符合法律法规的校纪、校规，有权对在校学生进行教学管理和违纪处分。

政管理的职权的，管理权力系依法授权而产生，那么作为高校权力之一的开除学籍处分权也应是一种行政权力。

第三，高校开除学籍处分权具有行政权力的特征。1）高校开除学籍处分权具有行政权力单方行使的特征。高校开除学籍处分系单方行为，无需学生配合或征得其同意，只要学生的违纪行为符合开除学籍的条件，高校依据相关的规定，单方作出开除学籍的处分行为即可。2）开除学籍处分权具有国家强制性。高校行使开除学籍处分权的过程中，系代表国家行使高校的行政职权，作出的决定具有强制性，其法律后果是处分决定发生法律效力后，学生需要在一定期限内办理离校的相关手续。3）开除学籍处分权具有公共性的特征。高校行使开除学籍处分权，是为了维护高校的教学、学术研究的秩序，将国家教育资源的效能最大化地发挥出来，为国家培养尽可能多的人才，所以说开除学籍处分权的公共性特征也比较明显。

综上所述，高校系《教育法》《高等教育法》等法律、法规授权代表国家行使行政管理职权的组织，其对于严重违反法律、法规或者校规的学生给予开除学籍处分时，高校与被开除学籍的学生之间形成一定的权利和义务，高校这种开除学籍的处分行为具备了行政行为的要件，是行政法意义上的具体行政行为。

二、处分依据中存在瑕疵

教育法制体系应该由地方政府和教育部制定的教育规章、地方人大出台的教育法规、教育行政法规、教育法律等法律渊源组成。从立法实践上来看，现在已经颁布的法律、法规和规章主要有三个，分别是《教育法》《高等教育法》《普通高等学校学生管理规定》。

（一）教育法律中对开除学籍处分的规定很少

我国现在施行的《教育法》是2021年4月29日修改通过的，《教育法》中规定了各级教育行政机关和学校的职责及学生的权利、义务等内容，是我国关于教育的基本法。行政法规、部门规章等效力较低的法律渊源都要以《教育法》作为基本法，任何的行政法规、规章作为下位法，不能与《教育法》的规定相违背，否则是无效的。但是作为教育基本法的《教育法》对于学生纪律处分的规定很少，该法仅在第四十三条第四款规定：学生对于处分不服的，可以向有关部门提出申诉，对学校、教师侵犯其人身权、财产权等合法权益的，可以提出申诉或者依法提起诉讼。除此之外，《教育法》中没有任何关于学生处分的规定。处分的种类、行使主体、适用标准、处分程序、救济途径、监督责任等内容本应由《教育法》来规定，但是我国现行的《教育法》尚未规定。《高等教育法》作为全国人大制定的关于高等教育的基本法律，该法的第四十一条第一款第（四）项规定了高校校长有权对学生实施学籍管理和处分，并规定由校长办公会或者校长授权的专门会议行使处分权力。该法第五十三条规定了，学生应当遵守学校的各项管理制度，学生的合法权益受法律保护。该法第六十六条规定了,对违反教育法的行为要予以处罚。《高等教育法》作为高等教育领域的基本立法,相对于《教育法》只是将学生的处分权赋予了校长办公会或者校长授权的专门会议,除此之外,《高等教育法》在学生处分方面没有更具体的规定,同样对于处分的种类、行使主体、适用标准、处分程序、救济途径、监督责任等基本内容,也没有进行规定。

(二)部门规章越权规定开除学籍处分

《普通高等学校学生管理规定》作为教育部制定的部门规章,在我国的法律体系中,其相对于法律、行政法规、地方性法规来讲效力较低,但正因为《教育法》《高等教育法》等法律在学生处分规定中的失位,所以造成由位阶较低的《普通高等学校学生管理规定》来补位的局面。目前关于开除学籍处分的规定,大都来自《普通高等学校学生管理规定》,《普通高等学校学生管理规定》的及时补位,在一定程度上弥补了《教育法》《高等教育法》对学生处分规定的不足。在实践中,高校也是依据《普通高等学校学生管理规定》对学生行使开除学籍处分权的,法院审理开除学籍的行政案件,也是依据《普通高等学校学生管理规定》对处分决定的实体、程序等内容进行审查的,但是毕竟其法律效力较低,随着社会的发展和进步,高等教育领域出现了很多新问题、新情况,需要《教育法》《高等教育法》来明确。比如高校的法律地位、高校开除学籍处分权的性质、教育行政申诉与行政诉讼的衔接等。在上位法缺位的情况下,各高校根据实际情况制定相关的校规,可能有违反上位法或存在错误等情形,进而导致高校在行使开除学籍处分权时经常出现各种各样的问题。

(三)处分校规中存在随意性和不合法性

处分校规作为高校对学生进行管理的重要依据,其中的随意性和不合法性已经成为高校依法治校中的一个突出问题。由于部分高校管理人员法律水平不高、法治意识不强,在制定处分校规时,设置了很多义务性的条款,很少有保障或者落实学生权利的规定;在使用处分校规时,时常将学生作为被管理对象,没有将学生作为权利主体来对待,导致学生在就学期间的合法权益得不到保障。这些情况反映出高校制定处分校规时违背了权利义务相统一的规范性文件的制定原则。

处分校规是高校行使开除学籍处分权的依据,如果高校处分校规本身具有随意性和不合法性,那么高校依据处分校规作出的开除学籍处分行为出现问题,也就不足为奇。《普通高等学校学生管理规定》第五十二条规定,违反本规定和学校规定,严重影响学校教育教学秩序、生活秩序以及公共场所管理秩序的,学校可以给予开除学籍处分。从该条规定的内容可以看出,立法者的本意是希望处分与教育相结合,而不是学生符合《普通高等学校学生管理规定》第五十二条中的情形,就一定要开除学籍,这里用的是“可以”而不是“应当”。这里的“违反学校规定”情形的适用有一个前提,就是“学校规定”本身必须符合法律、法规、规章等规范性法律文件的要求，校规不能违背上述规定，也不能越权进行规定。近年来，不少高校为了加强学风建设，发生了一些因急功近利而侵犯学生受教育权的案例。比如，有的高校校规规定，学生一旦考试作弊，直接开除学生的学籍；还有的高校规定“男女不得交往过密，一旦发现开除学籍”，2004年，四川某高校的大学生因为在自习室“卿卿我我”而被开除学籍。重庆某高校出台的校规规定，出现“一夜情”给予学生开除学籍的处分，但是何为“一夜情”，这不是一个法律概念，也不是一个学术概念，那么高校的管理人员在适用校规时，就无法准确界定该校规的适用范围。更有某些高校将“道德败坏”“品行恶劣”等道德方面的内容，也引入校规作为开除学生学籍的情形，这种违反上位法的校规一旦作为开除学籍的依据，最终也避免不了因违反上位法而被撤销的后果。

三、高校治理中存在失范的情形

（一）受特别权力关系理论影响，高校对学生受教育权的保护意识不强

大陆法系的特别权力关系理论一直对我国有重要的影响，该理论认为，校生关系是一种内部管理关系，高校对学生有处分权，学生不服高校的处分行为，应该通过内部机制进行解决，司法机关不应该干涉高校的处分权。由于特别权力关系理论在我国有深厚的土壤，在1999年的“田永案”之前，高校的管理人员一致认为，高校与学生之间的开除学籍、不颁发学位证书、退学等行为，系高校内部管理行为，不具有可诉性。在“田永案”后，高校开除学籍的行为才纳入了司法机关的审查范围。

部分高校的管理人员，受特别权力关系理论的影响，对开除学籍处分的相关规定不了解，以“家长式思维”来管理学生。一方面，这种管理理念受中国传统中的“严师出高徒”“棍棒之下出孝子”等思想的影响，认为对待学生就要严格管理，越严格越能出人才；另一方面，这种“家长式思维”还受计划经济时代行政化、官僚化的思想影响，一直认为学生是接受教育者，将校生关系定义为管理者与被管理者、教育者与被教育者、命令者与服从者的关系，这种官本位的思想，让部分高校管理者没有保护学生权利的意识，对学生的教育以惩罚为主，一旦学生不听话，就以纪律处分相威胁。我国依法治校的理念还没有完全建立，部分高校管理人员不注重培养法治意识，导致在制定处分校规时，经常出现违反上位法或者超越上位法的情形，在行使开除学籍处分权的过程中，也不注意固定相关的证据，一旦学生起诉就经常败诉。

（二）高校缺乏专门负责学生处分的机构，部分工作人员对处分程序不熟悉

近年来，随着学生权利保护意识的增强，高校开除学籍引发的法律纠纷日渐增多，没有专门机构负责学生处分事务的弊端逐渐凸显出来。目前大多数高校对学生的处分，均是由学生所在的院或系进行调查，出具初步的调查结果及拟定给予的处分意见，比较轻的处分决定大部分报学生处或者学生工作部审核同意后，向学生进行送达，开除学籍等重大

的处分决定，需要校长办公会或者校长授权的专门会议讨论后通过。目前大部分高校没有成立专门负责学生处分的机构，在处分学生的过程中，相关人员法律知识不足，对于《普通高等学校学生管理规定》赋予学生的陈述、申辩、听证等权利的重视程度不够，导致高校在作出开除学籍处分决定的过程中，经常出现低级错误。比如在(2019)京03行终987号案件中，《北京工业大学学生违纪处分办法》开始施行的时间为2017年9月1日，而该校认定韩某于2017年6月10日实施了找人替自己考试的行为，韩某作弊行为在前，《北京工业大学学生违纪处分办法》的施行在后，北京工业大学以该规定作为处分依据对韩某实施处分行为，明显系处分依据适用错误。在(2016)兵06行终10号案件中，新疆兵团警官高等专科学校在教育关系结束后，还对李某作出了开除学籍的处分决定。在(2015)衡行终字第16号案件中，衡水学院针对王某的违纪行为，先后于2014年3月7日、2014年4月29日作出两次处分决定，针对同一事实进行了两次处分，违反了“一事不再罚”原则。由于没有一个专门的机构负责学生处分事务，部分高校工作人员对处分规定、处分程序等内容不熟悉，在行使开除学籍处分权的过程中经常出现各种错误，这必然易导致高校在诉讼中败诉。

（三）学生校内申诉制度的失位

通过调查发现，被调查的学生中知道“学生校内申诉制度”的人数大约占63%，还有37%的学生不知道“学生校内申诉制度”，学生不知道的原因，可能与平时不关心、不熟悉有关。在调查“学生校内申诉制度是否发挥了应有的作用”时，只有44%的被调查者认为“发挥了”，还有56%的被调查者认为“没有发挥”。上述统计结果表明，超过一半的被调查者对现行的学生校内申诉制度的运行效果不满意，认为应进一步完善学生校内申诉制度。

从《教育法》确立学生校内申诉制度以来，目前大多数高校已经按照教育部《普通高等学校学生管理规定》的要求，出台了关于学生校内申诉制度的相关规定，并成立“学申委(学生申诉处理委员会)”。高校学生校内申诉制度作为解决校生纠纷，维护学生合法权益的一种校内救济途径，在高校自主管理中发挥着重要的作用。但是，由于学生校内申诉制度自身建设不完善、不合理，导致学生对校内申诉制度这种救济途径不了解、不信任，一旦发生了纠纷，学生就会直接向法院起诉，学生校内申诉制度的防火墙作用没有得到体现。

第三节　完善高校开除学籍处分法律风险的防范机制

一、高校开除学籍处分法律风险防范的引领路径

目前高校开除学籍处分在实体及程序上的规定存在缺失。随着依法治校的深入推进和学生权利保护意识的增强，因开除学籍引发的纠纷会日渐增多，为了防范开除学籍处分的法律风险，首先需要完善的就是立法，应充分发挥立法规定的引领作用。笔者认为，目前引领路径可以从行使原则及具体规定两部分进行完善。

(一)立法上明确开除学籍处分权的行使原则

开除学籍处分权的正当行使，必须要确定其行使的原则，通过立法上规定行使原则来引领开除学籍处分权的正当行使，笔者认为，立法上需要明确的行使原则有以下三个：

1.惩罚与教育相结合原则

教育家马卡连柯认为“惩罚本身不是目的”，使用惩罚时应考虑到“惩罚应当是教育”。[①]国家开办高校的目的是培养各行业需要的人才，高校行使开除学籍处分权的目的是维护高校的教学、学术研究的秩序，处分的目的是促使违反了校规的学生认识到自己的错误，从而使其行为符合法律、法规或者校规的规定。日本法院在判例中也表示学校惩戒权行使应考虑教育目的，应从教育角度出发来确定惩戒的形式[②]。开除学籍处分权的教育目的，主要包含两方面的内容：一是对被开除学籍学生的教育；二是对全体学生的教育。高校在制定校规的过程中，要发动学生广泛参与、积极讨论。高校对于作出的开除学籍处分决定，要及时向学生发布，组织学生学习，使开除学籍的案例起到“处分一人，教育一片”的作用，使学生能够规范自己的行为，自觉遵守法律、法规和校规的规定，并将相关规定外化到日常学习和生活中。

2.比例原则

比例原则是指行政机关行使自由裁量权时，应在全面衡量公益与私益的基础上选择对相对人侵害最小的适当方式，不能超过必要限度。高校行使开除学籍处分权时，对于《普通高等学校学生管理规定》第五十二条规定中的8种情形及对应情节的认定，有一定的自由裁量权，但是高校的这种裁量权需要受到比例原则的限制，不能随意行使。比例原则作为约束行政权力最重要的原则，其对于高校开除学籍处分权同样有效，高校行使开除学籍处分权的过程中，应该选择对学生损害最小的方式，且该处分结果应该与学生的违纪事实相当，不能为了树立高校的权威，加重对学生的处罚。

---

①巴班斯基.教育学[M].北京：北京人民教育出版社，1986：39.

②申素平.高校学生纪律处分制度研究——中英比较的视角[J].中国高教研究，2009(4)：43-46.

3.正当程序原则

正当程序原则，指行政主体作出某项行政行为时必须遵守法律设定的程序，其核心是通过程序设置来保障实体的公正，通过程序来限制行政权力的滥用。正当程序原则是行政法的重要原则之一，也是实现依法行政的基石。高校开除学籍处分权作为一种行政权力，也要受到正当程序原则的限制。《普通高等学校学生管理规定》第五十五条规定了学校要告知学生作出开除学籍处分的事实及理由，并要听取学生的陈述和申辩。同时处分决定书要送达给学生本人。《普通高等学校学生管理规定》第五十六条规定了对学生作出开除学籍处分前，应提交校长办公会或者校长授权的专门会议研究决定。上述内容均是对高校开除学籍处分权的限制，通过这些程序限制来保障学生的受教育权。在司法实践过程中，很多高校只重视开除学籍的实体问题，忽略了告知程序、送达程序、校长办公会讨论等环节，最终因为程序问题，造成高校开除学籍处分行为被法院撤销。在高校败诉的26个案例中，大多数高校开除学籍的处分行为被撤销，都是因为忽略了程序问题。

（二）立法上明确相关的规定

2012年，教育部颁布了《全面推进依法治校实施纲要》，明确了依法治校的发展理念，推动高校治理的法治化首先要完善相关的法律、法规，从根本上理顺学生的受教育权与高校的自主管理权之间的关系。笔者认为目前可以从以下几方面对立法进行完善。

1.法律上确立高校为“公务法人”

司法实践中，学生起诉高校要求撤销开除学籍处分行为的纠纷层出不穷，其中一个重要的原因就是我国高校的法律地位不明确，导致高校在行使开除学籍处分权的过程中存在各种各样的问题，学生的权益也得不到保护。将高校的法律地位界定为“公务法人”，在法律、法规授权的范围内行使行政权力，在理论界和实践中都得到广泛的支持，因此，应该尽快通过法律的形式确定下来，建议在《行政诉讼法》或者《高等教育法》中明确高校为具有独立资格的“公务法人”，其在行使录取学生、颁发学位证书、开除学籍等法律、法规授权的管理行为过程中具有行政机关的职权，如果其行为违反了法律规定，学生可以向人民法院提起行政诉讼来保护自身的合法权益。

2.明确高校行政职权的范围

上文已经明确了高校与学生之间既有民事法律关系，又有行政法律关系。在确定高校的法律地位为“公务法人”后，就需要明确高校在行使哪些职能时，是作为行政机关行使行政职权的，这也需要《行政诉讼法》或者是《高等教育法》进行规定。目前我国的高等教育还处在转型阶段，高校“公务法人”的职能尚未确定下来，笔者认为，可以暂时明确高校享有以下行政职权。

一是决定是否录取考生的权力。专科学生或者本科学生的录取，主要是生源地的教育行政机关和高校一起负责填报统计和招录，而硕士、博士的录取主要是由高校自行录取。考生被录取，主要需要满足以下条件：(1)具备报考的条件，同时也报考了该高校。(2)考生的分数超过了该高校的分数线。高校的这种录取权力，决定了考生是否被录取，是单方行使的权力，影响学生受教育权能否实现，将会对学生产生重大的影响。故高校是否录取考生的权力，具有行政权力的各种特征，应是行政行为。

二是对学生作出的剥夺身份关系的管理行为。《教育法》第二十九条规定，高校有权利对受教育者进行学籍管理，实施奖励或者处分。学籍管理中的退学行为，处分中的开除学籍行为，直接影响学生的受教育权，这两种行为的直接后果就是改变了校生之间的身份关系，是高校的单方行为，具有强制性，对相对人的权利和义务产生影响，符合行政权力的特征，故高校对学生作出的剥夺身份关系的管理行为，应是行政行为。

三是决定是否颁发毕业证书、学位证书的权力。高校是否向学生颁发毕业证书、学位证书，是高校单方行使的权力，直接决定学生受教育权的最终目的能否实现，具有行政权力的特征，高校行使该项权力也是行政行为。

综上，研究高校行政职权的范围，是为了确定司法机关介入的边界。高校行使内部管理权力时，司法机关无权介入，但是高校不正当行使行政职权，侵犯学生的受教育权时，就需要司法机关介入，对高校作出的行政行为的合法性进行审查，从而规范高校行政职权的正当行使。

3.在法律上明确高校开除学籍处分权的行使程序

在立法上确定高校的"公务法人"法律地位，并明确了高校行使行政职权的范围后，就要确定高校行使开除学籍处分权的程序。程序正义是实体正义的保障，只有实体法，没有程序法，那么公民的权利就无法得到保障，当实体权利受到侵害时，也无法获得法律上的救济。目前，高校开除学籍处分的立法依据主要是《普通高等学校学生管理规定》，而《普通高等学校学生管理规定》只是教育部出台的部门规章，效力位阶不够。程序是公平的保障，笔者建议在法律层面，完善开除学籍处分的行使程序，至少应完善调查取证、听证、告知、校长办公会讨论决定、送达处分决定等一系列程序。高校只有严格按照程序行使权力，才能够保障学生有充分的知情权、申辩权，才能保护学生的合法权益。

(1)告知程序的完善。

告知程序是指高校行使开除学籍处分权的过程中，依据相关规定将法定的事项向学生告知，使其知晓一定权利的程序。就目前来讲，主要是《行政诉讼法》或者《高等教育法》需要规定以下两方面的内容：第一，高校启动对学生违纪的调查程序后，对学生作出开除学籍处分决定的10日前，应告知学生如果其对处分的事实、证据或者拟给予的处分结果有异议，有权要求举行听证，并可以对证据、调查报告等资料进行质证，发表辩论意见；第二，高校对学生作出开除学籍处分决定后10日内，应将处分决定书送达给学生或者其家长，并告知学生或者家长如果不服处分决定，可以通过校内申诉、行政申诉或者向法院起诉等途径进行救济，并告知对应的期限。毕竟任何权力都存在易蚀性和扩张性，从法律层面规定告知程序，这既是对学生受教育权的保护，也是监督高校依法行使行政职权的需要，同时有利于学生及时通过各种途径维护自己的权益。

(2)说明理由程序的完善。

说明理由程序是指高校在向学生作出开除学籍处分时，必须向学生说明违纪事实、处分的理由、依据的法律或法规等内容的程序。说明理由程序可以促使高校在作出开除学籍处分时，充分考虑作出开除学籍决定的事实是否充分、处分依据是否正确，有利于高校自行对处分行为进行检视，有利于高校管理的规范化，同时也有利于学生了解相关的情况。学生一旦发现处分决定在事实认定或者法律适用上有瑕疵，就可以通过一定的救济渠道维护自身的合法权益，这也是高校学生知情权在处分程序中的体现。

(3)申辩程序的完善。

申辩程序是指高校在开除学籍的过程中，允许学生就高校调查的事实、拟作出的处分决定进行反驳、质疑的程序。“真理是越辩越明”，申辩程序来源于法庭上的辩论程序，允许学生进行申辩，保障了学生反驳、质疑的权利，增强了学生表达的权利。相对于高校的强势地位，需要从法律上增加学生的话语权，从而促进高校开除学籍处分权的正当行使。

(4)听证程序的完善。

听证程序是指高校在行使开除学籍处分权的过程中，应当举行听证，听取学生的意见，并允许学生提供相关证据进行反驳的程序。目前《普通高等学校学生管理规定》中明确了高校在作出开除学籍处分之前要举行听证，但是对于听证会的参加人员、流程等内容没有规定，法律应该予以明确。笔者认为，听证会的参加人员应当包括高校负责处理学生违纪问题的工作人员、违纪学生、教师代表及学生代表等。听证程序一般要包括通知听证会的举行时间、高校和学生进行陈述、提交相关的证据、对证据进行质证、发表辩论意见、对听证结果进行评议和表决、公布听证结果等。

4.应明确将高校作出的开除学籍等剥夺学生受教育权的行为纳入司法审查的范围

目前，我国《行政诉讼法》和《高等教育法》均没有将开除学籍的处分行为纳入司法审查的范围，现在司法机关审查开除学籍的处分行为的合法性，只是司法实践中的惯例，并没有相应的法律依据。正是法律规定的缺位，造成有些法院认为，高校开除学籍的处分行为系高校内部的管理行为，学生不具有诉权，在司法实践中，某些法院也以不属于人民法院的管辖范围为由，裁定驳回学生的起诉。人民法院这种处理，在一定程度上会损害司法机关的公信力和权威性。从法理及司法实践的效果来看，将开除学籍的处分行为纳入司法审查的范围，具有可操作性。关于纳入司法审查范围的方式，笔者认为，《行政诉讼法》或《高等教育法》中可以明确规定，学生对于高校作出的开除学籍、退学、不予录取等行为，可以在收到高校的决定后30日内向人民法院起诉，《行政诉讼法》同时对起诉的条件、法院审查的边界、处理的结果等内容进行更细化的规定。

二、高校开除学籍处分法律风险防范的预防路径

目前，我国高校正在高速地发展，随之也出现了一系列的法律风险。如何防范法律风险，实现高校管理的法治化，是一个突出的问题。如何变事后应对为事前预防，对于防范开除学籍的法律风险意义重大。笔者认为，完善法律顾问制度对于促进高校处分行为的合法化，依法保护学生的合法权益，具有重要的作用。同时，也可以在一定程度上预防法律风险的发生。

（一）法律顾问机构的职能

根据《教育部关于加强依法治校工作的若干意见》文件的精神，依法治校应包括以下内容：(1)促使学校行政管理职能的转变，切实做到依法行政；(2)推进学校民主建设，完善民主监督；(3)加强法治教育，提高法律素质；(4)严格教师管理，维护教师权益；(5)完善学校保护机制，依法保护学生权益。当然，以上这五个方面主要是宏观层面的要求和举措。

针对法律顾问的职能，笔者进行了问卷调查(多选)：84.88%的被调查者认为是“参与开除学籍处分的行政诉讼”；76.74%的被调查者认为是“参与法律宣传和法治教育，发挥教育性法律作用”；69.19%的被调查者认为是“修改或制定符合上位法要求的高校处分校规”；62.21%的被调查者认为是“负责高校处分事务，确保处分行为合法、合理”；52.91%的被调查者认为是“为高校师生提供法律咨询服务”；27.32%的被调查者认为是“调解纠纷”；16.28%的被调查者认为是“其他职能”。根据上述调查结果，人数占比排在前四位的职能是：参与开除学籍处分的行政诉讼；参与法律宣传和法治教育，发挥教育性法律作用；修改或制定符合上位法要求的高校处分校规；负责高校处分事务，确保处分行为合法、合理。笔者接下来对上述四项职能逐一进行分析。

1. 修改或制定符合上位法要求的高校处分校规

高校管理制度的合法化和规范化是依法治校的重要内容之一。在上文中已经论述，一些高校败诉的原因是制定的处分校规违反了上位法或者部分高校工作人员由于法律专业知识的不足，导致制定的处分校规出现了问题。高校对学生进行管理，是《高等教育法》

确定的职权,高校可以通过制定校规来实现高校的自主管理权,高校的处分校规不能违反上位法,但是上位法优于下位法原则也不能无限类推。高校的处分校规在没有违反“法律保留原则”的情况下,其制定者完全可以根据各高校的实际情况,制定符合高校自主发展需要的管理规定,这就需要高校法律顾问机构来起草处分校规或者对原有的校规进行修改,把可能存在的瑕疵剔除,确保处分校规的合法性和合理性。同时,还要畅通学生权利救济的渠道,“无救济无权利”,现在有些高校在行使开除学籍处分权时,引入了听证制度,并且在处分校规中增加了申诉制度的流程及实施细则、听证的程序及要求等方面的内容,这些规定有利于化解开除学籍处分中的校生矛盾,降低开除学籍处分中的法律风险。

2.负责高校处分事务,确保处分行为合法、合理

上文中已经进行了论述,高校开除学籍处分行为是一种具体行政行为。既然是行政行为,那么高校作为管理者,学生作为被管理者,他们之间是一种行政法律关系,高校与学生之间的法律地位是不平等的。由于行政权力的扩张性和侵犯性,需要处分程序来确保高校开除学籍处分行为的合法性和合理性,处分的程序必须公开、公平。但是在实践中,高校开除学籍处分权在行使的过程中,由于工作人员法律意识淡薄或者责任心不强,经常忽略实体或者程序上的相关规定,从而导致开除学籍的处分行为被法院撤销。因此,由专门的法律顾问机构来行使开除学籍处分权,可以确保处分权行使的专业化和合法化,有利于提高处分权行使的效率,保护学生的合法权益,也可以降低开除学籍处分权行使中的法律风险。

3.参与开除学籍处分的行政诉讼

参与诉讼是法律顾问机构的重要职能,法律顾问机构作为负责学生处分事务的专门机构,在学生违纪事实的调查、固定证据、作出处分决定等环节都参与其中,同时也了解高校的管理制度、拥有专业的法律知识。由法律顾问机构代表学校参与诉讼,可以最大限度地维护学校的权威和公信力,同时,在参与诉讼的过程中,也可以了解法官的裁判思路、价值取向等方面的内容,从而发现高校处分校规中的问题或者不足。这对下一步修改处分校规、总结应诉的技巧、发现处分权行使中的法律风险等方面都有促进作用。

4.参与法律宣传和法治教育,发挥教育性法律作用

高校是构建和谐校园的重要阵地,和谐校园的一个特征就是拥有民主、法治的文化氛围。对学生开展法律宣传和法治教育,是高校教育工作的重要任务。依法治校要求高校的管理人员与广大教师、学生拥有扎实的法律知识和较强的法治观念,形成一定的法律思维,发生纠纷时能通过正当的途径来捍卫自己合法权益。但是,目前的实际情况与这一要求还有一定的差距。第一,广大高校教师和学生对于法律重要性认识不到位。在现实中,教师和学生能普遍认识到法律及学法的重要性,但是具体到个人,总感觉法律离校园生活很远,对法律的学习仅仅停留在表面,很少深入学习。第二,存在“厌诉”的倾向。认为“打

官司”不是一件光彩的事情，不愿意通过法律途径来维护自身的权益，即使发生了纠纷，也是被动地接受，不愿意主动拿起法律武器捍卫自己的权益。第三，高校学生因为贩卖毒品、打架斗殴等行为涉及刑事犯罪的现象也是屡见不鲜。虽然高校设置了德育课程，包括“思想道德修养”和“法律基础”，但许多高校的法治教育工作由德育老师或者辅导员兼任，并没有安排法律专业的老师来完成，法治教育课程的效果大打折扣。因此，加强高校的法律宣传和法治教育，提高广大师生的法律素养，就显得十分重要。高校法律顾问机构作为专门处理学生违纪的机构，由它来负责法治教育和法律宣传，可以通过生动的司法案例来宣讲法律知识，法律宣传的效果也会更好。

（二）完善高校法律顾问制度的措施

1. 加大高校法律顾问制度的推行力度

目前，我国高等教育领域还没有出台关于法律顾问制度的具体实施意见。随着因学生不服高校开除学籍处分而引发的行政诉讼案件的增多，出台专门的法规或者部门规章来完善法律顾问制度势在必行。《教育部2015年工作要点》明确提出，“加强教育法治建设”“出台《关于加强法律顾问制度建设的意见》”。尽管这只是一个文件，还不是法律、法规，但已经是一个进步，希望在此基础上尽快出台关于高校法律顾问制度的法规或规章，这将对法律顾问制度的推行产生重要的作用。

2. 调动高校完善法律顾问制度的积极性

第一，强化高校对法律顾问制度重要性的认识。依法治校不是一句空话，它需要法治意识的培养，法治思维的建立和依法治校能力的增强，高校的管理人员、教师、学生都应自觉运用法律、法规等规范性法律文件约束自己的行为。第二，高校要自觉承担建立和完善法律顾问制度的责任。高校法律顾问制度在我国刚刚施行，尚未建立完善的运行机制，各高校要根据各自的工作实际，制定本校法律顾问制度的实施方案和工作计划，成立该项工作领导小组和负责日常工作的办公室，并及时跟进和督查。高校在法律顾问机构的编制、经费、人员等方面进行一定程度上的倾斜。第三，高校要解放思想、开拓进取，打破陈旧的思维模式，大胆学习国内外先进的理念和做法，加强对法律顾问制度的总结和改进，并将行之有效的经验固化为高校的规章制度，从而促进法律顾问制度的完善。第四，高校可以根据相关的情况，采取增加职能机构或者合署办公等方式解决法律顾问机构的办公场所、工作人员、财政保障等方面的问题。

3. 明确法律顾问机构参与高校管理的范围和途径

法律顾问机构的重要职能，就是规范高校的管理行为和重大决策，防范未来可能存在的法律风险。为避免法律顾问机构成为摆设，笔者认为，法律顾问机构参与高校管理的范围、深度及处分行为的工作程序等内容要有明确的规定，只有这样才能发挥高校法律顾问机构在促进高校健康发展中的作用。

4.完善法律顾问机构的工作机制与运行机制

高校要探索并建立高校法律顾问机构的考核体系、激励机制和责任追究机制,并定期运用考核制度对法律顾问机构进行考核,对工作效果突出的人员进行奖励,对于工作效果不佳的人员进行适当惩罚。同时建立与高校各学院、学部、系等单位的联络机制,在法律顾问机构以及各学院、学部、系等单位设立专门的联络员。对于涉及学生违纪或者其他重大的法律相关事项,可以提前征求法律顾问机构的意见。

5.规范高校法律顾问任职资格

高校法律顾问的任职资格,需要两个条件:第一,了解高校的管理制度、高等教育规律,熟悉高校自主管理权的运行模式;第二,具备扎实的法律专业知识和丰富的行政诉讼实务经验。高校外聘的兼职律师不太了解高校的管理制度和高等教育规律,高校法学院的专职老师,具有扎实的法律专业知识,但一般法律实务经验比较少。笔者认为,目前比较可行的方式有:(1)没有设立法学专业的高校,可以聘任兼职的律师作为法律顾问,但是不要轻易更换,一般任期为3—5年,较长的聘期可以给予外聘律师学习高校管理制度、了解高等教育规律的时间。(2)设有法学专业的高校,可以选聘法学老师作为高校法律顾问,一旦选定不轻易更换,让其长时间从事高校法律顾问工作,经过3—5年的培养,使其具备足以成为合格法律顾问的条件。

三、高校开除学籍处分法律风险防范路径

学生校内申诉制度作为化解开除学籍处分法律风险的最后校内屏障,应该充分发挥防火墙的作用。但是在实践中,校内申诉制度自身存在一些问题,造成学生对校内申诉制度不了解、不信任,从而使该项制度在实践中没有发挥应有的作用。

(一)高校学生校内申诉制度存在的不足

笔者通过随机筛选,对清华大学、武汉大学、中国民航大学、南京邮电大学、青岛大学、山东师范大学、湘潭大学7所高校的学生校内申诉制度的规定进行了研究,发现“学申委”在运行过程中存在学生代表的名额少、独立性不够、申诉处理的基本原则和程序制度不健全、监督的制度缺乏等问题。具体分析如下:

1.“学申委”中学生代表所占的名额较少(见表4-3-1)

表4-3-1 7所高校“学申委”组成人员的分布

名称	学校相关负责人	职能部门负责人	教师代表	学生代表	负责法律事务的相关机构负责人	校外法律专家	校外教育专家
青岛大学	1	7	2	3	0	0	0
清华大学	1	2	3	3	0	0	0
山东师范大学	2	11	2	2	0	0	0

续表

名称	学校相关负责人	职能部门负责人	教师代表	学生代表	负责法律事务的相关机构负责人	校外法律专家	校外教育专家
武汉大学	1	9	3	2	0	0	0
中国民航大学	0	0	若干	若干	0	0	0
南京邮电大学	若干	若干	若干	若干	0	0	0
湘潭大学	1	9	2	2	0	0	0

目前大多数高校已经按照教育部《普通高等学校学生管理规定》的要求，出台了关于学生校内申诉制度的规定。《普通高等学校学生管理规定》只要求了“学申委”中要有学生代表，但是对于学生代表的人数并没有规定。对随机抽取的7所高校“学申委”组成人员进行分析，发现学生代表的人数普遍低于职能部门负责人、教师代表等高校工作人员的人数，“学申委”组成人员中学生代表的比例如下：青岛大学为3/13，清华大学为1/3，山东师范大学为2/17，武汉大学为2/15，湘潭大学为1/7。除了清华大学达到1/3，其他几所能确定具体人数的高校的比例远远低于1/3，说明部分高校可能从维护高校管理权威的角度出发，安排的学生代表人数不足，进而使学生代表的话语权不高，这样就会导致申诉的公平性无法得到保障。

2. 申诉处理的基本原则和程序制度不健全（见表4-3-2）

表4-3-2　7所高校关于申诉原则和制度的规定

内容	清华大学	武汉大学	南京邮电大学	中国民航大学	山东师范大学	青岛大学	湘潭大学
独立裁判原则	无	无	无	有	无	无	无
申诉期间不停止受教育权原则	无	无	无	无	无	无	无
举证责任倒置原则	无	无	无	无	无	无	无
代理制度	无	无	无	无	无	有	无
回避制度	有	有	无	无	有	有	无
听证制度	无	有	无	无	有	有	有
送达制度	无	无	有	无	有	有	无

科学的原则和完备的程序是实现学生校内申诉制度高效、规范运行的保障，在学生申诉制度中，确立独立裁判、申诉期间不停止受教育权、举证责任倒置、申诉不加重等基本原则，有利于学生校内申诉制度的落实，促进这一制度在依法治校中发挥更好的作用。代理、回避、听证、送达等基本的制度，有利于规范“学申委”处理程序，保障学生的陈述、申辩、举证等各项权利，真正让学生校内申诉制度规范运行。然而，目前在很多高校制定的学生申诉处理办法中，对于学生的权利规定得较少，学生义务规定得比较多，大多只规定了评议、投票等制度，但是对于合法、公开、公平地保障权利等基本原则和制度方面规定得比较少，申诉的流程比较随意，结果的公平性也就无法保障。

3."学申委"的独立性不够(见表4-3-3)

表4-3-3　7所高校"学申委"隶属的部门

名称	清华大学	武汉大学	南京邮电大学	中国民航大学	山东师范大学	青岛大学	湘潭大学
隶属部门	学生工作指导委员会	党政办公室	(无规定)	党委学工部	校长办公室	团委	学生工作部

各高校"学申委"的设立形式各异,比如清华大学将其挂靠在学生工作指导委员会下,中国民航大学设置在党委学工部内,湘潭大学设置在学生工作部内,武汉大学将其设在党政办公室内。通过上述分析可以发现,大多数高校仍然有一种思维,就是将"学申委"作为学校的职能部门来行使相关的职责。《普通高等学校学生管理规定》并未对"学申委"机构设立作出明确规定,即由各高校根据实际情况,自行制定申诉办法和设立申诉的处理机构。笔者认为"学申委"不应隶属于某一职能部门,不应受校内规章制度的制约,在行使职权时也不应受高校的影响,其应是一种独立的裁判机构。但是根据上述分析,目前"学申委"大都作为高校的内设机构,其享有的也仅仅是建议性质的权利,没有变更高校处分行为的权力,其作出的决定通常类似于咨询意见,这会使"学申委"形同虚设,无法发挥其应有的作用。

4.监督的制度缺乏(见表4-3-4)

表4-3-4　7所高校学生申诉规定中是否有监督制度

名称	清华大学	武汉大学	南京邮电大学	中国民航大学	山东师范大学	青岛大学	湘潭大学
监督"学申委"的制度	无	无	无	无	无	无	无
"学申委"监督高校履行决定的制度	无	无	无	无	无	无	无

对于应当受理的学生申诉逾期不受理或者在受理后逾期未作出决定等情况,《教育法》《普通高等学校学生管理规定》等均没有作出明确的规定。根据笔者对7所高校的相关规定的研究,发现均没有对"学申委"组成人员可能存在的徇私舞弊或其他渎职、失职行为进行监督的制度,也没有监督高校履行"学申委"作出的决定的制度,这也是在实践中,学生不选择校内申诉制度解决纠纷的重要原因。只有在学生申诉过程中加强监督,才能确保学生申诉制度的严谨性、公平性和独立性,更好地维护学生的合法权益。

(二)完善学生校内申诉制度的措施

学生校内申诉制度对于防范开除学籍处分中的法律风险具有先天的优势,学生与高校之间不仅存在行政法律关系,也存在学生与母校这种特殊的情感关系,通过校内申诉制度解决纠纷,对双方关系影响最小,这种伤害的可修复程度也较高。同时校内申诉制度具有时间短、成本低的优势,故应对现行的校内申诉制度进行完善,充分发挥校内申诉制度在法律风险防范方面的防火墙作用。笔者认为,目前可以从以下四方面进行完善。

1.明确“学申委”的人员构成

《普通高等学校学生管理规定》只规定了“学申委”的组成人员，但对比例没有规定。根据对7所高校的“学申委”构成人员的分析，学校相关负责人、职能部门负责人等所占的比例大多都达到了2/3左右，高校教师和学生的比例较小，因而导致学生的话语权较弱，对申诉的结果影响有限。同时，大多数高校将“学申委”作为高校的办事机构，并由相关的职能部门进行管理，“学申委”并不能独立作出裁决。根据上述情况，必须对“学申委”的地位及人员比例进行明确的规定。主要可以从以下几方面进行完善，一是“学申委”组成人员的来源应该多元。《教育法》《普通高等学校学生管理规定》已经明确“学申委”是处理学生与高校之间纠纷的专门裁判机构，各高校在制定学生申诉规定时，应尽可能多吸纳校外教育或法律专家及学生代表进入“学申委”，通过组成的多元化来保证“学申委”更好发挥其作用。二是学生管理部门、学生所属学院的负责人不能成为“学申委”的组成人员。学生处(学工部)、教务处等部门，本来就是管理学生的部门，再成为“学申委”的组成人员，违反“任何人不得做自己案件的法官”[①]这一基本的程序要求。三是优化“学申委”的组成人员结构。“学申委”应由以下四部分人组成：高校工作人员(含不兼行政职务的老师)、学生代表、校外法律专家、校外教育专家。这四类人员的比例均为1/4左右，且总人数应该为奇数，这样能够更便于通过表决的方式来确定申诉的结果。

2.明确“学申委”地位

“学申委”受理的是因学生不服高校开除学籍的处分行为而进行的复查，并独立地作出处理意见。基于这种定位，“学申委”必须独立于高校，不受高校的制约。笔者认为，高校设立的“学申委”受理本校学生的申诉，本身就存在不合理的地方，因为“学申委”系高校设立的，组成人员中也有高校的工作人员，两者之间往往有利益一致性的倾向，这种倾向不利于保护学生的权益。所以，应该从法律、法规层面来明确“学申委”的独立地位，这样可以使申诉活动按照法定的程序进行，并作出公平的裁决，实现对学生受教育权的保护。要想保持“学申委”的独立地位，其组成人员必须通过民主程序产生，并且有一定的任期，由高校发放聘书，任期建议为3—5年。“学申委”在处理申诉案件时，参加过本案件开除学籍处分程序的人员，在校内申诉程序中应当回避。通过这些制度性的安排，来保障“学申委”的独立性，使其最终作出公正的裁决。

3.完善“学申委”运行原则、权限和程序

美国前联邦大法官威廉·道格拉斯指出：“权利法案的大多数规定都是程序性条款。这一事实决不是无意义的。正是程序决定了法治与恣意的人治之间的基本区别。”[②]“学申

①这是美国学者戈尔丁提出的程序公正标准之一，并被世界各国法学界广泛接受。

②范玮.论我国正当法律程序原则和制度建设的几点思考[J].城市建设理论研究，2007(6):2095.

委”的运行原则、权限和程序等内容，对于其科学、有效地运行具有重要的作用。

“学申委”运行的原则：除了《教育法》《普通高等学校学生管理规定》中确定的合法、高效、公正等原则外，还应确立独立裁判、申诉期间不停止受教育权、举证责任倒置等原则。独立裁判原则是指“学申委”按照法律、法规的规定独立行使职权，不受任何单位、个人的干涉和影响。申诉期间不停止受教育权原则是指对于高校作出的开除学籍的处分决定，在申诉期间暂停执行。举证责任倒置原则是指开除学籍处分行为是高校作出的，高校有义务举示证据证明其作出开除学籍处分行为的合法性。

“学申委”权限：审查权、调查权、有限的变更权。“学申委”审查权是基本的权限，同时，为了调查清楚案件的事实，有权力对相关的事实进行调查。如果没有变更权，申诉处理决定的性质更近乎于建议、咨询等，如果变更权范围过大，又会严重侵害学校的自主管理权，使高校处分决定的严肃性减弱，故可以赋予“学申委”有限的变更权。

“学申委”运行的程序性规定：代理制度、回避制度、听证制度、送达制度等程序性规定。代理制度，因高校和学生双方地位的不对等，学生在经验阅历、表达能力、对法律和法规的理解等方面均存在不足，学生通过委托代理人可以在一定程度上弥补维护自身权利能力不足的问题。回避制度是法律程序中非常重要的制度，“学申委”的委员中，如果有人与学校或者学生存在利害关系或其本身是高校学生管理部门的工作人员，均应在申诉处理程序中回避。听证制度，听证应以公开举行为原则，高校代表、学生均应到场陈述、举示证据、进行辩论等。送达制度，“学申委”作出决定后，应及时将决定书向学生或家长进行送达，并告知其可以向省一级的教育行政机关申请行政申诉及申诉的期限。

4. 建立和完善责任追究制度

《普通高等学校学生管理规定》第六十一条规定：“学生申诉处理委员会对学生提出的申诉进行复查，并在接到书面申诉之日起15日内作出复查结论并告知申诉人”。但是实践中，学生申诉后，经常会遇到这些情况：(1)“学申委”不受理学生的申诉；(2)接受学生的申诉材料后，不做任何的处理，或者故意拖延，不予处理；(3)“学申委”作出“学校重新作出处理”的决定后，学校不予重新处理，或者虽然重新处理，但是决定与原决定是一致的。笔者认为，对于以上情况，应该规定如果“学申委”不予受理或者受理后逾期作出决定的，学生有权直接向省级教育行政部门申请行政申诉。如果“学申委”责令高校重新作出处理决定，高校不作为或者仍然作出同样处理决定的，学生可以请求“学申委”撤销或直接变更高校的处理决定。同时，如果“学申委”存在严重失职行为，或者高校拒绝按照“学申委”的决定执行的，《普通高等学校学生管理规定》应该规定对高校负责人或者“学申委”组成人员进行责任追究，比如对高校负责人或“学申委”的组成人员进行警告等，增强其责任感，使他们树立法律意识，严格执法，保障学生的合法权益。

第五章　高校学术治理中的学术权利

第一节　高校学术治理中学术权利本质解析

一、学术权利在学术治理中的重要性

（一）学术治理的基本特征

有学者指出，大学治理把教授治校扩展到了大学利益相关者的普遍参与，由之前单向的权力指向转向多元主体共治，所有的利益相关者都有权通过合作、协商、伙伴关系、确立认同和共同的目标等方式参与学校事务，形成合作治理。由此观之，学术治理也具有多元主体共治，代替单向的权力指向，利益相关者有权通过合作、协商等方式参与学术事务进行合作治理的意蕴。学术治理兼有学术的事务范围限制，调控过程也体现治理的实质特征。也即，学术治理既要遵从学术活动的一般规律，也理应有治理的本质体现。但学术治理并不是"学术"与"治理"二者的表层简单相加，而是有机融合，使得治理在学术这一领域显现出自身的独特之处。

有学者从学术活动的参与主体、学术活动过程、学术成果三方面对学术活动的基本特质进行分析，认为学术活动具有专业性、风险性、曲折性、连续性和未知性①。笔者认为，学术活动的特殊性有以下几点。一是，学术活动的首要目的是对于真理的追寻，即通过严谨的方法探究事物背后最本真的道理或一般规律。二是，学术活动的过程中要求研究者保持理性和客观公正的态度，遵循科学的研究逻辑，使用合理恰当的研究方法。三是，学术活动开展的必要前提是学术自由，研究者要获取客观真理，则必须享有免于各种任意干

① 周治富．学术特质与学术自由——兼论当代博士研究生如何践行学术自由[J]．中国高教研究，2012(2)：21.

扰、强制的自由——充分享有独立思考、分析、质疑、批判的自由权利。[①]四是,学术活动根本属性是批判性和创造性,如果没有批判和创造,学术活动会失去存在的意义和价值。

治理具体来说共有四个特征:第一,治理不是一系列规则,也不是一种活动,而是一个过程;第二,治理过程不是以控制而是以协调为主要方式的;第三,治理包括公共部门和私人机构两大部分;第四,治理不是一种成型的制度,而是持续的互动。综合不同研究来看,治理的一般特征是多元主体参与、民主协商与合作、动态平衡、科学化和法治化。

而学术治理具有以下几点特殊性。一是学术治理既关涉参与主体自身的个人利益,也涉及公共利益。学术治理中,学术研究的参与者取得的学术成果往往可以通过现行的学术奖励制度而获得物质回报、荣誉和职称晋升等利益,学术治理与个人利益关系十分密切。从宏观的视角来看,学术成果是智慧的结晶,有利于推动人认识的发展和社会科技的提高,关系着广大公共利益。二是学术治理致力于营造自由宽松的学术氛围。学术自由是学术发展的土壤,学术有效地发展成长,离不开优良的土壤环境的支持。相应地,自由宽松的学术氛围是学术治理的应然追求。布鲁贝克怀着对高等教育发展前程的忧思警告说,大概没有任何打击比压制学术自由更直接指向高等教育的要害了,我们必须不惜一切代价防止这种威胁,学术自由是学术界的要塞,永远不能放弃。

学术治理与大学治理从系统论的观点来看是一种上下位概念的关系,学术治理是大学治理以及教育治理的重要组成部分。借鉴陈金圣对于大学治理体系的界定[②],学术治理体系是各利益相关方有效参与学术重大事务决策的制度体系,既包括学术治理结构、学术治理过程,又涵盖学术治理文化,是多个层面的体制、机制和制度安排。而从概念的外延来看,学术治理是大学治理的一部分,并且学术治理既涉及高校的内部治理,一定程度上也涉及外部治理。大学治理可以简单分为外部治理和内部治理两大部分。其中,外部治理涉及高校外部的法律环境、政府管制和社会市场的影响;内部治理则是学校内部事务的统筹治理,包括科研与学术发展、学科建设、教学育人、社会服务、国际交流等诸多学校内部事务。具体而言,学校内部治理中的学术治理主要涉及科研与学术发展、学科建设、教学育人三大板块;学校外部治理中的学术治理则是指高校中的学术力量与社会其他主体之间发生的联系与合作,如研究者与企业之间的合作、政府委托高校开展特定的研究项目等。

---

① 左志德.学术自由及其责任[M].北京:中国社会科学出版社,2017:38.

② 陈金圣.重塑大学治理体系:大学治理能力现代化的实现路径[J].教育发展研究,2014,34(9):21.

需要说明的是，学术治理是大学治理中的核心部分，也是较为独立的一部分，除了本书所提及的学术治理之外，大学治理还包含着其他方面的治理或者管理部分，如后勤事务治理、校园环境治理、社会服务方面的统筹治理、资产管理等诸多方面。学术治理的优化对提升高校的学科实力和专业教育教学水平，促进高校科研能力的增强和学术高水平发展有重要意义，并可推动高等教育的内涵式发展，助力于科技水平的提高和社会发展。

（二）从学术权利视角分析学术治理中的逻辑基础

有学者将大学治理体系归纳为作用于大学事项时充分体现标准化、制度化、科学化和民主化等现代社会特征的权力结构安排和权力实施方式安排，指明治理体系规定了行为主体的构成、行为主体的权力关系和行为主体的行为方式，是治理活动的一种结构化安排①。由此可以推出，治理的关键在于体现出现代社会特征的权力结构安排及权力实施安排，其中权力结构安排在先，居于首要地位。对于学术治理而言，是大学治理的下位概念，必然要首当其冲地解决学术治理结构问题，即在学术事务上以现代社会特征进行权力结构安排和权力实施安排。换而言之，如何以现代社会特征进行权力结构安排就成了学术治理的关键。

也有学者从构成要素的角度将大学治理分为大学治理结构、大学治理过程和大学治理文化三方面。从大学治理结构来看，强调的是个利益相关方有效参与大学重大事务的有关决策权分配，这包涵了“谁参与”（参与主体）、“参与什么”（权责划分）和“参与多少”（权力比重）等关键性问题，因而必然包涵治理主体、治理边界和治理权分配等核心要素②。“权利”与“权力”是一对孪生兄弟，从利益相关者的权益出发，充分考虑到相关主体的权利进行的制度安排及权利实施安排能够体现出民主、科学、制度等现代社会特征，是一种合理的治理结构选择机制。从利益相关方参与学术事务的角度，与其明确权力划分，倒不如从利益相关者主体的学术权利来考虑和设计学术治理结构。因为对于不同的主体来说，权力来源于制度或者组织授权，是一种“自上而下”的视角，不同的主体权力差异悬殊，而权利则是每一主体都有的，从权利出发进行学术治理结构设计更有利于体现治理中多元主体参与的意义。因而从利益相关者视角优化学术权利配置是完善学术治理结构的理想方式。

（三）学术权利在学术治理中的价值与功能

不管以什么模式或者制度来进行学术治理，都不可避免地涉及权利分配和运行规则的设置。不同权利主体之间的权利均衡配置，一定程度上可以防止权利的过度使用或者

① 甘晖.基于大学治理能力现代化的大学治理体系构建[J].高等教育研究，2015，36(7):37-38.

② 陈金圣.重塑大学治理体系：大学治理能力现代化的实现路径[J].教育发展研究，2014，34(9):21.

受到侵害，从制度层面充分维护不同权利主体的合理权利，从而减少学术治理过程中因为维权而浪费资源的现象，从一般意义上增进效率和公平。因而，均衡的学术权利配置可以促进学术治理的优化，提高学术治理的能力和效率，兼顾不同权利主体之间的公平；反之，学术权利配置不当会影响到学术治理工作的正常开展，造成不必要的麻烦，有可能带来资源浪费等损失，而不顾及个体权利会削弱甚至打消学术研究者的工作积极性，不利于学术的长远发展。更进一步讲，学术权利配置模式是学术治理的载体和依托，在一定程度上决定着学术治理的能力水平，而学术治理的能力水平是学术治理体系科学性、有效性及其与治理环境互动的综合反映，对治理体系有着反作用。整体上看，学术权利配置与学术治理体系具有实质与形象上相互依存、相互作用的关系。

二、高校学术治理中学术权利的特质

学术权利的核心词是“权利”，“权利”在法律和政治哲学中有着不同的含义。在《中国大百科全书·法学》中，指的是特定的法律制度规定赋予某人的好处或利益；在政治哲学中指的是某种利益受到制度安排的保障，或者表达一种正当合理的要求，在制度安排中应当体现出维护或者保障。因而学术权利也就有着法学和政治哲学两个层面上的含义，一是已有的法律规章和制度中对学术权利的规定，二是权利主体对于学术研究方面有正当合理的需求，主张通过制度安排对这种权利进行保障。权利只是提供给权利主体作为或者不作为的可能性，并非为某一种行为的必然，也就意味着权利主体在这几件事上拥有做或者不做、怎么做等自主决策的自由意志。总体来看，学术权利具有专业性、有限性、松散性、自主性和多元性的特征。

（一）学术权利具有专业性

学术权利基于学科和专业而存在，是在学术活动中所特有的权利，因而必然受到学术活动特征的影响。学术活动的显要特征就是专业性。一是学术研究活动的对象具有专业性，为某一专门领域的研究，其成果是产出高深学问或者高深学问的传播。二是学术研究的方法具有专业性，学科门类有着自己专属的话语体系和研究范式，比如自然科学和社会科学之间就存在着明显差异。不同学科、不同专业研究者的学术权利也会因为各自的专业特性而具有明显的差异。而且随着科学技术的发展，现代科学分化越来越精细，对学术研究的专业化要求也越来越高。专业知识体系一定程度上对学术活动造成了某种垄断，因而可以说，专业知识赋予了研究者某些专门权利。

学术权利的专业性还体现在，它是一种职业权利或者事务权利，因为某一主体参与学术研究活动这一事项而享有学术权利。诸多学者将学术权利的主体限定为大学教师，也是出于这一原因。大学教师因其学术职责而享有学术权利。对于大学的学术治理而言，学术治理中的相关主体不仅仅是大学教师，还包括学术研究活动的参与者以及相关主体等。

（二）学术权利具有有限性

学术权利具有有限性。一方面，正如没有限制的自由等于没有自由，没有限制的权利也意味着没有权利。在学术事务中，不同主体之间各自享有着学术权利，如果权利之间没有界限或者限制，主体的权利必然出于自身利益最大化的诱导而无限膨胀，不同主体之间的权利相互冲突，最终影响到每一个主体的权利都不能充分实现。因此，学术权利的大小是有边界的，学术治理就是通过对不同主体的学术权利进行均衡配置，保障好各主体最基本的学术权利。

另一方面，学术权利来源于学科专业，也受到学科专业的限制。与公民的基本权利来源于宪法不同，学术权利不是天然就有的，而是一种因后致的个人职务或者职业等活动选择，带来的与学术活动和在学术活动中的学术能力、研究水平相对应的权利。正如眭依凡教授所言："大学教师只能在自己所熟悉的专业范围内选择有限的教学和研究的自由，过于宽泛的自由必然会以危害学生及学术的发展为代价。"[①]因而，学术权利的有效性也只能限制在权利主体所熟知的专业领域范围内，一旦超过专业领域的限制，学术权利就减弱甚至失效，不能成为其行为的权利合理依据。

（三）学术权利具有松散性

学术权利具有松散性是由学术研究组织结构层级化和松散性决定的。学科和专业是学术研究参与者在学术活动中的基础，学术研究的参与者需要从学科组织中获得人力、物力和财力等资源的支持。"如果让学术工作者在学科和单位两者之间进行选择，他或她一般都选择离开单位而不是学科。"[②]学者以学科区分职业和事务，而不同学科有着不同的专业标准，学者们的价值认同也各不相同，从而形成了各自的以有影响力学者为核心的圈子，并形成一种天然的层级。学术的专业性、知识的复杂性使得学术活动形成了一种独特的知识性权力结构。

约翰·齐曼曾写道，学术精英们在各种无形学院的领导圈子里起支配作用，在一个国家中构成了没有议会或国王的有产的贵族统治[③]。这种知识性权力结构并未形成与行政组织一样的科层制，学术组织形成的是一种互相独立的、平等的松散的结构，权力控制和权利配置十分分散，每个人都可以成为精神上的"贵族"。大学在学术的高层次控制和协

① 眭依凡．学术自由理念与大学校长治校［J］．清华大学教育研究，2001(3)：16．
② 伯顿·R．克拉克．高等教育系统——学术组织的跨国研究［M］．王承旭，等译．杭州：杭州大学出版社，1994：35．
③ 约翰·齐曼．元科学导论［M］．刘珺珺，等译．长沙：湖南人民出版社，1988：115．

调活动方面是有限的，不存在谁支配谁的等级关系，也不存在工作程序上的先后次序，从而成为一种松散耦合的系统，各种相耦合的事件保持自己的特性和一些物理上或逻辑上的分离，相互回应比较微弱、缓慢或不太重要。因而，与学科和专业相联系的学术权利也松散地分布于学术组织和学术活动过程中的各个角落。

(四)学术权利具有自主性

学术权利的自主性一方面是由学术自身的特点决定的，另一方面则是由于“权利”的本身属性。学术自主和学术自由一定程度上有着相同的含义，指的是学术活动的主体可以自己选择研究什么、如何研究，不受外来其他力量的干涉和胁迫。行政权力对学术的自主具有一定的影响，但是并不能强迫，一切学术活动都受到学术的天然屏障保护，研究者的自主自愿是研究开展的首要前提。这种自主性体现于对研究对象与研究方法的选择、对研究问题的解释和分析、对研究结果的公开发表和传播等。另外，研究者要获取客观真理，则必须享有免于各种任意干扰、强制的自由——充分享有独立思考、分析、质疑、批判的自主权利①。在强迫下发生的学术活动会失去其求真求知的本性。就算学者以学术为业需要领取薪金以养家糊口，但他们的研究和观点决不受制于提供薪金的人，那些花钱购买学术服务的人，在最重大的事情上不能规定这种服务的性质。而“权利”本身意味着作为或者不作为的可能性，并非为某一种行为的必然，也就意味着权利主体在这几件事上拥有做或者不做、怎么做等自主决策的自由意志。这种采取或者不采取某种行动的决定权就是自主性的体现。

(五)学术权利具有多元性

学术权利的多元性既指学术权利的具体内涵和表现具有多元性，又指学术权利的主体具有多元性。首先，学术权利是一个具有多种含义和外在表现的复合词，不仅包含学术自由权，还有著作权、教学方案设计权、学生学习成果评价权、学术成果获益权、学术评价权利、进修培训与发展权、参与学术管理权、获得救济权等多种更为具体的权利内容。这些具体的权利内容任何一项没有得到充分实施，都不能认为学术权利得到了充分保障。因而从学术权利的具体内涵和表现上来看，学术权利具有多元化的特征。其次，学术权利的主体也不是单一的，而是由教师、学生两大部分组成的，其中学生是指高等教育中各种受教育者的统称，涵盖全日制本科生、全日制硕士研究生、在职研究生、博士研究生等多种类别。因此，可以认为学术权利的主体也是多元化的。

① 左志德.学术自由及其责任[M].北京：中国社会科学出版社，2017：38.

三、学术治理中学术权利的基本维度划定

(一)学术权利的主体确认

有研究认为学术权利根植于从社群生活获得认同,无关教书育人社会角色的权利与自由是不存在的;也有研究认为,学术权利获得的前提是从事学术职业,将学术权利的主体定位为从事学术职业的人(大学教师),将学生排除在了学术权利的主体之外。而本书对于学术权利的主体持有不同的观点。现代大学起源于中世纪,大学理念也从此得以萌发。在中世纪,大学是一个学者的团体,是教师和学生共同探索高深学问的场所。大学的使命是探索高深学问,即学术研究;而参与的主体是学者,确切来讲就是教师和学生。"学术界的基本准则是所有成员平等",这也说明了学术界中学生是学术活动中的平等主体,应当享有学术权利。而雅斯贝尔斯在《大学的理念》前言中也指出"大学是追求真理的社团,由学者和学生共同参与。"对于"学者"这一对象的范围不好确定,但可以很明确地看出,大学中学术研究的主要参与者包括学生,教师和学生都是学术研究中的主要利益相关者。

正如学术自由权可以分为个人的学术自由和团体的学术自由,学术权利也有个体的学术权利与团体的学术权利之义。个体在学术活动中有自身的学术权利,而参与某一研究团体之后,其学术权利与团体其他成员一并联合起来,既有个人的学术权利,也有这个团体的学术权利。此外,学术研究者作为一个专业团体的集合,也有最为广义的学术权利集合,有时也以"学术权力"的形成表现出来。团体的学术权利和个体的学术权利之间需要一定的治理机制来厘清二者的关系,使得个体的学术权利受到充分的保障,防止其受到侵害。不管是个人的学术权利还是团体的学术权利,都以单独的个体为权利载体。

由此综合来讲,学术权利的主体主要是教师和学生。这里所指的教师包括不同职称和学术水平的各类科研人员,而单一的行政人员在学术活动中也有利益涉及,所以也在"教师"之列。教师和学生不仅承担个人层面的学术权利,还有团体中的学术权利。如果个人在学术组织中担任一定的职务,就附加有学术组织所赋予的职务权利。

(二)我国现有法律法规对学术权利内容的相关界定

我国现行的法律对学术权利并没有作出明确规定,致使高校在进行学术管理时力不从心,而学术活动的参与者在权利不明确的情况下也容易产生被侵权或者被剥夺感。从已有的法律法规中进一步明确学术权利的内涵就显得十分必要。已有的法律法规提及学术权利相关的有以下内容。

宪法是国家的根本大法,具有最高的法律效力,是国家一切活动最为根本的准则。现行宪法第二十条:"国家发展自然科学和社会科学事业,普及科学和技术知识,奖励科学研究成果和技术发明创造。"第三十五条:"中华人民共和国公民有言论、出版、集会、结社、游

行、示威的自由。”第四十七条:“中华人民共和国公民有进行科学研究、文学艺术创作和其他文化活动的自由。”宪法以根本大法的形式,首先从国家价值取向层面对学术研究进行了充分的肯定,其次明确指出要保障公民的自由权利。而大学中学术研究的两大主体是教师和学生,是公民中的一分子,因而可以认为,与学术权利相关的自由权利是宪法意义上的基本权利,受到宪法的认可和保障。

我国现行有效的法律中,详细涉及教师的学术权利的有《教育法》、《教师法》和《高等教育法》。《教育法》中笼统地提及教师享有法律规定的权利和国家赋予教师的合法权益,以及对受教育者(学生)的具体权利作了详细规定[①]。《教师法》第七条明确规定了涵盖教育教学权、学术研究活动权、对学生的指导和评定权、获得报酬待遇权、民主管理权以及进修培训权共六种教师职业的主要权利[②]。《高等教育法》中涉及学术权利的规定比较多,一是学术研究与创作的自由权[③],二是科研机构之间的交流与协作权[④],三是对学术委员会这一学术组织和教职工代表大会的管理评定权、调查处理权、民主管理权进行了规定和说明[⑤]。而《高等教育法》第五十一条:“高等学校应当为教师参加培训、开展科学研究和进行学术交流提供便利条件。”该规定也指出了教师更为具体的学术权利:参加培训权、科学研究权、学术交流权。

在我国现行的法律中,详细涉及学生的学术权利的有《教育法》和《普通高等学校学生管理规定》。其中,《教育法》第四十三条规定受教育者享有参加教育教学计划安排的各种活动,使用教育教学设施、设备、图书资料的权利。虽然《教育法》没有直接提及学术权利,

①《教育法》第四十三条“受教育者享有下列权利:参加教育教学计划安排的各种活动,使用教育教学设施、设备、图书资料;按照国家有关规定获得奖学金、贷学金、助学金;在学业成绩和品行上获得公正评价,完成规定的学业后获得相应的学业证书、学位证书;对学校给予的处分不服向有关部门提出申诉,对学校、教师侵犯其人身权、财产权等合法权益,提出申诉或者依法提起诉讼;法律、法规规定的其他权利。”

②《教师法》第七条“教师享有下列权利:(一)进行教育教学活动,开展教育教学改革和实验;(二)从事科学研究、学术交流,参加专业的学术团体,在学术活动中充分发表意见;(三)指导学生的学习和发展,评定学生的品行和学业成绩;(四)按时获取工资报酬,享受国家规定的福利待遇以及寒暑假期的带薪休假;(五)对学校教育教学、管理工作和教育行政部门的工作提出意见和建议,通过教职工代表大会或者其他形式,参与学校的民主管理;(六)参加进修或者其他方式的培训。”

③《高等教育法》第十条规定:“国家依法保障高等学校中的科学研究,文学艺术创作和其他文化活动的自由。在高等学校中从事科学研究、文学艺术创作和其他文化活动,应当遵守法律。”

④《高等教育法》第十二条:“国家鼓励高等学校之间、高等学校与科学研究机构以及企业事业组织之间开展协作,实行优势互补,提高教育资源的使用效益。国家鼓励和支持高等教育事业的国际交流与合作。”《高等教育法》第三十六条:“高等学校按照国家有关规定,自主开展与境外高等学校之间的科学技术文化交流与合作。”

⑤《高等教育法》第四十二条:“高等学校设立学术委员会,履行下列职责:(一)审议学科建设、专业设置,教学、科学研究计划方案;(二)评定教学、科学研究成果;(三)调查、处理学术纠纷;(四)调查、认定学术不端行为;(五)按照章程审议、决定有关学术发展、学术评价、学术规范的其他事项。”《高等教育法》第四十三条:“高等学校通过以教师为主体的教职工代表大会等组织形式,依法保障教职工参与民主管理和监督,维护教职工合法权益。”

但参加教育教学计划一定程度上也意味享有是学术研究的参与权。《普通高等学校学生管理规定》是为维护普通高等学校正常的教育教学秩序和生活秩序，保障学生合法权益而制定的部门规章。其中与学术权利相关的有获得公正评价权①、科技文化创新等活动的参加权与被指导权②。

另外，为保护文学、艺术和科学作品作者的著作权制定的《著作权法》也有与学术权利相关的内容——著作权。国家对作品的出版、传播依法进行监督管理。著作权具体可以包括以下权利：发表权、署名权、修改权、保护作品完整权、复制权、发行权、出租权、展览权、表演权、放映权、广播权、信息网络传播权、摄制权、改编权、翻译权、汇编权，以及对于著作权许可使用和转让的权利。

（三）关于学术权利的划分

关于学术权利的研究已有不少。诸多学者均或多或少地在文章中提到，学术自由是学术权利的核心。周佳认为以学术自由为核心的学术权利分为个人的学术自由与团体的学术自由，团体的学术自由是团体研究活动所应有的保障。从教师和学生这两种不同的权利主体来看，关于教师的学术权利，李海萍认为教师的学术权利主要是受《教师法》第七条所规定，包括教育教学权、学术研究活动权、对学生的指导和评定权、获得报酬待遇权、民主管理权、进修培训权，其中部分是宪法对公民学术自由权利的规定在教师职业行为上的具体化，是一项专门的职业权力。其中，教学中的学术权利主要涉及考试方式选择权、考试命题权、学习成绩评定权、教学方案设计权等，在科学研究中的学术权利主要涉及选题自由、发表自由、交流自由等。③梁艳提出教授的学术权利分为与表达自由相关的权利和与学术研究相关的权利两大类。④唐世纲认为，大学教师的一项基本的学术权利是教学自由权，包括教学目标确定权、教学内容选择权、教学方法与手段决定权、学生学习结果评价权、课堂教学管理权、教学经验交流权、教学成果发表权等具体权利⑤。贾超翔与张新民

①《普通高等学校学生管理规定》第六条第四款："在思想品德、学业成绩等方面获得科学、公正评价。"
《普通高等学校学生管理规定》第十七条："学生参加创新创业、社会实践等活动以及发表论文、获得专利授权等与专业学习、学业要求相关的经历、成果，可以折算为学分，计入学业成绩。具体办法由学校规定。"

②《普通高等学校学生管理规定》第六条第二款："参加社会实践、志愿服务、勤工助学、文娱体育及科技文化创新等活动，获得就业创业指导和服务。"

③ 李海萍．大学学术权力现状研究[D]．长沙：湖南师范大学，2010:59.

④ 梁艳．美国大学教授的学术权利保障研究[D]．济南：山东大学，2016:3.

⑤ 唐世纲．大学教师教学自由权的失落与复归[J]．教育评论，2015(3):74.

认为学术评价权，包含了以系统的、专业的知识为依托而进行的学术活动的过程，其并非仅限于学术评价，教学研究、学术研讨等活动均归此类，对它的称谓有学术权利、学术型学术权力、学者型学术权力等①。

而关于学生的学术权利的研究，有学者认为学生的学校选择权、专业选择权、课程选择权、教师选择权以及对专业设计、课程变革、教师教学及学校教学管理的评议权，获得对学习成绩公正评价的权利等，都属于学生的学术权利之列。刘爱东讨论的大学生权利中有教育选择权、自由发展权、思考权、公正评价权、司法救济权与学术权利相关②。

结合我国法律法规对学术权利的相关规定和学者的相关研究，本书认为学术权利的主体有教师和学生两大类，各自的权利内容有相同之处也有所差异。学术权利按照权利的来源不同，可以分为个人学术权利和组织或机构授予的身份权利两部分。而组织或机构授予的身份权利只有在组织中担任特定职务的主体才具有，并且不同的组织和不同的制度对于学术权利的授权也会有所差异，因而本书着重探讨具有普遍性的个人学术权利部分。其中，教师的个人学术权利又分为学术研究权、教育教学权和其他个人学术权利。其他个人学术权利具体包含着学术成果获益权、学术评价权利、进修、培训与发展权、参与学术管理权、获得救济权五种重要学术权利。如表5-1-1所示。

表5-1-1　教师的学术权利维度划分

<table>
<tr><th>一级维度</th><th>二级维度</th><th>三级维度</th><th>四级维度/内涵</th></tr>
<tr><td rowspan="14">个人权利</td><td rowspan="8">学术研究权</td><td rowspan="5">学术自由权利</td><td>选题自由</td></tr>
<tr><td>成立或参与学术团体自由</td></tr>
<tr><td>研究过程自由（方案设计、方法、实施）</td></tr>
<tr><td>言论与出版自由（发表自由）</td></tr>
<tr><td>学术研讨与交流自由</td></tr>
<tr><td rowspan="3">著作权（部分）</td><td>发表权</td></tr>
<tr><td>署名权</td></tr>
<tr><td>修改权</td></tr>
<tr><td rowspan="6">教育教学权</td><td rowspan="3">教学方案设计权</td><td>教学目标确定权</td></tr>
<tr><td>教学内容选择权</td></tr>
<tr><td>教学方法与手段决定权</td></tr>
<tr><td rowspan="3">学生学习成果评价权</td><td>课程考试方式选择权</td></tr>
<tr><td>课程考核内容决定权</td></tr>
<tr><td>学生成绩评定权（课程评价方式选择权、课程评价内容决定权、学生成绩评价权）</td></tr>
</table>

① 贾超翔，张新民．论大学学术权力的性质、结构与权能[J]．黑龙江高教研究，2017(3)：8.

② 刘爱东．大学生权利与权利保障[D]．苏州：苏州大学，2003：2.

续表

一级维度	二级维度	三级维度	四级维度/内涵
个人权利	教育教学权	其他教育教学权	课堂教学管理权
			对学生的指导评价权
			教学经验交流权
			教学成果发表权
	其他个人学术权利	学术成果获益权	以学术成果获得合法经济收入或者精神荣誉的权利
		学术评价权利	研究成果被合理评议权
		进修、培训与发展权	接受更高层次的学历教育或者培训等学习权利
		参与学术管理权	知情权、建议权
		获得救济权	校内申诉权，向教育行政部门申诉权，司法救济权
组织或机构授予的职责权利	面向组织内部的权利（部分）	校学术发展知情权	——
		出席或组织会议权	——
		学术事务评议权	——
		调查处理权	——
		审议或表决权	——
		监督建议权	——
	面向组织外部的权利	代表组织或机构进行交流与协作权等	——

“真理面前人人平等”，教师不能利用其地位的特殊性而对学生的学术权利进行侵犯，其他人员的任何特殊身份都不应当使他们在学术面前享有特殊的权利。因此，对于学生的学术权利确认就显得尤为必要。学生的学术权利同样按照权利的来源不同分为个人学术权利和组织或者机构授予的身份权利，如表5-1-2所示。学生的个人学术权利分为研究权利、学习权利、参与学术治理权利和其他学术权利（包括自由发展权、司法救济权）。学生的学术思想和方法尚未完全成熟，所以研究权利更为侧重于学术研究活动中的参与权和获得研究指导的权利，学术自由权利显然也是应有之义。

表5-1-2　学生的学术权利维度划分

一级维度	二级维度	三级维度
个人权利	研究权利	科技文化创新等活动的参与权
		获得研究指导权
		著作权
	学习权利	专业选择权
		课程选择权
		教师选择权
		获得公正评价权

续表

一级维度	二级维度	三级维度
个人权利	参与学术治理权利	评议评价权
		建言献策权
	其他学术权利	自由发展权
		获得救济权
组织或机构授予的身份权利	制度规定的职责权利	—
		—
		—
	组织或机构之间的交流与协作权	—

第二节　权利视角下S大学学术治理的现状考察

一、S大学学术治理的相关制度规定

（一）S大学的学术研究基本情况

S大学作为一所综合型重点大学，自然科学研究与人文社会科学研究相得益彰。截至2018年9月，S大学共建有科研平台105所，其中综合类科研平台7所，自然科学类平台73所，人文社科类平台25所。据相关报道，在“十二五”期间，S大学各层次、各类型、各领域的科研任务成倍增长。新立项课题5111项，共获得863项目课题；在国际三大论文检索系统中的论文总量达5497篇，其中SCI和EI收录论文5043篇，SSCI收录论文454篇；多篇学术论文在《细胞》（*Cell*）、《自然》（*Nature*）系列刊等国际高水平杂志上发表；申请专利1257项，其中发明专利1023项；授权专利901项，其中发明专利685项。综合来看，近些年S大学的学术研究实力显著提高，科研影响力不断增强。

但与此同时，S大学还面临着诸多困境。第一，科研创新实力不强，学校科研总量不够大，承担重大项目、面向重大需求、解决重大问题的能力不强，高水平研究平台少，标志性原创成果少，科研产出类型较单一，基础研究和应用研究水平有待提高，整体科研实力不强。第二，协同创新能力不足，科研资源分散，资源整合不力，团队意识不够强，协同攻关意识淡薄，协同校内外资源能力不强，策划和承担重大科研项目的能力较弱。高水平科研队伍匮乏，科研队伍规模偏小，高层次科研创新团队、领军人才匮乏，优秀人才储备不够，人才断层现象严重。第三，科研管理和评价机制有待完善。科研管理和绩效评价考核

机制不健全，缺乏有效的分类管理、评价和激励机制，甚至出现了成果不愿意归纳、总结、申报等情况，激励科研创新的文化氛围尚未形成。而随着国家“双一流”建设的发展，科技和产业变革日新月异，激烈的竞争中学校科研如逆水行舟，不进则退。如何在激烈的科技竞争中占据优势，充分释放学术研究的潜力和活力，是学校学术治理不得不面对的问题。

随着社会法制建设的推进，“依法治教”在高校也逐步实施。S大学自合校后统筹发展以来，陆续发布了诸多关于学术治理的学校规章，初步形成了学校科研事项管理与治理的基本制度体系。如2014年印发《S大学学术道德行为规范及实施办法》，2015年印发《S大学自然科学研究项目、成果及平台分类与认定办法》《S大学学术委员会章程》《S大学学术委员会分委员会规程》，2016年印发《S大学纵向科研项目资金管理办法》《S大学科技项目管理办法》，2017年印发《S大学学术委员会及专门委员会委员行为规范》《S大学科研信息公开实施细则（试行）》等。

（二）S大学的学术治理相关机构设置与职权配置

S大学的科研项目管理按计划形式、合同形式和委托方式的特点分为纵向、横向和校内科研项目。纵向科研项目是指政府机构下达的科研项目，资金由政府部门提供；横向科研项目是指企事业单位、自然人委托的各类科技开发、科技服务、科技咨询、科学研究等方面的项目，以及政府部门通过非常规申报渠道下达的项目和学校科技成果转让、转化项目；校内科研项目是指学校批准立项资助的科研项目，资金由学校投入和中央高校基本科研业务费提供。

S大学设立的学术机构主要有学术委员会和学位评定委员会。S大学一共设有18个行政部门，其中与学术治理相关的学术机构有学术委员会办公室，行政部门有社会科学处（以下简称“社科处”）、科学技术处（以下简称“科技处”）、教务处、财务处、人事处、发展规划处、校地合作处、实验室与设备管理处、国有资产管理处九大部门。学校的学术研究也受到各学院的督导管理，如教育学部设置了学位评定委员会、学术委员会、部务委员会、教授委员会、教学指导委员会五大委员会，其工作事项均与学术事务息息相关。如图5-2-1所示，图示中箭头简单代表各个相关部门对学术事务影响力度的大小，影响力越大的部门所示箭头相对越粗。

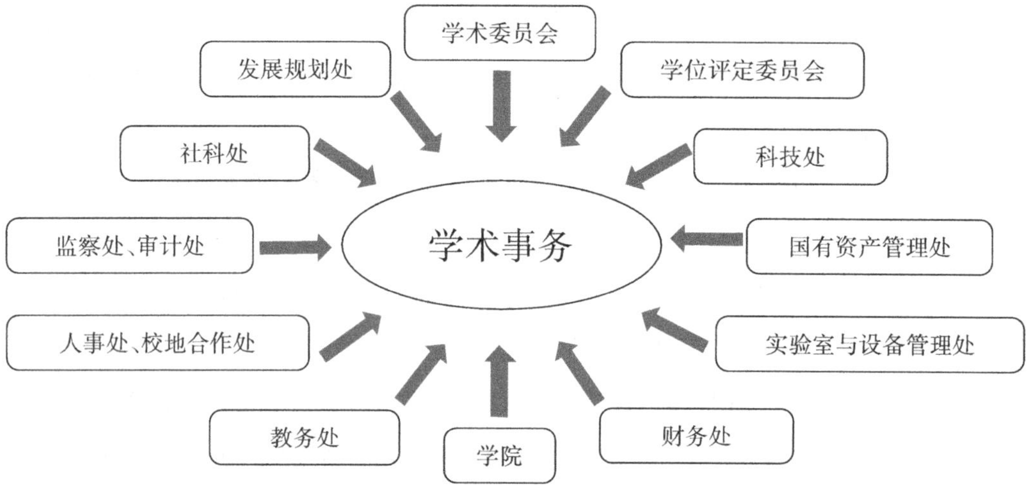

图5-2-1　S大学学术治理相关的机构部门示意图

其中，校学术委员会是S大学最高学术机构，统筹行使学术事务的决策、审议、评定和咨询等职权。校学术委员会设立办公室和学术道德建设办公室，挂靠在科研管理部门，负责处理学术委员会的日常事务。各学院（学部、校区、研究所、研究中心）根据需要设立相应的学术委员会，在本单位范围内相对独立开展工作。校学术委员会按不同学科下设马克思主义理论专业委员会、社会科学专业委员会等十个专业委员会[①]。校学术委员会的职责有：(1)审议科研发展规划、学科发展规划、师资队伍建设规划、学科与专业的设置、教学与科学研究计划等；(2)评审学校科研基金项目，评议学科建设重大项目的立项申请、中期检查和验收报告，评定重大教学和学术成果，评议和监督教学质量；(3)对外推荐优秀学术人才、科研项目、科研成果，推荐国内外重要学术组织的任职人选等；(4)接受学校委托对有关学科建设、人才培养、科学研究和队伍建设等重大事宜提出咨询意见；(5)指导、组织全校性学术交流活动；(6)指导、组织学术道德和学术规范的宣传教育活动，调查评议学术纠纷和学术不端行为，对涉及违纪违法者移交有关部门处理；(7)指导校学术委员会各专业委员会、学院（学部、校区、研究所、研究中心）学术委员会的工作。[②]校学术委员会委员的权利与义务：(1)获得有关学校建设与发展的信息；(2)出席学术委员会会议；(3)就学术委员会职责范围内的事项发表意见和建议；(4)就学术委员会职责范围内的事项进行审议或表决；(5)对会议讨论的具体内容和过程负有保密义务；(6)对技术秘密与商业秘密负有

① 校学术委员会按不同学科下设马克思主义理论专业委员会、社会科学专业委员会、人文科学专业委员会、艺术学专业委员会、教育学专业委员会、理学专业委员会、工学专业委员会、生命科学专业委员会、农学专业委员会、动物科学专业委员会等十个专业委员会。

② 资料来源于《S大学学术委员会章程》。

保密义务;(7)对学术委员会认为应当保密的其他事项负有保密义务。[①]需要说明的是,学位评定委员会是S大学(学位授予单位)设立的负责确认和批准学位申请人是否具有相应学位水平的内部机构,是学位授予单位中的管理机构[②],专门负责学校学术事务中的学位评定与授予工作。这一部分工作中,普通教师和学生都没有参与权限和参与必要,属于学校行政管理的一部分,不是学术可治理的范围。因而特此补充说明学位评定委员会的地位和职责,这也是在图5-2-2 S大学学术机构设置图中暂时没有设置学位评定委员会的原因。学位评定委员会的具体职权有通过学位获得者名单,依法作出授予或撤销学位的决定,研究和处理学位授予中的争议及其他有关事项,以及审定硕士、博士学位授予权的申报、设置和调整。S大学学术机构设置如图5-2-2所示。

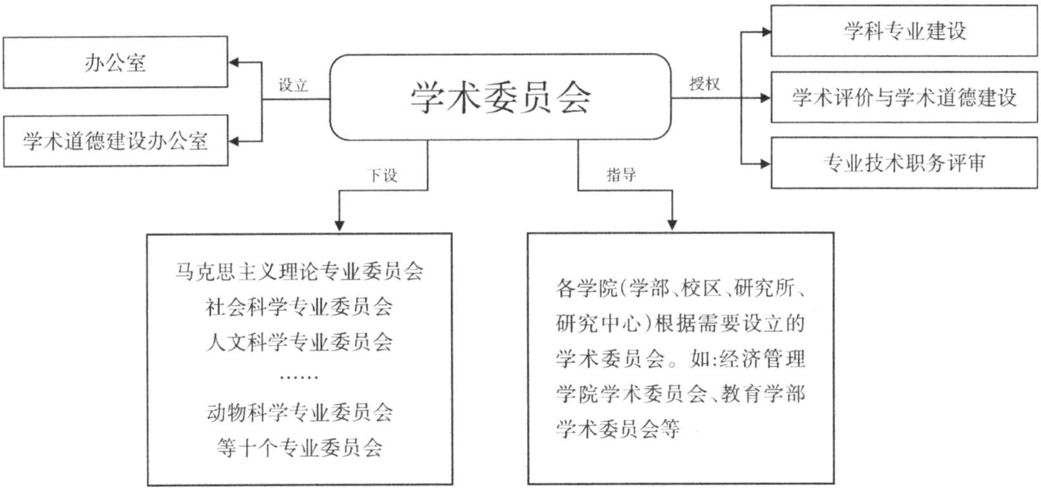

图5-2-2　S大学学术机构设置图

S大学的学术研究事项由科技处和社科处统筹,科研项目均实行学校、二级单位(院、部、所、中心)两级管理审查制下的项目负责人责任制,也就是校院(部)两级学术管理体系。其中,学校是承担项目经费使用和管理的责任主体,有关科技经费管理的重大问题应按照有关规定由学校党委常委会或校长办公会进行专题研究决定;科技处和社科处是学校行使管理自然科学类和人文社会科学类科研活动的职能部门,在分管校长领导下从事学校科技活动的管理,代表学校对外联系与沟通。二级单位的指定行政领导和科研秘书在科技处或社科处的指导下对本单位人员所承担的科研项目和科研信誉进行管理和监督,督导项目负责人完成项目合同和研究档案归档。S大学科研项目管理职权配置如图5-2-3所示。

① 资料来源于《S大学学术委员会章程》。

② 张德瑞.高校学位评定委员会的性质、地位与立法完善[J].学位与研究生教育,2009(1):48.

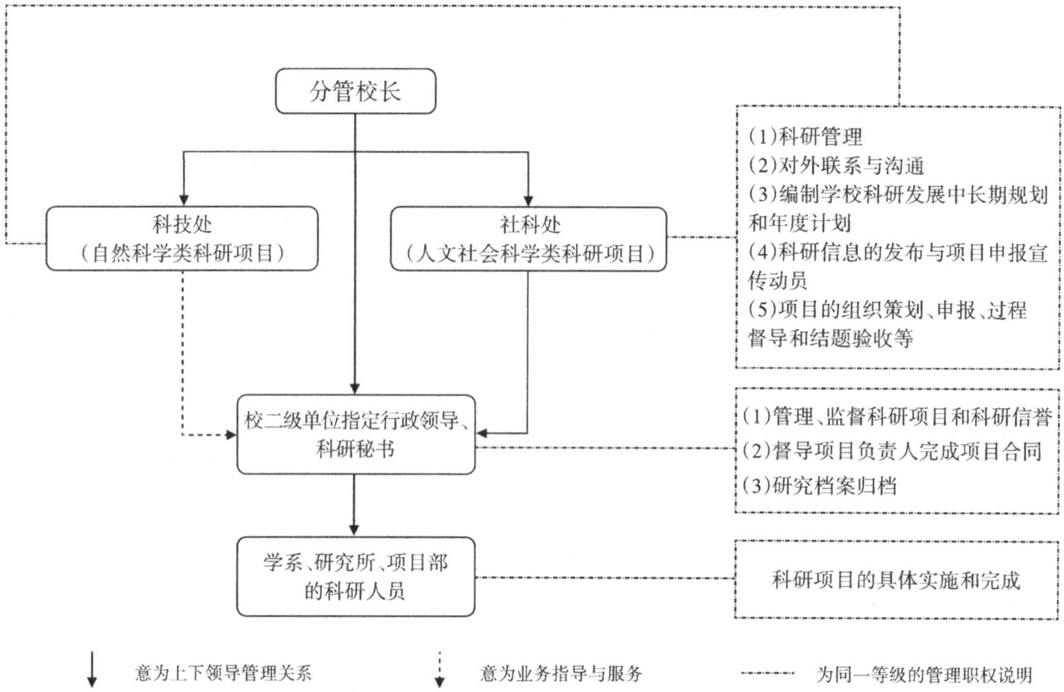

图5-2-3　S大学科研项目管理职权配置图

科技处和社科处的职能与工作范围详见表5-2-1。特别值得注意的是科技处下设的办公室中，有一个办公室叫科协办公室。“科协”是S大学科学技术协会的简称，据相关网页的介绍，科协是全校科技工作者的群众组织，也是校党委和校行政联系科技工作者的桥梁和纽带。科协办公室挂靠于科技处。科协职能有(1)开展学术交流、传播科学知识、开展青少年科学技术教育活动；(2)表彰奖励优秀科学技术工作者，开展科学论证咨询服务，提出政策建议，促进科学技术成果的转化，以及接受委托承担项目评估、成果鉴定，参与技术标准制定、专业技术资格评审和认证；(3)科技成果管理和知识产权保护以及科技平台建设管理。除了以上三点之外，尤其值得关注的是科协还具有反映科学技术工作者的建议、意见和诉求，维护科学技术工作者的合法权益这一职能。这是学校所有组织机构的职能与职责中，唯一提及的可以反映科研人员的建议、意见和诉求的组织平台，但具体的实施操作办法尚待进一步了解。而显而易见的是，几乎所有的组织设定出发点都是科研项目的管理与监督，与科研工作者自身的学术权利相关的组织仅仅只有科学技术协会，而科学技术协会只是自然科学范围内的。人文社会科学方面有社科联(社会科学界联合会)，社科联的主要领导由校领导兼任，所查到的相关资料有限，其具体性质和工作职责不详。

表5-2-1　科技处与社科处的职能与工作范围

部门	具体职能与工作范围	备注
科技处	(1)学校科技发展规划和管理办法的制定 (2)各类科技项目的组织与管理 (3)科技平台建设及管理 (4)创新团队及人才计划项目的组织与管理 (5)科技成果转化的组织与管理 (6)科技成果管理及知识产权保护 (7)自然科学领域的学术交流的协调组织	科技处下设综合办公室、科技计划办公室、基金项目办公室、科技平台建设办公室、专利及成果转化办公室、科协办公室和国防科技项目办公室
社科处	(1)编制人文社会科学科研中长期发展规划,制定相关研究管理工作规章 (2)负责论证、评估、建设、检查、调整、报批和管理文科科研机构 (3)组织申报、协助拓展社科项目并承担管理任务 (4)科研经费的建户、上账、分配、使用监督、年度结算与管理 (5)科研成果的收集、整理、统计、管理(含组织鉴定、认定)、归档 (6)建立专家库并推荐各类评审专家核定科研编制并考核科研工作量 (7)组织、指导、协调全校文科社团和人文社会科学学术交流活动 (8)维护与更新社科处人文社科在线资源,编辑和发行社科简报 (9)统计人文社会科学研究工作和科研档案建档管理	社科处下设综合办公室、重大科研成果推介宣传管理办公室、基地建设办公室

在校级其他与学术相关的部门中,教务处主要管理学校本科教学工作,涉及教师学术权利中的教育教学权,如教学方案设计权、课堂教学管理权、对学生的指导评价权、学生成绩评定权,以及学生的学习权利,如专业选择权、课程选择权、教师选择权、获得公正评价权。财务处负责项目资金的会计核算和财务管理,指导项目预算编制和决算编报,配合项目资金使用的检查等。国有资产管理处负责科研经费中资产的采购与管理。监察处、审计处对科研行为及科研经费的使用进行监督检查和审计。人事处、学院(部、所、中心)等部门与科研管理部门对科研人员的绩效考评事项有关。校地合作处负责科教合作、成果推广转化的组织管理,依托科教合作平台促进学校创新创业教育及科技创新,以及科教档案的管理、绩效考核等工作。实验室与设备管理处负责建立健全学校实验室与仪器设备管理制度,涉及科研实验、本科教学实验等与学术权利相关的事项。

(三)S大学学术治理中的学术权利有关规定

国家层面的法律体系中,对学术权利并没有直接作出明确的规定,只是在《宪法》《教育法》《教师法》《高等教育法》和《普通高等学校学生管理规定》中有所涉及,具体见第一章中我国现有法律法规对学术权利的相关界定部分的内容。S大学学术治理首先遵循的是国家法律法规的规定,然后是在法律法规许可的范围内再制定相应的规章制度进行自主管理。S大学治理中对于教师关于学术权利的有关规定主要是在《S大学章程》中。具体的规定和对应的学术权利如表5-2-2所示。同时,章程中对教师的义务也有所规定,与学术相关的有:(1)教师要忠诚于党和人民的教育事业,为人师表,教书育人;(2)遵守职业道德规范和学校规章制度;(3)尊重和爱护学生,维护学生的正当权益;(4)承担科研成果的学术责任。另外,《S大学教师本科教学规范》规定教师在教学过程中要严格执行教学计划,认真拟定教学方案,认真完成备课、课堂教学、辅导答疑、作业布置与批改、实验指导、实习指导、课程论文指导、毕业论文指导、课程考核等环节的教学任务。这既是教师进行教育教学的权利,也是教师的工作职责所在。显而易见的是,教师的学术权利和义务是相互联系的,有的学术权利内容也是教师的义务内容。相应地,S大学章程除了表5-2-2中学生学术权利的规定之外,对于学生与学术相关的义务也有规定,主要是要求学生完成规定学业,增强创新精神和实践能力,以及遵守《S大学规范学术道德行为实施细则》中规定的学术道德规范。

表5-2-2 S大学章程中关于学术权利的规定

权利主体	规定内容	权利关键词
教师	依据有关规定合理使用学校公共资源,公平获得自身发展的工作机会和条件	公平发展权
	依法自主开展科学研究、参加学术团体	学术自由权
	在德、能、勤、绩、廉等方面获得公正评价	学术评价权利
	知悉学校改革发展及关涉切身利益的重大事项	知情权
	参与学校民主管理、民主监督,对学校工作提出意见和建议	参与学术管理权、监督权、建议权
	享受法律法规及学校规定的劳动报酬、带薪休假和学术休假,享受与学校发展水平相适应的福利待遇、工作和生活条件	福利待遇受保障权
	对职务晋升、劳动报酬、福利待遇、评优评奖、纪律处分等事项提出异议或申诉	获得救济权
学生	参加学校教育教学计划安排的各项活动,使用学校提供的教育教学资源	学习权
	参加科学研究、社会服务等活动	研究权
	在思想品德、学业成绩等方面获得公正评价,完成学校规定学业后获得相应的学历证书、学位证书	获得公正评价权
	对学校给予的处分或处理有异议,向学校、教育行政部门提出申诉:对学校、教职员工侵犯其人身权、财产权等合法权益,提出申诉或依法提起诉讼	寻求权利救济权
	参与民主管理,知悉学校改革发展及关涉切身利益的重大事项,对学校工作提出意见和建议	参与民主管理权(建言献策权)

学术组织中的教师所具有的职责权利受到《S大学学术委员会章程》《S大学学术委员会及其专门委员会工作细则》《S大学学术委员会分委员会规程》等制度的授权,总体上学术组织授予教师的职责权利有:(1)学术发展知情权;(2)出席与组织会议权;(3)就职责范围内的事项发表意见和建议权;(4)就职责范围内的事项进行讨论、审议或表决权;(5)对本单位学术事务的监督权。

二、S大学学术治理中的学术权利实施现状考察

1.调查背景与样本基本状况

此处所采用的调查方法主要是问卷调查与半结构式专家访谈法。问卷调查根据调查对象的不同,设为教师卷和学生卷两种。由于缺少既定的被广泛使用的关于学术权利与学术治理的相关量表供参考,此研究使用的调查问卷以自主编制为主。问卷的编制是在广泛查阅相关理论和既有实证研究的基础上,借鉴同类或者近似测量工具的编制方法,将“学术权利”和“学术治理”的定义进行可操作化的界定,在具体明确二者需考察测量的总体范围之后,访谈了对“学术治理”与“学术权利”熟悉的专家,制定了清晰的编题计划,编制了初步的调查问卷。并且经过专家的建议进行了再次修改,对编制的问卷题项逐一检查后形成了最终所使用的调查问卷(参见附录十一和附录十二)。问卷编制的过程中多次请相关学科教师对问卷的合理性、科学性进行指导和审核,以确保问卷题项具有较高的内容效度和专家效度。

调查问卷由个人基本资料、学术权利现状和学术治理现状三部分组成,其中部分题目既包含个人学术权利现状又包含学术治理现状中的信息,为了便于表述并未严格分类,而是按照其倾向简单归为了二者中的某一类。学生的个人基本资料题项包括学生的性别、年级;教师的个人基本资料问及教师的性别、年龄、职称、是否在学术组织中担任或担任过职务。个人基本资料旨在了解调查对象与本文相关的背景。学术权利现状和学术治理现状旨在了解当下学术治理实际中的状况,包括存在的问题及影响因素、权利主体在学术治理中的参与以及学术权利的保障等方面情况。问卷根据对学术权利具体内涵的解析,将教师的学术权利细分为组建研究团队自由、选题自由等25个子维度,采用李克特五点量表法对学术权利大小分维度进行赋值测量,很小=1,较小=2,一般=3,较大=4,很大=5。客观来讲,每一项权利并非越大越好。因而需要特别说明的是,此处的“很大”选项是权利主体对于权利能够实现的理想状态,如果调查对象对某一权利的实现程度选择了“很大”,即意味着调查对象对于这一权利的实现状况非常满意,这一权利在实际中实现得比较充分。最终按照每一子维度的权利进行均值统计,均值越高说明这一项学术权利在实际科研或者学习过程中实现得越好。另外,学术权利现状和学术治理现状两个方面的题分散分布在问卷中,调查内容相近的题目最多不超过两个。具体问卷题项分布如表5-2-3所示。

表5-2-3 问卷结构与题项表

问卷类型	问卷结构	对应题目号	项目量
教师卷（总16题）	个人基本资料	1—4	4
	学术权利现状	5—10,16	7
	学术治理现状	11—15	5
学生卷（总17题）	个人基本资料	1,2	2
	学术权利现状	3—9,16,17	9
	学术治理现状	10—15	6

问卷调查对象的选择以随机抽样与方便抽样结合进行，再以电子问卷的方式发放。调查问卷学生卷在S大学的本科生和研究生中发放172份，有效问卷170份，有效率为98.8%。教师卷在S大学的教师中发放43份，有效问卷42份，有效率为97.7%。调查对象的基本情况如表5-2-4所示。

表5-2-4 问卷调查对象基本情况

调查对象	题项	类别	人数/人	百分比/%
教师	性别	男	26	61.90
		女	16	38.10
	年龄	≤30岁	0	0
		31—40岁	14	33.33
		41—50岁	16	38.10
		≥51岁	12	28.57
	职称	教授（研究员）	20	47.62
		副教授（副研究员）	10	23.81
		讲师	10	23.81
		助教	2	4.76
	是否担任或担任过职务	是	14	33.33
		否	28	66.67
学生	性别	男	28	16.47
		女	142	83.53
	学业阶段	本科	24	14.12
		研究生	146	85.88

对于访谈提纲的设计，借鉴了问卷编制过程中所形成的逻辑思路，针对问卷的局限性进行了题项补充与修正，结合访谈对象（教师、专家）的特殊性，设计了针对教育治理领域教师（专家）的半结构访谈提纲。为了提高访谈结果的研究效度，在选择访谈对象时充分考虑到了在学术治理的职能部门教师（专家）的学科、教龄等方面内容，选择存在差异的教师（专家）为访谈对象。另外，研究者在前期便与访谈对象建立了一定的联系，充分了解了访谈对象的背景信息，多方面搜集了相关资料，以确保准确把握访谈对象所阐述内容的真实性，并便于更好地理解访谈对象阐述的内容，从而提高研究的信度。综合考虑了从事科学研究、

对学术治理有一定的了解和研究、教龄等因素，选取了5名教师进行了深度访谈。其中男性教师4名，女性教师1名；31—40岁之间的教师1名，41—50岁教师3名，51岁及以上教师1名；讲师1名，副教授1名，教授3名；在学术组织中担任或担任过职务的教师2名。

2. 教师的学术权利现状

教师是享有学术权利的核心主体，教师学术权利实现的状况直接反映了学校学术治理效果的良莠。虽然问卷是由调查对象作出的主观判断，不一定与客观事实完全符合，但调查结果能从调查对象的第一视角直观勾勒事实的轮廓。超过一半的教师认为自身的学术权利只实现了一小部分，仅仅19.04%的教师认为自身的学术权利实现了大部分或者基本都实现了，如图5-2-4所示。由此可见，当下教师学术权利实现程度较低，与教师自身对学术权利实现的期望程度还有较大距离。

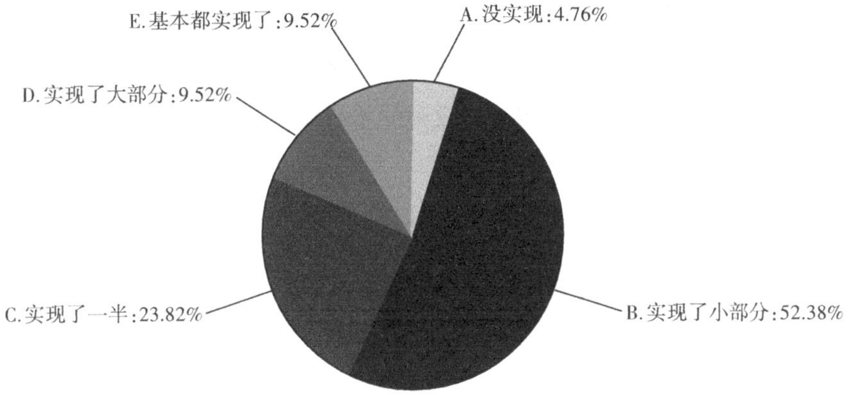

图5-2-4 教师学术权利的实现程度统计

总体来看，教师学术自由权利下的选题自由、学术研讨与交流自由，著作权中的发表权、署名权，以及对学生的学习成果评价权实现得相对充分一些。对教师在实际科研过程中学术权利的大小进一步划分子维度，并对各项权利的得分加总后取平均值后发现，在教师的学术权利的子维度下，实现得较好的学术权利有选题自由权、对学生的指导权、研究过程自由、学术研讨与交流自由、教学成果发表权、教学方法与手段决定权。实现得较不好的学术权利有组建研究团队自由、学术评价权利、言论与出版自由、学术权利的救济权、参与学术管理权和课程考核方式的选择权，其具体得分均值统计如表5-2-5所示。

表5-2-5 教师在实际科研过程中学术权利大小赋分后均值统计

较高得分项	选题自由	对学生的指导权	研究过程自由	学术研讨与交流自由	教学成果发表权	教学方法与手段决定权
得分均值	4.00	3.81	3.62	3.62	3.62	3.57
较低得分项	组建研究团队自由	学术评价权利	言论与出版自由	学术权利的救济权	参与学术管理权	课程考核方式的选择权
得分均值	3.05	3.05	2.86	2.71	2.67	2.62

显而易见的是，在最高分为5分的情况下，学术权利每一项子维度的得分普遍都不高，这说明教师在实际科研过程中学术权利并没有得到充分的实现，学术治理还有很大的进步空间。这与前文中超过一半的教师认为自身的学术权利只实现了一小部分的调查结果相互印证。这一情况也对后续学术治理的变革思路和方向提供了一定的事实依据，在进行学术治理制度设计、条件保障等顶层设计时，应当充分考虑到学术权利中每一项子维度的实现条件和状况，尤其是表格中那些较低得分项的权利，这样才能为教师充分实现自身的学术权利和激发学术研究潜力提供充分的保障。

就学校各项学术性质的委员会(如学术委员会、教授委员会等)对教师的学术权利实现的作用而言，约1/3的教师认为这些组织的作用一般，28.57%的教师认为作用较小，如图5-2-5所示。学术性质的委员会设置的目的是通过行使与学术相关事务的决策、审议、评定、咨询等职权来处理相关学术事务，虽然与教师学术权利实现的关系并不十分明确，但教师学术权利的实现在一定程度上应当由具有学术性质的委员会或者其他组织机构来促进或者保障。显而易见的是，目前保障教师学术权利实现的组织机构尚处于相对缺位的状态，组织机构的职能、功能还不够完善。

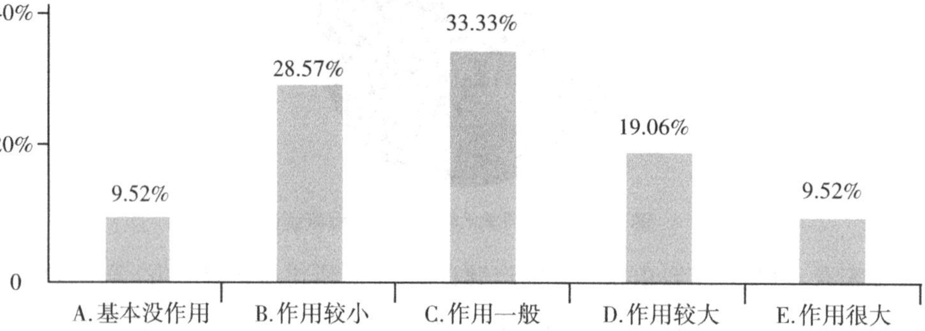

图5-2-5　学术性质的委员会对学术权利实现的作用统计

问卷中关于学校保障教师的学术权利方面(多选)，最受教师认可的保障措施是学校制定的规章制度有利于保护教师的学术权利，其次是学校营造了保障教师学术权利的工作氛围。制度是学校文化建设中的刚性文化，工作氛围是学校文化建设中的软文化，二者相互配合对于学术权利的保障共同有着重要意义。就统计数据来看，目前S大学对于营造保障教师学术权利的工作氛围略有不足，并且维护学术权利的组织机构和提供学术权利救济的途径明显不够。如图5-2-6所示。

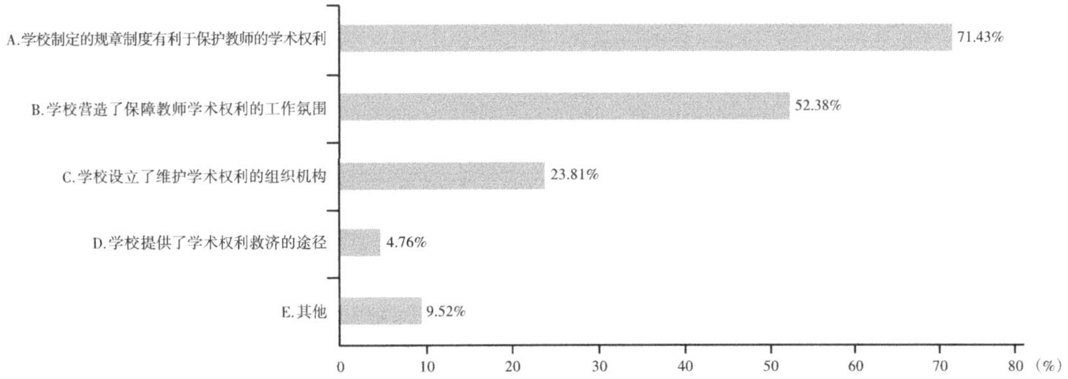

图5-2-5　学校保障教师学术权利的情况统计

3.学生在学术治理中的学术权利现状

学生对于国家和学校的各项政策制度中关于学生学术权利规定的了解程度如图5-2-7所示，超过一半的同学表示不大了解，18.82%的同学表示完全不知道，而选择一般了解和比较了解的同学仅有23.53%。由此可见，一方面，学生对自己学术权利的关注程度比较低，学术权利主体意识较弱；另一方面，国家相关政策制度和学校相关政策规定的宣传也有待进一步加强，政策规定的宣传可以促进学生对自身合理学术权利的了解，从而为自身学术权利的实现与救济提供基础。

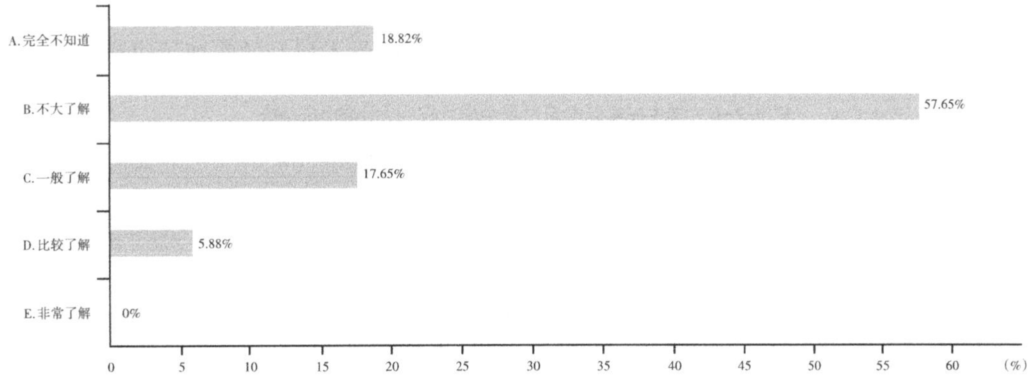

图5-2-7　学生对于国家和学校的各项政策制度中关于学生学术权利规定的了解程度统计

对于学生学术权利内涵的判断如图5-2-8所示。其中研究权利和学习权利被认可的比例最高，均达到了89.41%，其次是参与学术管理权利和自由发展权，学术权利的救济权被选择的最少，占比为45.88%。由此观之，学生认为学术权利最重要的是研究权利和学习权利，也最在意研究权利和学习权利，而对学术权利的救济权在意程度较低。可能原因一方面是学生对于救济权利的重要性认识不足，实际上救济权利也是权利实现的重要组成部分，尤其是当自身合理的学术权利实现受到限制或者侵害时，救济权利是学术权利最终能否实现的决定性因素。另一方面是学生认为自身权利受到侵害的概率相对较小，且接触到的情况相对有限。

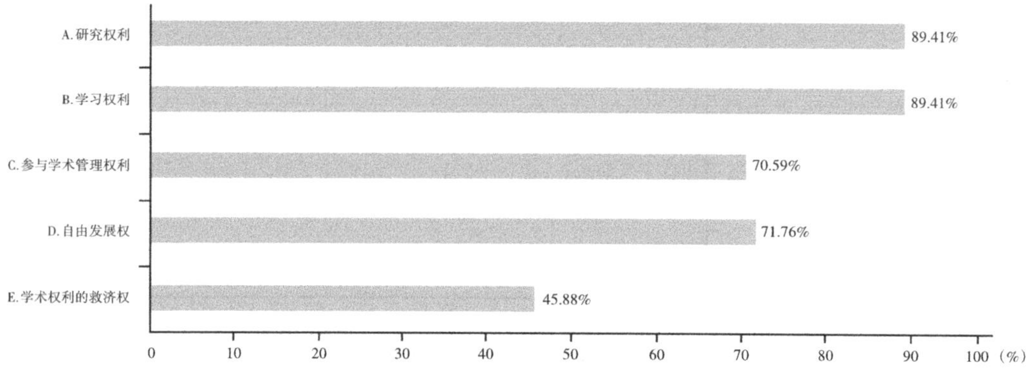

图5-2-8　学生对于自身学术权利内涵的判断统计

学生对于自身学术权利实现程度的判断，49.41%的学生认为实现程度一般，15.29%的学生认为基本实现了，34.12%的学生认为自身权利基本没实现或者大多没实现。可见学生认为自身的学术权利实现相对不足，还有很大的实现空间。与此相对应的，学术权利各项子权利维度在实际学习过程中的实现程度如表5-2-6所示，每一项子权利维度的得分均不高（最高分是5分），最高的是获得公正评价权（3.20），最低的是获得研究指导权（2.84）。由此说明，学生的学术权利普遍没有得到充分的实现，其中获得研究指导权、学术权利救济权、科技文化创新等活动的参与权、建言献策权和教师选择权的实现程度均较低。在学术治理的制度等顶层设计方面，应当对学生这些学术权利的实现予以充分关注。

表5-2-6　学生在实际学习过程中学术权利大小的均值统计

获得公正评价权	自由发展权	专业选择权	评议评价权	课程选择权
3.20	3.14	3.13	3.13	3.04
教师选择权	建言献策权	科技文化创新等活动的参与权	学术权利救济权	获得研究指导权
2.93	2.92	2.89	2.86	2.84

在学生的学术权利的保障方面如表5-2-7所示，89.4%的同学认为学校各项学术性质的委员会（如学术委员会、学位委员会、教授委员会等）对学术权利的实现起到的作用较小、作用一般或基本没作用。学生认可的学术权利保障措施有完善学校规章制度，增加学生参与学术治理的途径，完善国家政策法规，完善学生学术权利的救济途径。显而易见的是，在学生学术权利的保障上需要学校层面作出多方面的努力，例如完善学校的规章制度、增加学生参与学术治理的途径、完善学生学术权利的救济途径等。由此可见，学校对学生的学术权利的重视程度和实施有效的保障措施对于学生学术权利的保障具有至关重要的作用。

表5-2-7 学校各项学术性质的委员会对学生学术权利的实现的作用统计

效果	频率	百分比/%	有效百分比/%	累积百分比/%
基本没作用	36	21.2	21.2	21.2
作用较小	50	29.4	29.4	50.6
作用一般	66	38.8	38.8	89.4
作用较大	14	8.2	8.2	97.6
作用很大	4	2.4	2.4	100
合计	170	100	100	—

三、S大学学术治理中学术权利实现存在的问题与影响因素分析

综合问卷调查和专家访谈的结果,以及对于相关政策、制度及文本资料的搜集,现对S大学学术治理中学术权利实现存在的问题和影响因素作进一步分析。

(一)S高校学术治理中学术权利实现存在的问题

1.学术权利实现的程度不够充分

不管是教师在实际科研与教学过程中学术权利实现的状况,还是学生的学术权利实现状况,问卷调查结果都一致表明目前学术权利的实现不够充分。这种不充分主要表现在两方面,一方面是从教师群体和学生群体总体来看,每一项权利的实现程度都与权利主体预期差距大,实现情况距离理想状况还有一段距离。如表5-2-5和表5-2-6中呈现的结果,每一项权利平均值都相对偏小,目前没有一项权利得以充分实现。另一方面,对于权利主体来说,学术权利维度进一步划分下的子权利中的每一项并没有都实现,大多数调查对象在问卷中关于实际中学术权利大小的题项中的一项或者若干项子权利维度选择了"很小"。

2.学术权利容易受到侵犯

"天下熙熙,皆为利来;天下攘攘,皆为利往。"每个人都有自身的利益诉求,相较于个人的人身权、财产权等与个人利益密切相关的较为外显权利来说,学术权利相对处于边缘地位,是相对内隐的权利,因而比较容易受到侵犯。例如学术自由权利,学者具有学术研讨与交流自由权利,包括自主参与学术讨论、发表意见和进行学术辩论。某些相互对立的学术观点在讨论时容易引起双方情绪上的不满或者偏激,进而产生以暴力或者权力等方式打压或者限制对方观点表达的情况,被限制方由于权力小或者支持力量小等原因只能"偃旗息鼓",学术自由权就受到了侵害。而对某些更为具体的学术权利来说,从权利受到侵犯到察觉到自己的学术权利受到侵犯的时间间隔可能较长。如研究成果的发表权和署名权最容易受到侵犯,并且常常发生于师生之间和同学、朋友之间,发现侵权也可能较为滞后,并且常常伴随着学术不端现象一起发生。

3.缺乏合理合法的学术权利救济途径或者维权途径

在已有的大部分相关法律法规、制度中缺乏对于学术权利受到侵犯后进行权利救济的规定,仅在少部分文件中规定了部分事件中的权利维护与救济途径,例如《S大学学位论文作假行为处理实施细则》规定,对于学位论文作假事件处理决定不服的可以在接到处理决定书之日起5个工作日内依法向校学生申诉处理委员会提出书面申诉,或向S大学上级行政主管部门申请行政复议,或向人民法院提起行政诉讼。而对于涉及规定之外事件中学术权利受到侵害的情形,没有明确的制度规定或者机构组织对学术权利的进一步救济予以保障,也没有合理合法且可靠的寻求权利救济的方式。另外,就一般而言,学术权利属于个人私权,如果事件没有触及刑法,个人可以选择以经济补偿等方式弥补自己的学术权利受到侵害带来的损失,这种情形中被侵权的权利主体可以说是"心甘情愿"受到侵犯,就不需要一般规则意义上的权利救济。本书所指的权利救济或维权途径,只是针对个人的学术权利受到侵犯后,没有达成一致的约定,需要进一步诉诸组织程序(行政裁决、司法诉讼)进行权利的救济。学术权利救济途径和维权途径是实现权利的最后希望所在,对于权利的保障有着非常重要的意义。同时,权利主体认为学术权利受到了侵害是权利主体寻求权利救济的开端,只有权利主体自身有意愿维权,才有权利救济的后续发展。

4.学术事务治理(抑或管理)的公开度和透明度不够

学术研究和教育教学是大学安身立命的两大法宝,受到全校师生和社会广泛的关注。高校中的教师或多或少地承担着科研项目,并且学校对于教师的职务晋升、年度考核也有相关的科研成果考核指标。教师是学术治理中的第一参与人,对于学术事务理应拥有天然的发言权。而在实际调查中发现,不论是学生还是教师对于学校学术的发展状况、学术的相关管理规定、重大学术事件的详情以及与自身学术发展相关的条件等方面都难免有点含糊其辞。学术治理的话语权当下实际掌握在行政管理人员手中,并且公开程度和透明度很低,"普通老师"往往通过"道听途说"或者"捕风捉影"的方式略知一二,这样既不利于形成公平公开公正的学术治理文化氛围,也不利于没有直接参与学术管理的教师参与学术治理和发挥民主监督作用,在一定程度上影响学术权利主体关于学术发展知情权、学术事务民主监督权、建言献策权的实现。

5.个人社会关系在学术治理中的影响大,不利于学术权利的公平实现

"关系"在社会学意义上是中国社会特有的人际互动形式。在这种人际互动模式中,以关系的亲疏远近影响人行为中的价值判断和价值取向,容易使得私人情感影响公共领域,甚至以人情伦理来判断交往行为的是非和处事的正当性①,从而形成关系圈子来达到

① 张东向.管理阶梯理论[M].北京:企业管理出版社,2011:53-54.

互惠互利的效果。在具体学术治理中，就是个人的情感和关系远疏情况影响学者对于课题申报、学术成果发表、学术成果考核等方面的公平公正。

6.学术治理中行政权力大过学术权力（权利），多元主体参与不足，“管理”体制路径依赖明显

实际调查发现，学术治理中依然是以直线式的行政管理模式为主，管理权力负责上传下达。这也与教师H反映的状况不谋而合，“具体的有依据的事实应该是很难由普通老师掌握的”。治理体系中所要求的多元主体参与，学术权利的重要主体——教师自身的参与就十分有限，目前还处于一种被动管理的状态。另外，当行政权力与学术权利冲突时，学术权利主体往往只能“吃哑巴亏”，就此作罢。而学校中具有学术权力的组织（如学术委员会）只有审议、评定、咨询权限，没有实质权力，其对一般事项需要经会议讨论后形成决议并以会议纪要的形式公布执行。行政权力过大的另一个表现是科研经费的使用受到财务处、监察处、审计处、国有资产管理处、社科处或科技处等多部门的监管或者制约，如教师L所说的“报销手续简直太繁琐了”。科研活动本身就具有不确定性的特点，经费使用在现实中往往有无数种合理但不在制度规定范围内的情形。虽然对于经费的使用严格监管有利于保证经费使用的合理合法，但是对于项目责任人来说，受到的“管制”和约束太多，不利于发挥科研人员的自主性、能动性和激发科研人员的创新积极性。赋予科研人员更大的经费支配权，同时也意味着科研人员可以有更多的技术路线决策权和更广阔的创新研究空间。

（二）S大学学术治理中学术权利实现的影响因素分析

对问卷中开放式题目“您认为在学术治理中影响您学术权利实现的三个最主要的因素是什么？”的答案进行词频分析，得到词云图，如图5-2-9所示。其中教师学术权利实现的影响因素中行政、氛围、参与度等词出现的频率较高，学生学术权利实现的影响因素中学校、导师、政策等词的频率较高。

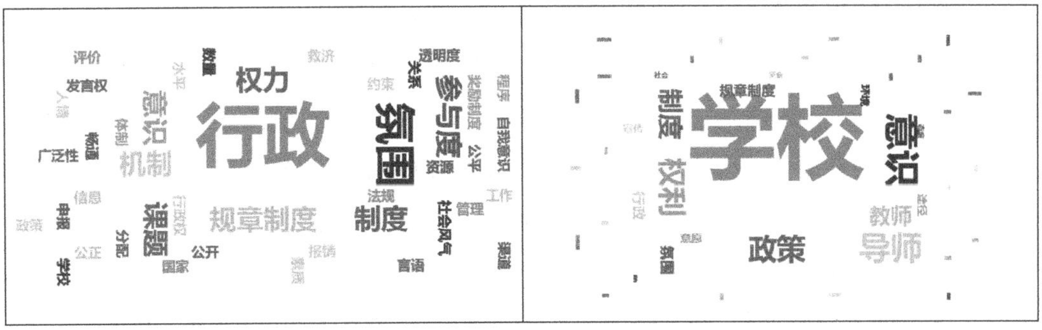

图5-2-9　学术治理中影响教师（左）与学生（右）学术权利实现的因素词云图

结合访谈得到的信息、搜集到的相关资料和笔者自身经验，将S高校学术治理中学术权利实现的影响因素归纳为学术权利主体所面临的外部环境因素和学术权利主体自身因素两大方面。具体分析如下。

1.学术权利主体所面临的外部环境因素

一是学术治理所依据的规章制度因素。现代社会的典型特征之一就是“法治”，具体到某一单位或者某一领域内的表现就是依据规章制度进行事务管理和运行。学术治理体系整体上包括学术治理的结构、过程和文化等多个层面的体制、机制以及制度安排。规章制度中蕴含体制机制和权利结构划分，是学术事务运行的书面指南，指南有瑕疵，运行必然有瑕疵。在现存的学术治理结构中，很多问题的产生都与现行的制度相关。一方面是现有制度设计不合理。如现有学术制度中对于相关参与主体的权利划分不合理以至于行政权力过大；制度中学术组织结构设计不合理，以至于产生诸多部门都可以管但学术权利主体参与不上或者参与较少的现象；现有制度设计不合理，在课题申请、经费使用等方面难以保证公平，不利于激发科研人员工作积极性。具体的案例如课题申报制度中对申请人资质的规定：“国家重大和重点课题申请人须具有正高级专业技术职称（职务）；国家一般课题申请人须具有副高级以上（含）专业技术职称（职务）或博士学位。”第一，资质一定程度上可以代表能力，但能力与资质并不完全是正相关关系；第二，教师的专业技术职称（职务）晋升的申报条件中又有对于主持项目的要求，如晋升教授需要主持A级纵向项目1项，这显然是带有不合理倾向的循环。另一方面是制度设计不完善，应该有所规定的细节却没有涉及。如：制度规定中缺乏学术研究主体参与机制的设置，导致某些具体的学术权利实现程度有限；制度中没有对学术权利救济的规定，使得学术权利受到侵犯后没有寻求救济的可靠途径；制度规定中缺乏对于公正公开和民主监督方面的考量，以至于在实际的学术治理过程中忽视了学术权利主体对于学术事务的知情权和民主监督权。教师L将影响自身学术权利实现的三个最主要的因素概括为：“工作忙，渠道少，言语轻。”这三点无一不受到制度的影响，制度因素在学术治理中扮演着至关重要的角色。

二是学术文化环境因素。“文化”一词含义广博，以至于有点虚无缥缈。但其实人的思想、行为活动无时无刻不受到文化环境的熏陶和影响。校园有“校园文化”，企业有“企业文化”，金融界有相应的“金融文化”，学术领域也有特殊的“学术研究文化”。不同的事务领域也有着各自的文化氛围。人既是文化的创造者，也是文化的作用对象。文化既包括既定规则下的“制度文化”，也包括潜藏在人们处事过程中的“关系文化”，还包括存在于人理想信念中的“精神文化”。在当下学术文化环境中，存在着一些与“真理是学术的追求”相违背的文化，这些文化左右着相关主体的行为，从而影响着学术权利的实现。另外，学术文化中的重要载体——论文,也存在行文结构僵化、观点重复等问题,文章的创新水平低下,对论文的考量方式也不够合理。例如教师Z说:“现在文章就是那种格式、结构接近于八股文,每回都弄查重,查重又没有多少依据。以前我们发的文章,基本上都是引别人的,引了古人的话再串起来,观点就出来了。最早的一些历史文章,大部分都是古书上面的。这种重复实际上就是史论结合的一种观点,这种重复不是剽窃,是研究。所以这种边界就很难确定。比如说查重复率,什么叫剽窃,边界怎么确定?”再者,期刊的文章发表要求和发表导向,一定程度上引领着学术的发展方向。期刊编辑X在一个小型会议上向大家透漏:“我们某某研究就倾向于发实证方面的论文,纯理论一般是很难被录用的,除非是专业‘大牛’的文章。”同学C说:“结合实证的量化研究文章普遍比质性研究、理论分析的文章更容易发表。”质性研究和基础理论研究的价值不如量化研究吗?背后隐藏的问题值得学术界深度反思,这也关乎发表权、研究成果被合理评议权等学术权利的实现问题。总之,学术文化环境时刻影响着学术治理中学术权利的实现,学术文化环境中的种种不合理现象亟待肃清,否则将阻碍学术的长远发展和高水平发展。

2.学术权利主体自身因素

一是学术权利主体自身实现权利需求和实现学术权利的意识,如“学术热情”“自我动机”。权利的重要意义是权利主体选择做与不做的自由,当权利主体有意愿去做这件事,并且外部环境对这件事有支持条件,才可以确认权利主体有这项权利。“权利”的出发点是权利主体自身有实现权利的意愿。因而对于学术权利来说,学术权利主体有选择是否实现自身学术权利的自由,重点关注的是当学术权利主体有实现自身权利的需求时,是否有支持学术权利顺利实现的外部条件。因此,对于学术权利的实现来说,第一影响因素就是学术权利主体自身对实现权利的需求,自身想不想实现学术权利、要不要实现学术权利,是对权利实现状况评估的起点。一般来讲,不管权利主体是教师还是学生,在工作考核或者学业要求中都有实现学术权利的需要。但具体到个人来说,个人的学术发展追求不同,实现学术权利的需求大小就有所差异,如教学为主型教师的学术权利需求一般会小于教学科研型教师。相应地,不同权利主体的学术权利实现意识也会有所不同。学术权利实现意识比较高的主体,会主动争取学术权利的充分实现,甚至当自身的学术权利受到侵犯时会寻求权利的救济,从而维护自身合理的学术权利。

二是学术权利主体的个人能力。问卷调查反馈的结果表明,在当下的学术治理中,学术权利的实现除了受到自身实现权利需求和实现学术权利意识的影响之外,还受到个人能力的影响。这种个人能力主要包括个人的研究水平、个人的影响力、个人的社会关系。显而易见,权利主体的研究水平越高,在所研究领域的话语权就越大,“说话越有分量”,也就越利于权利主体自身学术权利的实现。如果某一主体凭借某种个人魅力在学校具有较大的影响力，或者拥有较好的社会关系，即具有实现自身权利的某种优越条件，会更有利于学术权利的实现。如学生L将最重要的三个影响因素归结为“导师、自己、同门”，就是个人社会关系影响自身学术权利实现的体现。对于学生学术权利实现的影响因素，不少调查对象提出的“学术能力”“人微言轻”“自身实力”等词均是个人能力方面的影响因素。

第三节　学术治理中的权利配置模式建构

一、学术治理中的多元权利主体

利益相关者理论源于西方经济学家对公司治理的研究，最早出现在1963年斯坦福大学一个研究小组(SRI)的内部文稿中，指那些没有组织支持就无法生存的群体，包括股东、雇员、顾客、供货商、债权人等。瑞安曼、安索夫、弗里曼、布莱尔和多纳德逊等学者逐步将这一观点发展完善，演化出了一个完整而独立的理论分析框架。1984年，美国经济学家弗里曼在《战略管理：利益相关者方法》中指出利益相关者是“那些能够影响企业目标实现，或者能够被企业实现目标的过程影响的任何个人和群体”。这对利益相关者的范围作出了一个大致的概括，同时也界定得相当广泛。按着这个理解，企业的利益相关者不仅有股东、债权人、雇员、供应商、顾客等直接同企业具有联系的主体，还有公众、社区、环境、媒体等有可能产生或大或小影响的主体。在利益相关者理论的影响下，企业管理中传统的股东至上的理念被打破，受到关注的利益主体范围从股东扩大到企业之外的主体。

随着利益相关者理论的深化发展，这一理论的应用走出了企业管理领域，拓展到了社会管理、治理的方方面面，如从利益相关者视角研究高校综合改革、新型职业农民培育、智慧社区运营管理等。利益相关者理论使得人们从常规管理事项中拓展开来，不仅仅关注管理事项本身，还关注相关的其他方面的利益，以实现多元利益主体的利益最大化，从而使得管理事项本身良好地发展或者提高管理效率。不过要照顾到的利益主体越多，个别关键主体的利益便会受到一定程度的损害，因而这一理论也受到了批判。也有学者对应地提出了核心利益相关者予以弥补的观点。[①]

在大学的学术治理中，充分考虑到相关利益主体应有的学术权利和学术利益，可以促进学术研究力量的雄厚和研究队伍的壮大，从而推动学术治理的优化。在利益相关者理

① 王唤明，江若尘．利益相关者理论综述研究[J].经济问题探索，2007(04)：13.

论指导下的学术治理理应尽可能多地考虑到利益相关者的权益，从而促使学术治理中各利益主体共同参与决策，使得不同主体间的利益诉求在治理机制中得以充分表达的基础上，相互协调和均衡，最终达到不同主体的利益最大程度的协调和实现，从而促使学术治理达到善治局面。由此来看，对于学术治理中利益相关者的确立和重要程度划分是治理需要解决的首要问题。综合国内外已有的关于高等学校利益相关者的研究，并结合学术治理的特殊性，按照不同主体利益的相关程度可以将学术治理中的利益相关者划分为核心利益相关者、次级核心利益相关者、一般利益相关者和弱利益相关者四类，具体分析如下。

核心利益相关者主要是学术权利主体——教师和学生，具体包括专家学者、不同职称级别的教师，高校的本科生、硕士研究生和博士研究生。学术权利是其最为关键的权利，学术权利的实现引致的利益既涵盖物质利益，也涵盖精神利益。比如将科研专利投入实际的经济生产中而获得经济收入，科研成果获得奖项带来的荣誉使人获得精神上的满足，这也体现为学术权利中的学术成果获益权。次级核心利益相关者是指除了直接进行学术研究的人员（教师和学生）之外的重要主体——科研经费提供者，如科研项目中的合作企业、政府部门或者事业单位。次级核心利益相关者在学术治理中虽然没有直接的学术权利，但其对学术成果的需求和提供完成学术研究的物质条件，无疑是学术研究的重要动力，在学术治理中有着相当重要的影响力和话语权。一般利益相关者是学术研究活动之外的相关人员，如有关学术管理部门的行政人员，例如社科处行政人员、财务处行政人员、教务处行政人员等，此外还包括学生家长。一般利益相关者没有直接参与学术研究，但学术的善治离不开其工作职责所在。弱利益相关者是学术治理中最边缘的一部分利益相关者，有校友、社区、其他大学、一般用人单位、后勤服务人员等。将多元主体纳入到学术治理的主体范围内，充分考虑到不同主体的利益和权利，是治理的核心要义。借鉴李维安、王世权对大学利益相关者的划分方式，对学术治理中的利益相关者及其利益诉求和利益实现方式做了进一步归纳分析，具体分析结果如表5-3-1所示。各利益相关主体都有着各自不同的主要利益诉求和利益实现的方式，这是由各主体自身的位置、社会属性、功能作用所决定的。不同利益相关者各自的主要利益诉求之间并不是完全分离的，也会存在部分的重合或者交叉。利益实现方式有很多共同之处，如“法律法规”“社会舆论”“沟通协调”等，均是现代社会民主、公正、法治特征的体现。

表5-3-1 学术治理中利益相关者的利益诉求及利益的实现方式

利益相关者分类	利益相关者	主要利益诉求	利益的主要实现方式
核心利益相关者	教师	报酬与福利待遇 进行学术研究 学术声誉的提升 学术或行政职务的晋升	法律法规 校规章制度 沟通调解
	学生	个人学识与能力的提升 发展与就业 良好的学习环境 雄厚的师资力量	校规章制度 沟通协调 学生组织
次级核心利益相关者	政府	政治利益 人才的培养 科技创新(高质量的科研成果) 社会科技水平的提高	政策动向 立法限制 合同要求 资助额度
	涉科研企事业单位	高质量毕业生 产学研合作 高质量的科研成果	社会舆论 法律法规 合同要求 资助额度
一般利益相关者	行政管理人员	工资福利的提高 职位晋升 控制权的扩大	优先求偿 法律法规
	家长	学生的知识与能力增长 学生就业	沟通协调 社会舆论
弱利益相关者	后勤服务人员	工资福利 能力的肯定 较好的服务形象	学校规章 协商调解
	校友	校友资源 母校支持	校友会协作 对母校捐赠
	社区	拉动消费 社区形象提升	沟通协调 社会舆论 法律法规
	其他大学	校际合作 校际交流	沟通协调 校际联盟 合作约定
	一般用人单位	高质量毕业生 研究成果应用	社会舆论 用人反馈 法律法规

二、学术治理中的权利配置目标:学术权利的制衡与均衡

不管是权利还是权力,如果没有制约,就会肆意扩张产生负面影响。对于学术权利而言,在保障学术权利的同时,也需要加以一定的制约或者权利边界,实现不同权利之间、不同权利主体之间的均衡。具体而言,学术治理中学术权利的制衡与均衡,一是学术权利与

学术权力之间的均衡,二是学术权利的两大主体教师与学生的权利均衡。需要说明的是,这种均衡不是平均的均,而是处于充分保护核心利益相关者权利的目的进行加权后的均衡。

(一)学术权利与学术权力之间的均衡

学术权利与学术权力的关系可以从权利与权力的关系中得到一些启示。借鉴权利本位理论来看,法以(应当以)权利为其起点、轴心或重心①,既反对义务本位,也反对权力本位。“在权利和权力的关系上,公民、法人、团体等权利主体的权利是国家政治权力配置和运作的目的和界限,即国家政治权力的配置和运作,只有为了保障主体权利的实现,协调权利之间的冲突,制止权利之间的互相侵犯,维护权利平衡,才是合法的和正当的”;“权利主体在行使其权利的过程中,只受法律所规定的限制,而确定这种限制的唯一目的在于保证对其他主体的权利给以应有的同样的承认、尊重和保护,以创造一个尽可能使所有主体的权利都得以实现的自由而公平的法律秩序。”②市民社会的有关理论也为权利与权力的关系提供了一定的借鉴。从市民社会的角度看,国家教育权更多属于政治国家的权利(或权力),其权力来源于(至少是理论上来源于)国民通过契约方式让渡形成的权力中心,这个权力中心就是国家的政府(包括行政、立法和司法机构)。③广义的角度来看权利包括权力,权力是权利的一种特殊形式。由此类推,学术权利与学术权力的关系是,学术权利包括学术权力,并且学术权力是学术权利通过一定的契约方式让渡而形成的组织权力。这种契约方式可能是主体之间默认形成的心理契约,也可能为聘任合同等书面契约。

进一步来看,学术权利的主体是社会中的具体个体,是从学术研究中的参与主体来看的,表现为个人权利,强调个体的利益。而学术权力更多地指的是群体权力,也表现为组织权力,强调组织的利益或者公共利益。个人的学术权利与组织的学术权力所代表的利益取向并非完全一致,在某些情况下就容易发生冲突,例如学校的学术委员会在对学术不端行为、学术争议等学术个案进行认定与处理时,相对于组织的学术权力来说,个人的学术权利分量弱小且易受到侵害,就容易出现学术权力凌驾于学术权利之上的现象,以致学术权利与学术权力之间的失衡。

学术治理是一个涉及多元主体、多种权利、多种利益交杂的复杂事项,要通过权利配置实现良好的学术治理,首先要实现的目标就是实现个人的学术权利与组织的学术权力(权利)均衡配置,避免个人的学术权利被不当侵害,以更好地促使学术研究中的主体充分实现个人的学术权利。学术权利与学术权力的均衡是两者出现矛盾时相互制衡所达到的

① 张文显.从义务本位到权利本位是法的发展规律[J].社会科学战线,1990(3):135.

② 张文显.从义务本位到权利本位是法的发展规律[J].社会科学战线,1990(3):135.

③ 劳凯声.变革社会中的教育权与受教育权[M].北京:教育科学出版社,2003:142.

最佳状态,在保障个体的学术权利与相关利益不受侵害的同时,学术权力所代表的组织利益、集体利益或者公共利益也适当地实现最大化,从而达到两者协调共赢的局面。这一均衡目标的基本思想是基于学术权利与学术权力的逻辑联系而产生的“以权利制约权力”,需要有可靠的法治现实基础和强烈的权利主体意识。

学术权利与学术权力之间的均衡是有效制衡机制的作用结果,不同的权利主体及权利内容之间相互影响、相互监督。学术权力对学术权利的制约,体现为学术组织或者群体力量对个人权利行使的约束和监督。详细来讲,当个人学术权利行使不当时,学术组织便以组织工作职责和职权来行使学术权力。如学术研究者有引用他人研究成果的权利,但在引用时没有规范引用和注释,产生了抄袭、剽窃甚至侵吞他人学术成果的学术不端现象,此时校学术委员会等机构部门便有权进行相关调查和认定。而学术权利对学术权力的制约,更多地体现为个人对组织权力运行的监督和建议,以及当个人学术权利受到侵害时勇敢地以法制作为制约权力的工具。学术治理中的权利配置的目标,不仅要有学术权利与学术权力相互监督的长效机制来促进长效均衡,还应当有失衡时的“急救”保底措施。

(二)教师与学生之间的权利均衡

学术治理中学术权利配置还应考虑到不同权利主体各自的权利内容的关系。不同权利主体之间的权利内容是相互联系的,对于在学术治理中的两大学术权利主体教师和学生来说,导师和学生之间的学术权利联系更为密切。某些教师学术权利的实现可能和学生的学术权利实现相一致;但部分权利也可能是相互冲突、相互矛盾的,一方权利的实现可能会对另一方学术权利的实现产生负面影响,进而影响到学术治理的效率和质量。在学术治理中,为了使得双方的学术权利更充分地实现,就需要考虑到二者的权利内容之间的关联,明确不同权利主体之间相互冲突的部分权利界限,从而实现教师和学生学术权利之间的均衡。教师与学生之间的权利内容均衡是学术权利配置的目标之一。

在具体的学术权利内容中,教师的教育教学权与学生的学习权利关系最为密切,其次便是教师组建研究团队自由权和学生的科技文化创新等活动的参与权。进一步来看,在学生的学习权利中,专业选择权、课程选择权、教师选择权、获得公正评价权对应着教师的教学方案设计权、对学生的指导权、学生学习成果评价权等若干权利,这些权利内容具有很强的互动性和融合性,可能处于和谐一致的均衡状态也可能处于冲突对立的矛盾状态。例如,教师对学生的课程进行成绩评定,所给的评价和分数公正合理,这时教师的成绩评定权与学生的获得公正评价权就得到了实现,处于一种均衡状态。而当学生认为教师所给的评价过低或者过高并积极主张修改时,便对教师的成绩评定权产生了一定的影响,一定程度上形成了教师的成绩评定权与学生的获得公正评价权的对立。不论教师对已经给定的成绩是否有后续的修改，都难以衡量教师的成绩评定权是否在主观上得到了充分实现。而教师不积极履行成绩评定权，不对学生的成绩及时评价，教师的成绩评定权便影响到学生的获得公正评价权，学生理应提出主张促使其自身权利的实现。

一般意义上，教师对学生的学习成绩和科研参与机会具有较大影响，学生的学术权利往往处于弱势地位。从这个层面上来看，在学术治理中，对于教师和学生的学术权利内容上均衡设置，有利于防止某一主体的权利扩大、滥用或者不用，促进学术事务的合理有序高效运行。因而，教师与学生之间的权利内容相互联系、相互制约形成一种权利均衡是学术治理中权利配置的目标之一。这一均衡目标的基本思路是"以权利制约权利"，这不是事后的处理，而是处于治理过程中的制约，不同主体间的权利"志同道合"或者"此消彼长"，时刻牵制着相关主体的自身利益，从而达到监督、约束、协调的作用。

三、多元主体权利配置的原则与方法

学术治理中，学术权利的主体是教师和学生，还涉及其他多元利益主体。要完善学术治理必然需要考虑到不同主体之间的权利配置。而如何合理有效地配置不同主体之间的权利呢？首先需要明确的是权利配置的原则和方法。

（一）多元主体权利配置原则

学术治理既需要对治理机制和治理结构具有较强约束力的制度规定，也需要与实际状况相协调、具有非约束性、指导性的权利配置实践原则。学术治理中的各主体权利配置原则是改善学术治理的标准与方针，也是学术治理实践层次的指导原则。可以帮助高校对有关学术治理的制度和行为进行评估、反思与改进，对不同权利主体的行为提出指导和建议。

1.学术治理中各主体权利配置要遵循法治原则

一是学术治理中的权利配置要在国家法律授权或者许可的范围内，符合已有法律法规规范，这是法律强制性的要求，也是法治社会的必然选择。《教育法》《高等教育法》等学术相关的法律体系日臻完善，不仅是学术治理中相关权利来源的法律依据，也是对权利提供保障的法律依据。在进行各主体权利配置时，需要厘清不同权利主体之间的法律关系，尊重权利主体的法律地位，在法律许可的范围内优化权利配置。二是学术治理中的权利配置与完善学校的学术治理制度相结合，通过规章制度规范权利和学术治理，可以有效减少关系治理和"人治"现象，提高学术治理的科学性、合理性和有效性。学术治理中各主体权利配置要遵循法治原则，也是"依法治校"的基本要求。

2.学术治理中各主体权利配置要遵循民主原则

治理的关键在于多元主体参与的平等协商，各主体的权利配置必然也需要体现这一要义。如果各主体的权利配置不是由多元主体参与，而是某单一主体独立决断，则偏离了“治理”的出发点，结果也可能偏向于某一特定主体的权利而影响到治理效果，有悖于“治理”的落脚点。通过民主的形式，让利益相关者形成学术治理的利益相关者合作网络，构建学术治理中的合作伙伴关系，充分参与到权利配置的全过程，使各主体的意见得以充分表达，进而使得学术治理在事实上民主合作共治，推进学术治理有效实现。从世界一流大学治理的实践来看，一个基本的规律是：相较极端的“单一化治理权独断”而言，治理的民主性更容易实现“治理和谐”，也会使大学的各项决策更加科学，实现大学品质的提升。①

3.学术治理中各主体权利配置要遵循动态发展性原则

事物总是处于不断发展变化中，在知识经济时代科学技术日新月异，变化发展的速度加快。学术治理是动态的过程，不同主体权利配置需要坚持动态发展性这一原则，时时审视当下的制度设计和权利配置是否合理，从而及时更新调整权利配置状况，降低制度的路径依赖程度，减少路径依赖的负面影响。只有坚持动态发展性原则，才能及时顺应时代变化，增强制度的针对性、时效性，以更好地配置不同主体的权利，促进学术治理的完善。

4.学术治理中各主体权利配置要以利于学术发展为基本原则，坚持以学术发展为中心

在学术治理中，多元权利主体中的各主体都有自己的利益取向，同时也就有着不同的权利内容和权利大小。在进行权利配置时既要符合高等教育发展的特点，也要符合学术发展的要求，还要考虑到各主体的利益。在诸多需要满足的条件中，学术治理中的权利配置首先应当有利于促进学术的发展，尊重学术发展规律，促进学术权利的实现。

（二）多元主体权利配置的方法

多元主体权利配置需要考虑到大学这一组织的特殊性和学术事务这一对象的特殊性。对于大学组织的特点，比较有代表性的观点是大学组织是“松散结合的系统”，其内部存在着“有组织的无序状态”②。而学术活动具有高度专业化的特征，教师的教学和研究、学生的学习都带有相对的自主性，他们不大欢迎非专业人员在自己归属的专业领域所从事的各项活动上指手划脚。③所以，学术治理中配置权利时，要充分尊重学术活动中核心利益相关者（教师和学生）的学术权利，同时兼顾其他利益相关者的权利。在此基础上，笔者认为多元主体权利配置的方法，一是在教授治校背景下的专家决策法，二是充分尊重利

① 李维安，王世权．大学治理[M]．北京：机械工业出版社，2013：168.

② 阎光才．识读大学：组织文化的视角[M]．北京：北京教育科学出版社，2002：90.

③ 阎光才．大学组织的管理特征探析[J]．高等教育研究，2000(4)：55.

益相关主体意见的民主协商法。这两种方法有机结合，才能既保障学术发展，又照顾到不同主体自身合理的利益追求。

1.教授治校背景下的专家决策法

从中世纪以来就有“教授治校”的传统，即由教师这一主体来决定学校的学术事务，诸如课程设置、教师聘用、学位授予等；在行政方面部分教师也作为学校的行政组织人员参加学校重大问题的决议。有学者指出：“教授所从事的工作是复杂的、创造性的工作，在大学治理模式下，多种利益主体参与到大学管理中，只有重视教授的作用，真正调动教授的积极性，使其投身于学术领域改革的实践和探索中，才能保障大学学术的顺利开展。”①因而在学术治理中多元主体的权利配置，由专家重点参与，是学术权利的有效配置和尊重学术发展规律的重要保障。具体而言，一是要坚持教授治校，把学校关于学术事务的决策权利交给教授组成的学术组织，学校层面的重大决策交由董事会和校长领导下的行政系统；二是学术权利配置由专家学者讨论商议决定，充分尊重学术研究主体——教授的发言权和专业观点。

2.充分尊重利益相关主体意见的民主协商法

哈贝马斯“商谈的民主理论”揭示了民主的重要性，若这部法律是由“自己”来制定的话，“自己”必然因为那是“自己”参与制定的法律而不能拒绝遵守这部法律的规定。在学术治理中采用民主协商法，让利益相关者都参与到权利配置上来，充分发表各利益相关主体的意见，交流沟通之后获得最终的配置方案，不仅可以保证不同利益相关者对权利配置结果的认同度，还能促进对权利配置结果的理解，激发参与学术治理的积极性，从而保证权利的有效运行。公共理性之所以能够成为一种普遍的理性，不是依靠某种形式的理想假设或外在的权威，而只能是通过公共对话，在相互沟通的基础上达成共享性的理解。民主协商法，也是充分发挥公共理性的重要途径。民主协商意味着学术治理相关成员应当并且能够参与学术治理的对话与讨论，对权利配置的合理性及其变革发表带有自身明确立场的意见和建议，以对现行的制度和替代性制度的正当性作出合乎理性的应答。

四、各主体的权利内容与权利运行

（一）各主体的权利内容配置

学术治理中具体关涉学术组织、职能部门、党群组织和后勤部门四类主要主体，其中每一类主体的价值追求都有所差异。职能部门、党群组织的管理人员倾向于秩序与效率；教学科研人员倾向于差异与创造，认为应该自己决定教学、科研工作，具有工作的决定权与主宰权；后勤服务人员则往往追求服务利益的最大化②。而按照利益相关者理论来看，

① 郭智．大学治理视野下学术的开展研究[D]．太原：山西大学，2012：21.

② 李海萍．大学学术权力现状研究[D]．长沙：湖南师范大学，2010：163.

学术治理的利益相关者因其利益诉求的不同，所享有的权利也就不一样，甚至在不同主体之间可能发生冲突和对立。结合S大学的个案经验来看，各利益相关主体的利益诉求和权利内容如表5-3-2所示。并且从理论上考虑到各利益相关主体的价值追求不同，权利内容也有所差异。需要说明的是，本书只是基于当下学术治理中的权利实现事实、法律法规的规定以及民主治理的理念对权利内容作了分析，仅为“参考答案”，不乏有其局限性所在。现实中的学术治理实际状况不同，也会有不同的但合理的权利内容。权利内容配置还需要遵循如专家决策法、民主协商法等科学合理的方法，密切结合现实仔细考量，只有匹配实际情况的“参考答案”才是“最佳答案”。学术治理中利益相关主体的权利内容配置仅仅能为实际治理提供一定的参考。其中学术权利是教师和学生最为首要的权利内容，在进行配置时需要加大考虑的权重，并且关注到权利的保障和救济。其余的权利内容之间相互联系相互影响，是学术治理中权利配置不可忽视的部分。

表5-3-2　学术治理中利益相关主体的权利内容配置

利益相关者	主要利益诉求	价值追求	权利内容
教师	工资福利 进行学术研究 学术声誉的提升 职称晋升	学术价值 经济价值 社会价值 个人的自我实现	学术权利 参与学校治理权利等
学生	个人学识与能力的提升 发展与就业 良好的学习环境 雄厚的师资力量	较为多元	学术权利 参与学校治理权利等
政府	政治利益 人才的培养 科技创新（高质量的科研成果） 社会科技水平的提高	公正 稳定 效率	监督权 合同约定权 资助研究成果获益权
涉科研企业	高质量毕业生 产学研合作 高质量的科研成果	经济利益最大化	合同约定权 研究过程监督权 合作研究成果获益权
行政管理人员	工资福利的提高 职位晋升 控制权的扩大	秩序与效率	职务权利
家长	子女的知识与能力增长 子女就业	子女的发展	监督权 建议权
后勤服务人员	工资福利 能力的肯定 较好的服务形象	服务利益的最大化	服务权
校友	校友资源 母校支持	个人价值的实现 经济利益	监督权 建议权

续表

利益相关者	主要利益诉求	价值追求	权利内容
社区	拉动消费 社区形象提升	教育社会化 社会教育化	舆论监督权
其他大学	校际合作 校际交流	合作发展	舆论监督权 合作交流权
一般用人单位	高质量毕业生 研究成果应用	经济效益 组织效益	舆论监督权

（二）多元主体的权利实现

在实际的学术治理中，涉及多元主体的多元权利，诸多权利相互协调又相互影响。抛开权利的行使谈权利，不论权利是大是小，没有在实际运行中实现的权利都等于没有权利。学术治理中的权利运行处于学校的制度性场域之中，该场域的内部结构和运行具体表现为权力之间的关系，权利的实现时刻处在与权力的互动之中。因而学术治理中的除了学术权利之外的一般权利实现模式遵从“权力”实现的科层制模式，学术权利遵从独立行使模式，具体权利的实现途径有会议制度、日常工作和向监督平台反馈三种。

从学术权利的实现模式来看，除学术权利之外的一般权利是在学校制度的规定下，上级学术组织与其下属的基层学术组织形成了管理与被管理、领导与被领导的科层化组织形式，带着自上而下的行政色彩，类似于官僚化管理模式。例如社科处的组织形式、校级学术委员会与院级学术委员会、校级学术委员会与专门学术委员会。科层制模式已成为当今社会最为普遍的组织形式。马克思·韦伯指出，科层组织类型的管理组织是已知的对人类实行强制性控制的最合理的手段，其准确性、稳定性、纪律的严肃性以及可靠性等方面都要优于其它各种类型的组织。①在学术治理中存在着科层制权利组织模式，是追求效率和秩序而做出的历史顺应。学术治理中的各类权利受到组织权力的直接影响甚至是控制。教师、行政人员、学生等主体的不同权利在这种科层制模式下，伴随着学术权力的运行和组织活动的开展而得到一定程度的实现。在这种模式下的权利实现，具有下级服从上级的严格等级特征和规则特征，权利的自主空间较小，有时也会出现组织权力与个人权利的冲突或者对立。

学术权利通过责任制而独立行使而实现。这是因为学术治理有学术研究的独特性所在，学术研究具有较大的自主性，不具有服从式和强制性的权力，其权力来源不是外在的组织赋予，而是在内在学术研究能力基础上自主生成。科层制模式主要是权力的控制与约束，学术权利的实现不能完全遵从科层制的管理模式和权利实现模式。学术权利更多依赖于研究者个人的自主实现和研究自由，教师通过学术组织的授权在其权力范围内对学校有关事务作出决策从而使学术权利得以实现。

① 罗伯特·伯恩鲍姆．大学运行模式[M]．别敦荣，等译．青岛：中国海洋大学出版社，2003：108-109.

具体权利的实现途径有会议制度、日常工作和向监督平台反馈三种。会议制度诸如学术委员会等组织开展例会进行学术审议或者其他学术事项的表决、行政人员参与工作会议、学生参与学生代表大会等。会议制度包括议题的订立制度、复议制度和回避制度等具体事项。会议召开间或发生，是权利实现的重要补充形式。权利的实现更多地体现在日常工作中，诸如学术委员会日常办事机构进行工作、教师日常进行学术研究等，这是权利实现的最普遍的形式。而当权利受到了侵害或者与其他主体的权利产生了冲突，就需要向某些部门或者监督反馈平台反映情况，这是救济权利的体现，是学术治理中权利实现最为少有的形式。权利的实现是动态的过程，是多种因素共同作用的结果，也是权利主体在环境适应中与各主体互动而逐步实现的。

五、学术权利的监督与保障

学术权利和学术权力与利益有着密切的联系。一方面，人对利益的追求使得权利（抑或权力）有无限扩大的可能，从而导致学术权利的滥用，影响到学术治理，危及学术的发展。不管在理论上还是实践上都是如此，所以学术权利离不开制约和监督，否则难以避免学术权利的滥用和学术失范行为发生。另一方面，在学术治理中学术权利的行使受到多重因素的影响，如组织的学术权力、他人的学术权利实施状况等。个人的学术权利存在受到侵害的可能性，尤其是当个人的学术权利与组织的学术权利发生对立时，相对于组织来说个人的力量十分微小，个人的学术权利就容易受到侵害。因而需要一定的对策措施对学术权利加以保障，最大程度地促进学术权利充分实现，推动学术治理的完善和学术发展。

（一）学术权利的监督

有学者提出对于学术权力的监督可以从学术权力内部的高级权力监督低级学术权力、平行权力层级之间通过同行评议等方式监督、适度分权，从权利外部的法制层面以及保持校园清风正气三个方面来规范高校教师的学术权利[①]。受此观点的启发，从监督的指向上来说，学术权利的监督可以借鉴学术权力的监督，即从权力的级别上，高级别的学术权利主体借助于职权监督低级别的学术权利主体，或者同级的学术权利主体之间的互相监督。当然，这样的监督体系只适用于当学术权力的行使与个人的学术权利相一致时。这两种不同指向的监督具体的表现有学术组织的学术审议工作、校级学术组织对院（系）学术组织的工作管理或指导，以及开展学术研究讨论会等同行评议形式。而当学术权力的行使与个人的学术权利不一致时，级别低的权利主体对级别高的权利主体可以以民主互相监督的形式对学术权利进行监督，具体可以采取向组织领导递交意见信、建议书、向上级汇报或举报等措施。

① 赵骏.我国高校教师学术权力规范行使的保障措施研究[J].中国成人教育，2015(3)：22-24.

从对学术权利监督的依据来看，监督可以分为法制监督和道德监督两类。法制监督是在学术治理中依据法律法规，对违反法律法规的行为依法采取检举、投诉、控告等监督方式。道德监督是依据社会普遍认可的道德规范对学术权利行使的行为进行监督，在学术治理中则主要表现为学术道德规范。学术道德规范是从事学术活动人员应当遵循的基本准则，一般包括学术价值追求规范、学术研究过程规范、学术引文规范、学术成果规范、学术评价规范和学术批评规范等多个方面。健康良性的学术生态环境离不开健全学术规范的约束和学术权利主体自身对学术规范的认同与遵循。法制监督具有法律所赋予的强制性，道德监督更注重学术权利主体的自我约束。综合来看，要进一步完善与学术相关法律法规、制度体系和学术道德规范体系，为学术权利的监督提供有力的法律依据或者制度依据。

另外，在学术权利监督的制度建设方面，首先应该在遵守相关保密规定的基础上建立并完善学术信息公开制度，给监督提供充分的知情条件、参与监督的条件，使得监督有可靠的事实信息来源，从而发挥充分有效的监督作用。其次，建立相关的回避制度，使得监督过程公平、公正。例如，在进行同行评议、学术审议等过程时，对有相关利益关系者遵循回避原则，避免或减少“学缘亲戚”的参与。再次，建立有效的反馈制度，搭建常态化的监督反馈平台，为学术权利的监督提供有效的组织保障。当需要学术权利监督反馈时，可以通过反馈平台进行直接反馈，如果监督过程中需要某些帮助，监督反馈平台可以酌情提供合理帮助，促使监督有效有序开展。最后，对于学术权利的监督，还应该重视舆论监督的作用，鼓励借助传统纸质媒体、新式的网络媒介等媒体合理地进行舆论监督，发挥好媒体在监督中的直接性、主动性、广泛性等作用。

（二）学术权利的保障

学术权利的实现对于学术治理和学术的发展有着重要的作用，学术权利的实现状况，小则关乎学术研究主体、学校的学术发展水平，大则关乎国家的学术创新、科技发展以及社会变革。由此可见，个体的学术权利保障十分重要。一般来讲，学术权利的实现主要发生在学校内部的治理与管理过程中，尤其是学术治理过程中，学术权利的侵害主要是来源于学校内部相关人员的不当行为，但有时也会受到校外力量的侵害。因此，学术权利的保障一方面需要完善学校学术治理制度，建构学校学术治理组织，防止学校内部治理过程中可能产生的侵害；另一方面需要健全学术权利法律保护体系，防止学校外部力量的侵害，为学术权利的提供强而有力的法律保障。另外，从学术权利的主体来说，还需要提高个人学术权利意识及法律素质，从强化意识和提高个体能力两方面来促进权利主体实现学术权利。

健全学术权利法律体系，让学术权利保障有法可依。有学者从德国、美国等相关法律中归纳出，学术自由权是一种宪法权利。可见从法律层面保障学术权利的重要性。我国《宪法》中第四十七条也明文规定了："中华人民共和国公民有进行科学研究、文学艺术创作和其他文化活动的自由。国家对于人事教育、科学、技术、文学、艺术和其他文化事业的公民的有益于人民的创造性工作，给以鼓励和帮助。"《高等教育法》第十条规定了国家依法保障高等学校中的科学研究、文学艺术创作和其他文化活动自由。《著作权法》等法律对学术权利中的部分权利进一步从法律层面予以确认，这为学术权利的保障提供了一定的法律基础。但已有的法律法规与学术权利的内涵并没有无缝对接，有部分学术权利依然处于无法可依的状态。在依法治国的社会大背景下，缺少法律体系的保护犹如没有保护。因而需要进一步健全学术权利相关的法律体系，在法律上对学术权利、义务关系进行确认，并对相关的权利事实及程序予以明确、具体的规定，让学术权利在有法可依的前提下，可以借助于法律的强制性和有效性对受侵害的学术权利内容依法寻求救济。

完善学校学术治理制度，为学术权利提供制度保障。学术权利的实现更多是在学校内部，直接受到学术治理规则的影响。从学校层面来说，大学章程、学术治理制度等是提高管理水平，维护学校、教师、学生各方面合法权益的基本依据，也是依法治校、实现学校管理现代化的重要保障。当制度合理有效时，学术权利的运行才会有制度保障，促使学术权利的实现和学术的发展。完善学校学术治理制度，需要根据学术治理中各相关利益主体的不同权利来合理地划分权利界限，界定学校学术事务的决策权、参与权限，建构合理的决策机构的职权和议事规则，注重教师和学生合理利益与权利的需要与诉求。另外，大学章程是高校管理的"宪法"，对高校一切事务都有着重要的导向和约束作用。对于学术权利的保障，在大学章程中也要有所反映，学术治理制度和其他的制度也是相互联系或者影响的，只有从大学章程中加以明确，才能推动学校各种制度的整体协调，综合起来实现学术治理的善治与学校的善治。

建构学校学术治理组织，为学术权利搭建申诉反馈平台。学术治理强调民主参与和法治，在有了完备的法律体系和学校制度的同时，还需要有相应的组织结构相适应。当下的学术治理中的组织结构大多是基于科层制管理设置的部门，管理具有从上而下的特点，还有待进一步完善。本书认为在组织结构上，应该设立一个教师和学生可以参与并反映意见的常设平台，不管是学术治理中对学校管理制度、规范性文件提出的意见或建议，还是当学术权利受到侵害后进行的救济、咨询或调解，都应有组织可以受理或者提供适当的救济帮助。学术权利救济途径的确立，也是对学术权利保障的重要方面。这一组织的设立和相应的申诉反映制度建设，应当具有广泛的适用性，其人员组成、受理或处理规则应当符合正当程序原则的要求，必要时运用听证、代理申诉等方式，保证组织公正、公开地对学术权利相关事务做出处理或者决策。同时与校外行政申诉、法律救济等救济途径相配合，形成校内、校外联动的学术权利保护系统。

提高个人学术权利意识及法律素质，从主观意识和个体能力方面来促进学术权利实现。学术权利主要是个体的权利，有时也指从事学术活动的这一类人的群体权利，但谈及学术权利的保障和实现时，更多指的是个体的学术权利。个体的学术权利实现，离不开权利主体的意志和行为。因而，要促使学术权利更充分地实现，首先需要学术权利主体增强自身的权利意识，有较强的实现学术权利的意愿，了解学术权利充分实现的客观环境和必要性，从而激发权利主体实现学术权利和从事学术创造活动的积极性。其次，权利的实现和救济与国家法律规定和学校的制度规定密切相关，权利主体需要增强自身对国家法律、规章制度的认识，提高自身的法律素质，合理地行使自己的学术权利。最后，当应有的学术权利受到侵害时，权利主体能够拿起法律武器或者依照制度规范寻求学术权利的救济，对保障自身的学术权利作出努力。

第六章　高校学位授予权的法律风险与防范机制

第一节　高校学位授予行政诉讼案的实证分析

1999年，田永诉北京科技大学拒绝颁发毕业证、学位证一案，使得我国大学走出象牙塔被写入行政诉讼被告的历史，叩开了高校学位授予权司法诉讼的大门。2014年，“田永诉北京科技大学拒绝颁发毕业证、学位证案”与“何小强诉华中科技大学拒绝授予学位案”被最高人民法院确定为指导性案例，旨在为学位授予纠纷提供司法审查的基本遵循。2015年至2020年，全国法院所审理教育行政诉讼案件中，因高校不授予学位或撤销学位而被学生诉至法庭的教育行政诉讼案层出不穷，且高校败诉现象已屡见不鲜。

高校学位授予纠纷案因何而生？是什么原因导致学生与母校对簿公堂？为何高校屡成被告且被法院判决败诉？笔者认为，其不得不溯源于高校学位授予权的法律问题，映射出高校学位授予权运行所存在的法律风险。

基于此，本书从我国高校学位授予纠纷经典案例“田永案”“何小强案”“于艳茹案”切入，以其作为高校学位授予权法律风险研究的基础。以2015年为起始时间节点，系统梳理2015年至2020年涉高校学位授予权教育行政诉讼案，把握这几年里高校学位授予纠纷案的总体概况与基本特征，重点剖析高校败诉案例，识别高校学位授予权的法律风险表征，探析其法律风险归因，构建高校学位授予权法律风险防范机制。

一、案例择取

（一）实证案例选择

案例样本为2015—2020年90例涉高校学位授予权教育行政诉讼案，特指因高校行使学位授予权作出不授予学位、撤销学位决定所引发的学生起诉高校类案件。案例样本择取以2015年为起始时间节点，原因如下。

其一，《行政诉讼法》的修订和施行。经2014年修订并在2015年施行的《行政诉讼法》第五十三条，首次从法律层面明确规章以下规范性文件的附带性审查，即法院对规范性文件可进行附带性审查。高校行使学位授予权，作出是否授予学位的决定需遵循学位授予工作实施细则等高校内部规范性文件。法律修订后，法院据此拥有对高校学位授予规范性文件进行合法性审查的权力。这一重要转变后的司法审查实践呈现出什么样的特征？对高校学位授予权有何影响？是否发挥实际效能？还存在哪些问题？于此，笔者试图通过对2015—2020年高校学位授予纠纷案司法审查基本特征的分析，明确高校学位授予规范性文件司法审查何以着手，思考高校学位授予权司法审查的实践困阻与解决路径。

其二，案例待追踪更新。高校学位授予权既有研究待完善，案例时效性待更新。通过查阅高校学位授予权既有研究，发现近年高校学位授予权司法大数据实证研究甚微，尤其是2017年新的《行政诉讼法》颁布后。目前，有研究者就2015—2018年高校教育行政诉讼案①、2016—2018年高校涉学位行政案件败诉案②、2014—2018年学位授予纠纷案③进行了实证研究。但基于2015—2020几年间，针对高校学位授予纠纷案讨论高校学位授予权的法律风险及其防范机制的研究鲜有涉及，因此本书对这期间的案件进行了动态追踪与更新。

（二）经典案例回顾

1.田永诉北京科技大学拒绝颁发毕业证、学位证案

案例概述：北京科技大学本科生田永，在一次课程补考过程中，因去洗手间时身上所携带的一张涉及考试内容纸条不经意落地被监考老师发现，被记录为违反考试纪律。学校依据该校《关于严格考试管理的紧急通知》，以考试作弊为由给予田永退学处理决定并取消其学籍。该处理决定作出后并未传达告知学生本人，田永未办理退学手续继续留校学习。当完成修业年限且通过答辩时，学校因其学籍曾经被取消而不予颁发学位证和毕业证。

---

① 王霁霞.高校校规司法审查的类型分析与进路重构：基于近3年40起高校教育行政诉讼案件的实证研究[J].中国高教研究，2018(9)：58.

② 张松波.论高校涉学位行政案件败诉成因及风险防控：基于近三年败诉案件的实证研究[J].学位与研究生教育，2020(2)：16.

③ 肖岚龄.高校学位授予权司法审查制度研究：以2014—2018年学位授予纠纷为分析视角[D].厦门：厦门大学，2019：4.

法院判决结果：北京科技大学以该校“068号通知”为依据，取消学生学籍并作出退学处理属于违法行为，判决北京科技大学败诉。

核心问题分析：本案争议的焦点在于学校对田永作出的退学处分是否合法，涉及高校校规制定不得与上位法相抵触的问题。在我国，高校依据法律、法规授权，有权制定学校各项规章制度，实现对学生的培养与管理。在《普通高等学校学生管理规定》并未明确因考试作弊或不遵守考场纪律可作出退学规定的前提下，高校依据自主制定的学校规范性文件对学生作出退学决定违法，反映出高校行使学位授予权过程中法律适用不当与程序缺失的问题。该案“在司法领域中确认了高校被授权行政组织的法律身份”[①]，其最大贡献在于确认了高校是行政诉讼的适格被告，第一次将“正当程序原则”援引至司法审查实践。

2. 何小强诉华中科技大学拒绝授予学位案

案例概述：华中科技大学武昌分校本科生何小强，在读期间“未通过英语四级考试”，该校根据《华中科技大学武昌分校本科毕业生学士学位实施细则》，判定其不满足学生毕业要求，未向华中科技大学申请其学位并向其颁发学位证书。

法院判决结果：该案经历一审、二审，但法院维持原判。法院认为，华中科技大学武昌分校制定的学生毕业要求未违反法律规定，驳回原告诉讼，二审仍维持原判。

核心问题分析：本案的争议在于能否将“通过大学英语四、六级考试”作为高校学位授予的决定性条件。《中华人民共和国学位条例暂行实施办法》规定高校可制定学位授予工作实施细则，但《中华人民共和国学位条例》及有关法律、法规并未明确大学英语四、六级可以作为学位授予的决定性标准。法院最终判决学生败诉，体现出司法对高校办学自主权的尊重。

3. 于艳茹诉北京大学撤销博士学位决定案

案例概述：北京大学博士研究生于艳茹，2013年获得北京大学博士学位后，2014年被指曾发表论文涉嫌抄袭。经北京大学调查认定后，2015年作出撤销其博士学位的处理决定。

法院判决结果：北京大学作出撤销于艳茹博士学位决定，未按法定程序听取原告陈述申辩，有违程序性原则。法院最终判决北京大学败诉，责令北大撤销其决定。

核心问题分析：本案的争议在于涉嫌抄袭的论文是否构成博士学位撤销的要件[②]，是否属于在校期间发表，北京大学作出撤销学位的决定是否有明确法定依据，是否存在正当程序问题。北京大学自明其作出学位撤销依据是《中华人民共和国学位条例》《国务院学位委员会关于在学位授予工作中加强学术道德和学术规范建设的意见》《北京大学研究生

① 周详.学位授予行为的法律性质及制度创新：基于司法审判的反思[J].清华大学教育研究，2020(4)：143.

② 湛中乐，王春蕾.于艳茹诉北京大学案的法律评析[J].行政法学研究，2016(3)：97.

基本学术规范》，但是却无法明确其援引的具体法律条款。①我国现行法律虽对暂缓授予学位、不授予学位或撤销学位情况进行了规定，但其并未对学位撤销程序作出具体规定，其作出撤销学位决定的法源性法律依据不明确，存在适用法律不当问题。

综上可见，“田永案”“何小强案”“于艳茹案”是三种不同类型高校学位授予纠纷案的典型代表。其一，“田永案”代表学生因纪律处分而被否定学位申请资格所引起的法律纠纷案；其二，“何小强案”代表学生因未达到学位申请的学术性标准而引发的法律纠纷案；其三，“于艳茹案”代表学生因学术不端被撤销学位而引发的法律纠纷案。三例典型高校学位授予纠纷案例引起高校学位授予的理论与实务界高度关注与讨论，为研究涉高校学位授予权行政诉讼案奠定了研究基础。

二、2015—2020年高校学位授予行政诉讼案的基本特征

笔者于2020年12月21日，登录“中国裁判文书网”，输入检索条件“学位授予”与“行政案由”，检索自2015年至2020年学位授予行政诉讼案件，共检索到226份行政诉讼法律文书。基于学位授予教育行政诉讼案件法律文书的整理，根据“终审原则”共整理出90例高校学位授予行政诉讼案例。

根据2015年至2020年学位授予行政诉讼案件法律文书统计分析，案件基本情况见图6-1-1，表6-1-1：

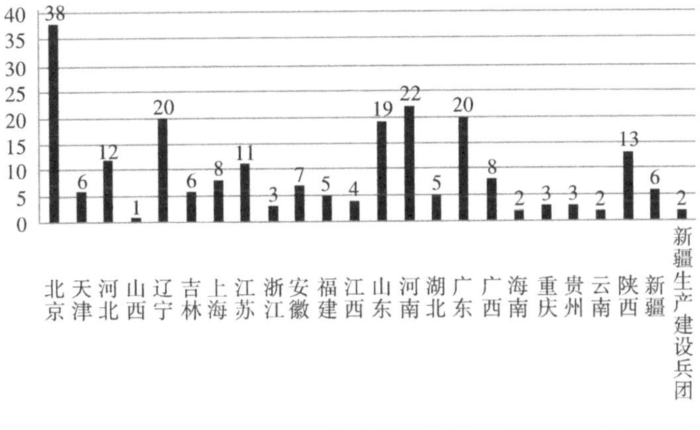

图6-1-1　2015—2020年我国高校学位授予行政诉讼案件的空间分布

表6-1-1　2015—2020年高校学位授予行政诉讼案件的时间分布

裁判年份	2015	2016	2017	2018	2019	2020
案件数量	17	41	44	59	48	17

① 王茜.正当法律程序原则在教育管理领域的适用：以于某诉北京大学撤销博士学位决定案为例[J].法律适用(司法案例)，2018(4)：57.

通过对2015至2020年学位授予纠纷行政诉讼案法律文书的统计分析，发现我国高校学位授予纠纷案的发生呈现出明显的时空分布相关特征，涉案高校层次不一，纠纷生发原因各异。

(一)学位授予纠纷案时空分布不一

从时间维度来看，2015—2018年，我国高校学位授予行政诉讼案件增幅明显，从2015年的17件大幅增长至2018年的59件，学位授予纠纷案数量在2018年达到峰值，2019年案件数量同上年相比虽有所减少但仍居高位，直至2020年回落明显。

从空间维度来看，高校学位授予行政诉讼案件发生地域跨度广，基本辐射华东、华北、华南、东北、东南、西北、西南地区。其中，北京、辽宁、山东、河南、广东、五地2015—2020年高校学位授予纠纷相对其他地区案件数量较大。

综上可见，我国2015—2020年高校学位授予纠纷数量有明显增长与回落，空间分布上跨度大、辐射范围广，个别地区案发数量较为集中，呈现出较为明显的时空分布不均衡的特征。

(二)学位授予纠纷涉案高校层次不一

从学位授予行政诉讼涉案高校来看，辐射重点高校、普通高等院校、独立学院等不同办学层次的高等院校。其一，全国重点高校。如北京大学(于艳茹诉北京大学撤销博士学位案)、清华大学(陈世清诉清华大学确认违法案)、复旦大学(卢雅峰诉复旦大学不履行授予学士学位法定职责案)、中山大学(刘琪、高源诉中山大学不授予学位案)等。其二，普通高等院校。如沈阳航空航天大学(李雅融诉沈阳航空航天大学不予颁发学士学位案)、中国民航大学(孙悦丽诉中国民航大学履行法定职责案)、山东财经大学(张更庆诉山东财经大学未受理其学位申请案)、辽宁石油化工大学(朱健楠诉辽宁石油化工大学不授予本科毕业生学士学位案)、西安建筑科技大学(肖健诉西安建筑科技大学教育行政管理案)、河北科技大学(田野诉河北科技大学学位管理不履行法定职责案)、新疆医科大学(张晶诉新疆医科大学因考试违规行为不授予学士学位证案)、重庆第二师范学院(何慧娴请求撤销被告重庆第二师范学院不颁发学位决定案)等。其三，独立学院。新疆大学科学技术学院(雷勇诉新疆大学科学技术学院结业证书换发毕业证书案)、苏州大学应用技术学院(高扬帆诉苏州大学应用技术学院不授予学士学位案)、中山大学新华学院(刘岱鹰诉中山大学新华学院教育行政确认行为案)、电子科技大学中山学院(孙坤磊诉电子科技大学中山学院不履行授予学士学位法定职责案)、西安欧亚学院(刘景琰诉西安欧亚学院教育管理机关不履行法定职责案)、北京科技大学天津学院(张耘赫要求北京科技大学天津学院履行授予学士学位法定职责案)等。综上可见，我国不同办学层次高等院校均有涉及学位授予纠纷问题。

（三）高校学位授予纠纷生发原因各异

通过对2015—2020年我国高校学位授予行政诉讼案的实证研究发现，学位授予纠纷案件多因高校作出不授予学位、撤销学位所引起。基于案例类化分析，笔者将高校学位授予纠纷生发原因划分为三类：其一，学生未达到高校设定的学术性学位授予标准，未被授予学位；其二，学生受到违纪处分挂钩学位授予条件，未被授予学位；其三，高校作出不授予学位或撤销学位程序缺失。从高校学位授予行政诉讼案司法审查结果来看，法院驳回学生起诉67起，撤销高校处理决定23起。

三、高校败诉案例基本情况分析

判例的作用并非取代法律而是对法律起到解释作用。不同于英美法系以判例作为法律渊源，大陆法系以制定法、法典法为其法律渊源。在我国，判例不具有对类似案件的强制约束力，但具有重要参考价值[①]。2015—2020年高校学位授予行政诉讼案件频发且高校被法院判决败诉情况屡见不鲜。通过对90例高校学位授予纠纷案例司法审查情况的研究分析，发现高校作出不授予学位或撤销学位决定被法院撤销，判决高校败诉案例共计23起（见表6-1-2），约占全部案例比例的26%。

表6-1-2　高校败诉案例基本情况

序号	案例名称	案例情形	审判结果
1	何慧娴请求撤销重庆第二师范学院不颁发学位决定案	论文答辩与计算机等级考试未通过，高校拒绝授予学位	撤销高校决定
2	柴丽杰诉上海大学履行法定职责案	发表学术论文数量不符科研量化指标拒绝博士学位申请	撤销高校决定
3	孙悦丽诉中国民航大学履行法定职责案	学位申请书未经导师签字，高校拒绝授予学位	撤销高校决定
4	朱健楠诉辽宁石油化工大学不授予学士学位案	考试作弊受到记过处分，高校拒绝授予学位	撤销高校决定
5	张娜诉遵义医科大学学位管理案	未制止同桌调换试卷被给予作弊处分，高校不授予学位	责令该校依法履行职责
6	李阳诉福州大学不履行法定职责案	考试作弊受到留校察看处分，高校未授予学位	责令重新作出行政行为
7	张晶诉新疆医科大学因考试违规不授予学士学位证案	考试违规受到留校察看处分，高校拒绝授予学位	撤销高校决定
8	张奇请求中山大学履行法定职责案	学校教务部未将学生报名所修课程通报任课教师，导致其无资格参与考试，毕业学分不达标，未授予学位	责令高校对学位申请作出处理

① 张松波.论高校涉学位行政案件败诉成因及风险防控：基于近三年败诉案件的实证研究[J].学位与研究生教育，2020(2)：17.

续表

序号	案例名称	案例情形	审判结果
9	陈嘉琪不服中山大学不授予学士学位	考试作弊，处以严重警告处分，高校拒绝授予学士学位	责令高校对学位申请作出处理
10	高源不服中山大学不授予学士学位案	考试违规受到学校处分，未被授予学位	责令高校对学位申请作出处理
11	刘付中诉韶关学院不履行补发学位证书行政义务案	因补考超过六门而未被高校授予学士学位	责令高校对补授学士学位的申请作出处理
12	栗婷诉中国海洋大学撤销硕士学位决定	申请学位时提供虚假学术信息，该校撤销其已授予的学位	撤销高校决定
13	滕宇诉海南大学不履行授予学士学位法定职责纠纷案	携带手机进入考场，以考试作弊受到留校察看处分，高校拒绝授予学位	责令高校对其学位申请条件进行合格性审查，书面告知结果
14	刘艳诉山东师范大学不予颁发学士学位证案	参加大学英语二级考试找校外人员替考，被处以留校察看处分，高校不授予学位	撤销高校决定
15	马非凡诉广东海洋大学不授予学士学位案	重考课程累计学分超过学校规定重考学分，高校不授予学位	撤销高校决定，责令其重新审核
16	李涛不服华南理工大学撤销学位决定案	涉案的部分学术论文不符合获得学位的条件，高校撤销已授予的学位	法院认为判决高校撤销重做已无实际意义
17	高扬帆诉苏州大学应用技术学院拒绝授予学士学位案	选修课考试携带U盘被学校按考试违纪给予留校察看处分	撤销高校决定
18	王东亚诉广东第二师范学院不授予学士学位案	学生留宿校外人员2人，受留校察看处分，高校拒绝授予学位	撤销高校决定，责令高校重新作出学位申请处理
19	谢天然诉北京电影学院取消硕士学位案	因学位论文涉嫌抄袭，高校撤销已授予的硕士学位	撤销高校决定
20	于艳茹诉北京大学撤销博士学位案	在校发表学术论文存在抄袭，学校撤销已授予的博士学位	撤销高校决定
21	徐先达诉华中农业大学不授予学士学位行为违法案	考试作弊被给予警告处分，高校不授予学位	撤销高校决定
22	汪某诉巢湖学院教育管理案	五门课程经补考及格，不符该校学位授予规定，高校未授学位	撤销高校决定
23	刘岱鹰不服中山大学新华学院教育行政确认行为案	携带手机和字条进入考场，受到严重警告处分，高校未授学位	撤销高校决定

把握高校败诉案例概况、类型与特征，分析其司法审查的特征与结果，对于进一步明确高校学位授予权运行的法律边界，管窥高校学位授予权的司法审查实践具有重要意义。基于此，笔者通过对高校学位授予行政诉讼案的败诉率、行政诉讼标的、高校不授予学位或撤销学位的理由、法院判决高校败诉理由、法院判决方式的选择等维度对高校败诉案例进行分析。

（一）败诉率

通过对2015—2020年高校涉诉案与败诉案的数量研究分析，发现高校败诉率增长态势明显。2015年3起，败诉案件为0起；2016年19起，败诉案件为3起，败诉率为15.8%；2017年20起，败诉案件为7起，败诉率为35.0%；2018年26起，败诉案件8起，败诉率为30.8%；2019年16起，败诉案件1起；2020年5起，败诉案件2起，败诉率为40.0%。以上数据证实，2015—2020年我国高校学位授予纠纷不断生衍，高校败诉率居高，尤其是2017年、2018年、2020年三个年份高校败诉率接近甚至达到了40%。高校败诉现象愈演愈烈，深刻暴露出高校学位授予权运行中所存在的法律风险及其所产生的法律责任问题。

（二）行政诉讼标的

目前，我国司法实践对于行政诉讼标的存在两种认识。其一，行政行为的合法性；其二，行政相对人的诉讼请求。在高校败诉的23起案件中，诉讼标的主要分为三类：一是高校不授予学位决定，涉案17起；二是高校撤销学位决定，涉案4起；三是高校对学位申请的不作为，涉案2起。对23例高校败诉案例的分析可知，在行政诉讼审理过程中，法院对高校行政行为的合法性进行审查时，对其违法行为仅作出撤销其行政行为的判决，但这并不能实质解决行政相对人的诉讼请求与校生纠纷的根本矛盾。

因此，笔者认为将行政相对人的诉讼请求同时纳入诉讼标的审查范畴，更有利于解决学位授予纠纷的实质性问题，凸显司法公平正义。

（三）高校不予颁发学位、撤销学位的理由

基于司法案例情况来看，不授予学位或撤销学位大多发生在高校查实学位申请者“舞弊作伪”之时。通过分析23起高校败诉案例发现，高校作出不授予或撤销学位理由为学位申请者未达到学位授予的学术性标准或非学术性标准。

学术性标准层面，因学生在校期间论文发表数量与质量、学分修习、英语与计算机等级考试、毕业答辩等未达到高校内部自主设定的学位授予标准，被拒绝授予学位。具体而言，如发表的学术论文或毕业论文质量不符合学位授予标准、在学位申请中提供虚假学术信息、论文剽窃抄袭等学术不端、补考课程与修业学分超过学校规定的上限、英语或计算机等级考试不合格、未通过毕业答辩环节等。高校因学生未达到学术性标准拒绝授予学生学位而被法院判决败诉案例11起，约占全部败诉案件的48%。

非学术性标准层面，因学生受到纪律处分而被高校拒绝授予学位，如考试违规违纪等。高校因学生未达到非学术性标准拒绝授予学生学位且被法院判决败诉案例12起，约占全部败诉案件的52%。

综上，我国高校制定的学位授予具体标准不尽相同，但基本将学位申请者的学术性标准与非学术性标准纳入学位授予条件考量范畴。如“未通过英语水平考试、计算机等级证书、课程成绩不合格、学分修习未达标或超标、论文发表数量与质量不达标、毕业答辩未通过”等学术性标准与“考试作弊、学术不端、违规违纪”等非学术性标准，常被作为高校不授予或撤销学位的主要依据。2015—2020年，高校因自主设定学术性授予标准被学生诉诸法庭类败诉案件占比约为48%，约占学位授予纠纷案的一半，充分反映出高校行使学位授予权时自主设定学位授予标准所存在的违法风险。高校因将非学术性学位授予标准挂钩学位授予条件被学生诉诸法庭类败诉案件占比约为52%，超过全部学位授予纠纷案高校败诉类案件数量的一半以上。学位本是对学生学术水平的客观反映，但高校若设定过于严苛的学位授予标准或将非学术性标准作为授予学位的决定性因素，不仅会产生违法风险，而且有失学位本质意义，有悖教育根本目的。

（四）法院判决败诉理由

23起高校败诉案例中，高校因某一项违法行为而被法院判决败诉的案例8起，存在两种及以上违法行为而被依法撤销原处理决定的案例15起。司法审判理由中，高校学位授予权运行涉及认定事实不清案例14例，适用法律错误案例10例，程序违法案例12例，裁量不当案例1例，抵触上位法案例2例，不作为案例2例，未加盖公章案例1例（如表6-1-3所示）。由此可见，高校在行使学位授予权过程中普遍存在认定事实不清、适用法律错误、程序违法等法律风险。

表6-1-3 2015—2020年高校败诉案法院判决理由

案例	法院判决败诉的理由						
	认定事实不清	适用法律错误	程序违法	裁量不当	抵触上位法	不作为	未加盖公章
何慧娴诉重庆第二师范学院不颁发学位案	√						
柴丽杰诉被告上海大学要求履行法定职责案	√	√					
孙悦丽诉中国民航大学履行法定职责案						√	
朱健楠诉辽宁石油化工大学不授予学士学位案			√		√		
张娜诉遵义医科大学学位管理案	√	√					
李阳诉福州大学不履行法定职责			√				
张晶诉新疆医科大学因考试违规行为不授予学士学位证案	√	√	√				

续表

案例	法院判决败诉的理由						
	认定事实不清	适用法律错误	程序违法	裁量不当	抵触上位法	不作为	未加盖公章
张奇请求被告中山大学履行法定职责案	√	√					
陈嘉琪不服被告中山大学不授予学士学位案	√	√					
高源不服被告中山大学不授予学士学位案	√	√					
刘付中诉被告韶关学院诉学校不履行补发学位证书行政义务案						√	
栗婷诉被告中国海洋大学撤销硕士学位决定案	√		√				√
滕宇诉被告海南大学不履行授予学士学位法定职责纠纷案	√		√				
刘艳诉山东师范大学不予颁发学士学位证案	√	√	√				
马非凡诉广东海洋大学不授予学士学位案	√		√				
李涛诉华南理工大学撤销学位决定案			√				
高扬帆诉苏州大学应用技术学院拒绝授予学士学位案			√				
王东亚诉广东第二师范学院不授予学士学位案	√	√	√				
谢天然诉北京电影学院取消硕士学位案		√	√				
于艳茹诉北京大学撤销博士学位		√	√				
徐先达诉华中农业大学不授予学士学位行为违法案	√						
汪某诉被告巢湖学院教育管理案	√						
刘岱鹰诉中山大学新华学院教育行政确认行为案				√	√		

（五）法院判决方式的选择

从学位授予纠纷案司法审查结果来看，高校学位授予行为主要存在行政行为违法、未履行法定职责、行政不作为等情形。其一，高校行政行为违法，法院一般撤销其行政行为或责令其重新作出；其二，高校未依法履行职责、行政不作为，法院限令如期履行法定职责。23起高校败诉案，法院撤销高校行政处理决定案例13起，责令高校重新作出行政行为案例9起，另有1起即李涛不服华南理工大学撤销学位决定案，法院认为判令高校撤销重做已无实际意义。

四、学位授予行政诉讼案司法审查的特点

美国1975年“高斯案”确定学术问题受正当法律程序约束，1985年“尤因案”明确司法对学术决定的尊重原则，霍罗威茨案确立了法院必须尊重高校的专业或学术判断的司法尊让原则。正当程序原则始于1215年英国宪章运动后的司法判决，1975年马赫丰莎南案使得美国突破了既往学术尊让而采用了“正当程序”作为司法审查的标准。[①]通过对案例司法审查实践的研究发现，我国高校学位授予规范性文件的司法审查同样遵循司法克制、司法谦抑原则，体现出司法对高校办学自主权的尊重。

（一）审查类型分析

2018年《最高人民法院关于适用〈中华人民共和国行政诉讼法〉的解释》第148条，对规范性文件的合法性审查进行了解释，即审查制定主体是否越权、是否抵触上位法、是否在上位法未明确时徒增学生义务或减损权益、是否批准与公布程序缺失等。法院对高校学位授予规范性文件附带性审查与法律适用审查情况统计见表6-1-4。

表6-1-4　高校学位授予规范性文件司法审查的类型

法院审查类型	审查内容	案件数量
附带性审查	高校内部规范性文件的附带性审查	11
法律适用审查	法律适用审查	54

注：此表基于王霁霞《高校校规司法审查的类型分析与进路重构：基于近3年40起高校教育行政诉讼案件的实证研究》制表要素制表，并完成数据更新。

（二）审查结果分析

表6-1-5　高校学位授予规范性文件司法审查的结果

审查类型	审查结果	案件数量
附带性审查	确认高校内部规范性文件的合法性	7
	确认高校内部规范性文件不合法	4
法律适用审查	适用法律正确	44
	适用法律错误	10

注：此表基于王霁霞《高校校规司法审查的类型分析与进路重构基于近3年40起高校教育行政诉讼案件的实证研究》制表要素制表，并完成数据更新。

根据统计结果可知，在90例高校学位授予行政诉讼案的司法审查中，法院对高校学位授予规范性文件的审查主要侧重法律适用审查（54起），认定其法律适用正确44起，认

① 肖岚玲.高校学位授予权司法审查制度研究：以2014—2018年学位授予纠纷为分析视角[D].厦门：厦门大学，2019：17.

为其法律适用错误10起;对其附带性审查较少(11起),7起确认其合法性,4起确认其不合法(如表6-1-5所示)。其中,在对高校学位授予规范性文件的附带性审查中,针对学术性标准进行审查4起,确认其不合法0起;针对非学术性标准进行审查7起,确认其不合法4起。由此可见,法院对高校学位授予规范性文件的审查主要侧重其法律适用正误情况,对其附带性审查力度不足,而且即使是对其进行附带性审查,也仅是从其合法性进行评判,未能涉及学位授予标准的实质性审查。

历史地看,"田永案"等司法主要采用形式审查,我国行政诉讼法虽并未明确正当程序原则,但程序性原则已成为实务界的法律共识。现实来看,近年高校学位授予规范性文件的司法审查法院多以程序性审查为主,体现出对其学术自治的高度尊重。于此,有学者指出司法可以对学术领域进行审查,对高校涉及学术、学位有关规范性文件进行形式审查外可增加合目的性审查,①探索高校校规的合宪性审查或者宪法诉讼②,避免高校借由"学术自治"或"学术自由"侵害学生受教育权。

第二节　高校学位授予权存在的法律风险

高校学位授予权存在的法律风险,是指因高校学位授予权运行不当而导致高校在法律上承担不利后果的可能性。高校在行使学位授予权过程中屡成被告且败诉案例不断生衍。通过对23起高校败诉案例的风险甄别与分析,发现高校学位授予权运行呈现实体上与程序上的法律风险,司法审查实践面临窘境。实体上,高校自主设定学位授予标准存在违宪性、抵触上位法的情形,存在侵犯学生实体性权利的违法风险;程序上,高校作出不授予学位或撤销学位行为存在认定事实不清、适用法律法规错误、行政程序缺失的情形,存在侵犯学生程序性权利的违法风险。此外,高校学位授予权的司法审查实践呈现出司法审查克制与谦抑、审查标准不一、纠纷化解不力的风险。

一、学位授予标准自由裁量的法律风险

目前,我国已从法律层面确认了高校的自主管理权与学位授予权。学位授予标准是高校行使学位授予权作出授予或不授予学位、撤销学位行为遵循的依据。我国高校学位授予标准分为国家层面制定的基本标准和高校自主设定的特色标准。高校经法律、法规

① 王霁霞.高校校规司法审查的类型分析与进路重构:基于近3年40起高校教育行政诉讼案件的实证研究[J].中国高教研究,2018(9):61.

② 胡肖华,徐靖."良法"治校与大学生合法权利保障:高校校规之上位法违宪检讨[J].法学论坛,2005(6):37.

授权代行国家行政权力，具有行政主体资格。“田永案”的司法实践明确了高校的行政主体资格，证实其可依法行使一定行政管理职权，但有研究者指出高校依法享有自治权与较大自由裁量权。通过对学位授予行政诉讼案的研究发现，高校行使学位授予权时对国家规定的学位授予标准进行了细化，时有增设附加性、限制性条件对学生进行学位管理。高校学位授予标准设定的自由裁量时常产生违宪性、抵触上位法的法律风险，侵犯学生受教育权、平等权、申诉权。

那么，我国法律、法规及规章对高校学位授予情况是如何进行规定的呢？笔者将现行法律、法规有关学位授予条款规定整理见下（表6-2-1）。

表6-2-1　现行法律、法规及规章有关学位授予条件的规定

法律、法规及规章	条款	学位授予条件有关规定	分析
《教育法》	22	经国家批准设立或者认可的学校及其他教育机构按照国家有关规定，颁发学历证书或者其他学业证书	明确了高校具有学位授予权，根据法律法规授权获得设定本单位学位授予工作实施细则的权力
	23	学位授予单位依法对达到一定学术水平或者专业技术水平的人员授予相应的学位，颁发学位证书	
《高等教育法》	22	学位分为学士、硕士和博士。公民通过接受高等教育或者自学，其学业水平达到国家规定的学位标准，可以向学位授予单位申请授予相应的学位	
《学位条例暂行实施办法》	25	学位授予单位可根据本暂行实施办法，制定本单位授予学位的工作细则	
《中华人民共和国学位条例》(2004年修正)	4	高等学校本科毕业生，成绩优良，达到“较好地掌握本门学科的基本理论、专门知识和基本技能；具有从事科学研究工作或担负专门技术工作的初步能力”学术水平者，授予学士学位	学士、硕士、博士学位学术水平标准规定：(1)通过学位课程考试(2)具备从事科学研究或专门技术工作的能力(3)通过论文答辩
	5	高等学校和科研机构的研究生，或具有研究生毕业同等学力的人员，通过硕士学位的课程考试和论文答辩，成绩合格，达到“在本门学科上掌握坚实的基础理论和系统的专门知识；具有从事科学研究工作或独立担负专门技术工作的能力”学术水平者，授予硕士学位	
	6	高等学校和科学研究机构的研究生，或具有研究生毕业同等学力的人员，通过博士学位的课程考试和论文答辩，成绩合格，达到“在本门学科上掌握坚实宽广的基础理论和系统深入的专门知识；具有独立从事科学研究工作的能力；在科学或专门技术上做出创造性的成果”学术水平者，授予博士学位	
	10	学位论文答辩委员会负责审查硕士和博士学位论文、组织答辩，就是否授予硕士学位或博士学位作出决议	
《中华人民共和国学位条例暂行实施办法》	3	高等学校本科学生完成教学计划的各项要求，经审核准予毕业，其课程学习和毕业论文（毕业设计或其他毕业实践环节）的成绩，表明确已较好地掌握本门学科的基础理论、专门知识和基本技能，并且有从事科学研究工作或担负专门技术工作的初步能力的，授予学士学位	

续表

法律、法规及规章	条款	学位授予条件有关规定	分析
《中华人民共和国学位条例暂行实施办法》	7	申请硕士学位人员必须通过规定的课程考试(马克思主义理论课、基础理论课与专业课、一门外国语),成绩合格,方可参加论文答辩。规定考试的课程中,如有一门不及格,可在半年内申请补考一次,补考不及格的,不能参加论文答辩	
	12	申请博士学位人员必须通过博士学位的课程考试(马克思主义理论课、基础理论课与专业课、两门外国语),成绩合格,方可参加博士学位论文答辩	
《普通高等学校学生管理规定》(2017年修订)	32	符合学位授予条件的,学位授予单位应颁发学位证书。学生提前完成教育教学计划规定内容,获得毕业所要求学分,可以申请提前毕业,提前毕业的条件,由学校规定	明确高校具有对"申请提前毕业"与"结业后学位申请"条件的设定权与资格审核权
	33	学生未达到学校毕业要求的,学校可准予结业,发给结业证书。结业后是否可以补考、重修或者补作毕业设计、论文、答辩,以及是否颁发毕业证书、学位证书,由学校规定	
《中华人民共和国学位条例》(2004年修正)	2	学位申请者的政治立场是"拥护中国共产党的领导、拥护社会主义制度"	
	17	学位授予单位对于已经授予的学位,如发现有舞弊作伪等严重违反本条例规定的情况,经学位评定委员会复议,可撤销	
《学位论文作假行为处理办法》	7	学位申请人员的学位论文出现购买、由他人代写、剽窃或者伪造数据等作假情形的,学位授予单位可以取消其学位申请资格;已经获得学位的,学位授予单位可以依法撤销其学位,并注销学位证书	

从现行法律、法规条款内容来看,高校可根据法律法规授权制定本校学位授予规范性文件,依据学位授予工作实施细则对学位申请者进行资格审查,据此作出是否授予学位的决定。国家从宏观层面对授予学位的基本条件作出了规定,如通过学位课程考试、具备从事科学研究或专门技术工作的能力、通过论文答辩等学术性学位授予标准。关于非学术性学位授予条件,主要将学术性道德品行(作弊、学术不端)纳入学位授予标准考核范畴。此外,明确了高校具有对"申请提前毕业"与"结业后申请学位"学位申请者的资格审核权。

但不难发现,现行法律、法规仅对授予学位情况作出了基本规定,并未对不授予学位条件与撤销学位程序进行规定,这就使得高校在学位授予标准设定时具有较大自由裁量权。此外,法律法规对于学位授予标准的规定较为原则性,缺失高校学位授予权运行基本程序的规定。如对于"撤销学位",法律条款仅规定了高校可以撤销已颁发学位,但并未明确学位撤销的具体程序以及学生如何进行权利救济问题。由此可见,法律、法规尚存立法瑕疵,未详尽规定高校学位授予权运行的具体程序,对于高校不授予学位、撤销学位损益性行政行为的权利救济问题浅尝辄止。

高校学位授予标准的设定应遵循上位法，无正当理由不得拒发、撤销学位证书。对于学位撤销行为审查应遵循学术标准的自主性规定和审查程序的合法性规定①。把握高校学位授予标准设定的逻辑，对于精准定位纠纷案导火索，识别高校学位授予标准设定权隐匿的法律风险具有重要价值。为此，笔者通过对90例学位授予行政诉讼案的整理，整理出涉案高校作出不授予学位、撤销学位决定常见理由及依据见下表6-2-2。

表6-2-2　2015—2020年涉案高校不授予学位、撤销学位常见理由及关涉依据

不授予、撤销学位理由	所关涉高校学位授予规范性文件
纪律处分 （考试作弊、打架斗殴、违规违纪）	《中山大学授予学士学位工作细则》《沈阳航空航天大学考试管理规定》《辽宁石油化工大学学士学位授予工作实施细则》《遵义医学院学士学位授予条例》《鞍山师范学院关于本科毕业生学士学位授予工作细则》《广西科技大学普通高等教育本科毕业生学士学位授予办法》《安徽工程大学机电学院授予学士学位工作细则》《河北科技大学学位授予实施细则》《中山大学新华学院学士学位授予工作细则》《沈阳工程学院学士学位授予工作细则》《海南大学学士学位授予工作实施办法》《郑州大学授予学士学位规定》《山东师范大学授予学士学位暂行规定(2011)》《天津财经大学本科生授予学士学位工作细则》《华中农业大学学生纪律处分规定(修订)》《北京科技大学天津学院学士学位授予工作暂行规定》
外语水平 （四、六级，专业英语）	《复旦大学学位细则》《电子科技大学中山学院学士学位条例暂行实施办法》《河南财经政法大学学士学位授予办法(试行)》《新疆大学科学技术学院学士学位授予工作实施细则》《西安财经大学学士学位授予工作实施细则》《西安欧亚学院学士学位授予工作实施细则》
课程学分 （补考、学分积分）	《大连海事大学学士学位授予工作实施办法》《广东海洋大学全日制本科毕业生学士学位授予规定》《湖北理工学院学士学位授予暂行办法》《中国协和医科大学学位授予工作细则》《韶关学院学士学位工作细则》《巢湖学院学年学分制学士学位授予工作实施细则》《广西大学学士学位授予工作细则》
学术论文 （质量、数量）	《上海大学授予学位工作细则》《东北大学学术不端行为查处工作实施细则》《北京电影学院学位授予细则》《中国海洋大学研究生学术不端行为处理办法》《许昌学院学士学位授予工作实施细则》

通过对2015—2020年90例高校学位授予纠纷案的整理，发现以上高校在行使学位授予权制定本校学位授予标准过程中，主要将不授予学位或撤销学位情形与学生在校期间的纪律处分、外语水平、课程学分及学术论文发表等条件进行关联，易引发违宪性与抵触上位法的法律风险。

（一）违宪性法律风险

1.侵犯学生受教育权

《中华人民共和国宪法》第四十六条规定，中华人民共和国公民有受教育的权利和义务。学位是学生学术水平与受教育程度的象征，高校应对学生秉持专业且公正的评价，以保障学生宪法层面的受教育权这一根本权利。

① 周详.学位撤销的法律属性及其要件分析：兼评“于艳茹案”[J].中国人民大学教育学刊，2017(2)：6.

其一，因纪律处分决定学位授予与否的法律风险。从案例司法审查来看，高校将学生纪律处分与授予学位条件挂钩，法院大多以其属于学术自治范畴而予以支持。如刘琪诉中山大学不授予学位纠纷案，该生利用通信工具在课程考试中作弊被给予纪律处分。该校根据《中山大学授予学士学位工作细则》第7条“在校期间受过留校察看或以上纪律处分者，不授予学士学位”和第8条“考试作弊者不授予学位”的规定，对其作出不授予学位的决定。法院对此认为，该规定属于高校自主行使学位授予权范畴，予以支持。在张娜诉遵义医科大学学位管理案中，学校依据《遵义医学院学士学位授予条例》对考试作弊学生作出不授予学位的决定，法院以学校自主办学权认定其合法。在李斌诉郑州大学不受理学士学位申请案中，该生在考试中利用通信工具实施作弊被给予留校察看处分，该校依据《郑州大学授予学士学位规定》“凡受过留校察看处分者不授予学士学位”，未受理其学位申请，法院认为该规定并未违背上位法，予以支持。但检索该校2018年修订后的规定第3条，发现其已将原条款修改为“受到记过或留校察看处分后，积极改正错误，无再次违纪行为，表现优良，学习进步，学业成绩达到学士学位授予条件，可授予学士学位”，否定了因留校察看不再授予学位的规定。在马堿均诉天津财经大学未履行向其授予经济学学士学位的法定职责案中，因该生曾经参与打架被给予纪律处分，学校根据《天津财经大学本科生授予学士学位工作细则》不授予学位有关规定，拒绝向其授予学位，法院对此予以支持。从以上司法案例来看，笔者认为，高校将学术性道德品行问题（论文抄袭、考试作弊、学术造假等）作为不授予学位的考核条件存在其合理性，但若是不加区分地将非学术性道德品行问题（如打架斗殴等）作为是否授予学位的决定性条件，确有侵犯学生受教育权的违宪性风险。

其二，因附加性学术标准决定学位授予与否的法律风险。通过案例梳理可以发现，高校在制定本单位授予学位工作实施细则中，大多会在国家既定学位授予标准基础之上，自主制定附加性、限制性学位授予条件。如增设大学英语四、六级考试成绩，计算机等级考试，学位论文发表数量与质量，补考或重修课程积分标准的规定，有侵犯学生受教育权之嫌。从高校败诉案例来看，如汪某诉巢湖学院教育管理案，《巢湖学院学年学分制学士学位授予工作实施细则》（2009）第一条规定，在校期间有五门或以上课程经补考才及格者不授予学位。学校据此认为其未达到毕业要求，拒绝授予学位。法院对此表示，汪某已修完全部课程并合格，具有学士学位申请资格，于是撤销该校作出不授予学位决定。经笔者最新检索，该校于2014年10月15日发布修订后的学位授予工作细则，其第1条已删除原有关于补考课程的规定，但增加了平均学分绩点2.0的要求，2017年该校对其再次进行修订，在第1条中对2014版的“记过处分”进行限定，将其表述为“因考试违纪或作弊、论文抄袭等违背学术诚信原因受过记过以上处分者”，可见司法审查之于高校学位授予权具有警示与规范作用。再如马非凡诉广东海洋大学不授予学士学位案，《广东海洋大学全日制本科生毕业生学士学位授予规定》(2013)第四条规定，重考课程学分达到或超过25学分不得授予学位。法院虽判决高校败诉，但仅对其作出行政行为的事实依据与程序进行审查，并未涉及附加性条件的合法性问题。

综上，高校在学位授予标准设定中具有自由裁量权，但将非学术性道德因素、附加性学位授予标准作为是否授予学位的决定性条件，隐匿着侵犯学生受教育权的法律风险。

2.侵犯受教育者的平等权

《中华人民共和国宪法》第三十三条规定，“中华人民共和国公民在法律面前一律平等”。高校与学生之间存在民事法律关系，要求双方法律层面身份地位的平等性与权利义务的对等性，即学校与学生应平等享有法定权利并履行法定义务。从高校学位授予权运行实践来看，高校学位授予标准设定权虽属其依法所享有的办学自主权范围，但高校设定学位授予的限制性条件具有明显行政法律关系特征，学生处于被动接受的地位，事实上存在管理与被管理的不平等关系，未能完全体现宪法层面的平等权。

3.侵犯受教育者的申诉权

《中华人民共和国宪法》第四十一条规定，公民有提出申诉的权利。申诉权主要体现在程序性权利的保护上。从23例高校败诉案来看，侵犯学生申诉权主要表现为：其一，高校学位授予工作实施细则对申诉机构、申诉程序、权利救济渠道语焉不详；其二，高校作出不授予学位或撤销学位等损益性行政行为时未能依法履行告知学生、听取陈述与申辩等法定程序。如李阳诉福州大学不履行法定职责案，该生在读期间因考试作弊受到留校察看纪律处分，学校未授予其学士学位。法院对该案审理认为，对学生作出不授予学位关涉学生重大利益，应保障学生陈述申辩权，最终责令学校重新作出行政行为。

针对该案所涉及的申诉权问题，笔者经查阅《福州大学授予学士学位工作细则》(2015)发现，第三章“学士学位授予工作程序”没有关于学生申诉的任何规定，但发现该校2017年9月修订的新细则第12条补充了有关学位授予争议的规定，“由校学位评定委员会全体委员会议讨论并以不记名投票方式决定”，但仍未明确有关学生申诉权的规定。由此可见，高校学位授予规范性文件制定中存在侵犯学生申诉权的法律风险。

(二)抵触上位法的法律风险

高校自主设定学位授予标准存在与上位法相抵触的法律风险，有悖立法目的与立法精神。如刘岱鹰诉中山大学新华学院不授予学士学位案中，《中山大学新华学院学士学位授予工作细则(试行)》第2章第6条，考试作弊者不予授予学士学位。法院经审理表明，对舞弊学生作出纪律处分，学生已纠正错误时再以不授予学位施以惩戒，有悖教育公平正义。再如朱健楠诉辽宁石油化工大学不授予学士学位案中，学校以该生因考试作弊被给予处分为由，拒绝向其颁发学位。法院认为《辽宁石油化工大学学士学位授予工作实施细则》(2017)第8条"因考试违纪受到记过及以上处分者不授予学位"的规定，混淆了学生管理与授予学位的边界，有悖学位制度根本目的。笔者发现，该校已于2020年4月10日发布新修订的学位授予工作实施细则，对于原细则第8条作出修订，已剔除关于记过处分不授予学位的规定，以"遵守宪法、法律、法规，遵守学校管理制度，具有良好的道德品质和行为习惯"作为其获得学位的政治思想考核条件。

高校虽具有法律所赋予制定本单位授予工作实施细则的权力，即可在国家学位授予标准的基础上，结合学校办学特色、发展定位与人才培养目标，对国家学位授予标准进行细化。但这并不意味着高校能够越权自主增设法律规定范围外的学位授予限制性条件，因此，高校自主设定学位授予标准可能存在抵触上位法的违法风险。

（三）司法审查谦抑的风险

对学术问题进行形式审查体现出司法对大学学术自治的尊重。"田永案"以来，教育行政诉讼案的司法审查实践呈现出明显司法审查谦抑特征[①]，即学术自治问题司法不予干涉，仅进行程序审查。司法对高校作出的学术性惩戒与纪律性处分秉持相对谦抑姿态，尊重高校的实质判断权，重点聚焦高校拒绝颁发或撤销学位行政行为的程序合法性[②]。

从高校学位授予教育行政诉讼案的司法审查结果来看，90例高校学位授予教育行政诉讼案中，法院仅对其中11例中的学位授予规范性文件进行了附带性审查，7起确认为合法，4起确认为不合法。针对涉及学术性标准的规范性文件进行附带性审查4起，确认不合法0起；针对涉及学生管理标准的规范性文件进行附带性审查7起，4起确认其不合法。研究发现，法院对高校设定学术性学位授予标准的审查基本秉承尊重的态度，4起案件均以学术自治为由确认其合法性；7起针对学生管理性学位授予标准的审查，4起被确认为不合法。如在"于艳茹诉北京大学案"中，法院对其"学术不端行为"与"抄袭剽窃"实体性问题的实质性判断进行了回避，仅对程序是否正当进行审查。总的来看，我国判例立场总体在向着这样的方向发展。

综上可见，目前司法对高校学位授予标准的审查主要以形式审查、合法性审查为主，实质性审查与合目的性审查不足，存在司法审查谦抑的风险。因此有学者指出，司法可以介入学术领域，在形式审查外应增加合目的性审查，[③]注重合宪性审查或者宪法诉讼，[④]避

① 耿宝健.高校行政案件中的司法谦抑与自制[J].行政法学研究，2013(1)：93.

② 张松波.论高校涉学位行政案件败诉成因及风险防控：基于近三年败诉案件的实证研究[J].学位与研究生教育，2020(2)：21.

③ 王霁霞.高校校规司法审查的类型分析与进路重构：基于近3年40起高校教育行政诉讼案件的实证研究[J].中国高教研究，2018(9)：61.

④ 胡肖华，徐靖."良法"治校与大学生合法权利保障：高校校规之上位法违宪检讨[J].法学论坛，2005(6)：37.

免司法过度克制。另有学者指出，法院在对高校学位授予标准进行合法性审查时也应对其合理性进行审查，对学位授予学术标准可依据合理性原则和比例原则进行审查①。

笔者认为，高校学位授予权的司法审查应在尊重大学学术自治的基础上，推进合法性审查与合目的性审查、程序性审查与实体性审查协同运行的司法审查模式，最大限度保障高校学位授予权的依法运行与学生法律权益的司法救济，充分体现教育公平与司法正义。

二、认定事实不清的法律风险

（一）认定事实错误的法律风险

在23起高校败诉案中，14起存在认定事实不清、证据不足的法律风险，在高校败诉案中占比高达50%以上。在马非凡诉广东海洋大学不授予学士学位一案中，该生在校期间因参与赴美学习项目，向校方申请四门课程缓考并被批准。但因缓考科目学分被学校计入重考学分，该校依据《广东海洋大学全日制本科毕业生学士学位授予规定》（此规定于2023年进行了修改）第四条规定，重考课程累计学分达到或超过25学分不予颁发学位证书，以其重修学分超过学校规定积分上限为由，拒绝向其授予学位。

该案法院重点就学校认定四门课程为重考的事实和法律依据进行分析。经法院审理查明，广东海洋大学作出的《关于马非凡申请学位证书事宜的答复》认定事实错误，主要依据不足，依法撤销校方答复并限期进行学位重新审核。

在该案中，马非凡因赴美国实习前申请缓考并得到学校批准，其间未收到学校统一缓考通知，导致没能如期参加校方组织的统一缓考而被认定为缺考，最后补考课程记录为重考。该校无证据举证其已将统一缓考的安排提前告知马非凡，也未将申请再次缓考的要求进行告知，再者需要指出该生起初并不在学校统一缓考函名单中。

总的来看，校方因通知学生缓考不到位、缓考名单的疏漏造成学生未能如期参与考试，且混淆适用该校学籍管理“因故不能参加考试必须提前提出缓考申请”的规定，作出不授予学位的决定存在认定事实错误的法律风险。

（二）证据不足，事实不清的法律风险

在何慧娴请求撤销重庆第二师范学院不颁发学位决定一案中，该校以其论文答辩与计算机等级考试未通过为由，作出不授予其学位证书的决定。经法院审理查明，《重庆第二师范学院不授予学士学位告知书》未能明确不授予其学士学位的具体原因，高校作出不授予学士学位决定，认定事实不清，证据支撑不足，遂撤销高校原处理决定。在栗婷诉中国海洋大学撤销硕士学位一案中，学校以其在学位申请过程中提供虚假学术信息为由，撤销其学位。法院审理判定该校作出的“撤销学位决定”主要证据不足，确认无效并撤销。

---

① 龚向和．高校学位授予权：本源、性质与司法审查[J]．苏州大学学报（哲学社会科学版），2018(3)：52.

在汪某诉巢湖学院不予颁发学位证一案中，巢湖学院认为汪某五门课程经补考及格，不符合《巢湖学院学年学分制学士学位授予工作实施细则》学位授予规定，故作出不予颁发学位证的决定。法院经审理明确，汪某在校学习期间已修完学校规定课程且成绩合格，符合授予学士学位条件。该校不授予原告学士学位证据不足，依法被撤销；在张晶诉新疆医科大学不予颁发学位证一案中，该校以其考试作弊为由不向其颁发学位证。法院经审理明确，认定张晶考试作弊缺乏证据支撑，认定事实不清，依法撤销。

综上，笔者认为对事实的清晰、正确认定是适用法律法规的前提。证据不确凿、认定事实错误等将导致高校作出不授予学位或撤销学位决定被法院撤销，高校将因此产生违法与败诉的风险。

三、适用法律、法规存在的法律风险

适用法律、法规所存在的法律风险：其一，法律、法规的滞后与模糊所导致的法律风险；其二，适用法律、法规错误而产生的法律风险，即未援引、错误援引、引用已失效的法律法规和规章及其条款的情形①。

（一）法律、法规的模糊表达所存在的风险

语言文字在某种程度上造成了法律的不确定性②。上位法关于高校学位授予的原则性规定与模糊性表达，使得高校在行使学位授予权的过程中具有自由裁量的空间，易引发违法风险。例如，在刘艳诉山东师范大学不予颁发学士学位证一案中，山东师范大学以刘艳受留校察看处分后“没有显著进步表现”为由，决定不授予其学位证书。法院审理指出，高校认定其“没有显著进步表现”证据不足，依法撤销其不授予学位决定。

由此可见，法律、法规条款中语言文字的不确定表述，往往使得高校在进行法律认知与执行过程中发生偏差甚至产生错误判断，造成适用法律、法规错误，侵害学生受教育权利，继而引发违法与被诉风险。

（二）适用法律、法规错误的法律风险

在23起高校败诉案例中，10起案例存在适用法律错误的情形。例如，在高源诉中山大学不授予学士学位一案中，法院指出中山大学作出不授予学位决定适用具体条款不明确，缺乏法律依据。在谢天然诉北京电影学院取消硕士学位一案中，该校以学生学位论文涉嫌严重抄袭为由，取消其硕士学位。经法院审理明确，北京电影学院作出取消其硕士学位决定遵循的具体规定不明，适用法律错误。在于艳茹诉北京大学撤销博士学位一案中，该校以学生在读期间发表论文涉嫌抄袭的学术不端行为，作出学位撤销处理决定。法院

① 刘子锌.行政诉讼撤销判决的适用情形研究[D].海口：海南大学，2018：6.

② 邱昭继.法律语言与法律的不确定性[D].北京：中国政法大学，2008：1.

审理明确，北京大学在作出撤销其博士学位时没有明确援引的法律、法规，也未明确到具体条款，属适用法律错误。

由此可见，高校行使学位授予权过程中适用法律、法规错误问题时有发生，易产生法律适用方面的违法风险，反映出高校法治能力的不足、学校管理主体法律素养的薄弱。

四、行政程序缺失的法律风险

在我国，对行政行为的法定程序审查是司法审查的一贯选择。从2015—2020年高校学位授予纠纷案例来看，法院多依据法定程序对高校学位授予行为的程序进行合法性审查。正当程序原则作为行政诉讼法的基本原则，虽在我国法律法规中并未体现，但在司法实践中时有被法院引用，1999年“田永案”第一次将正当程序原则引入司法审判实践。

行政程序是指行政主体行使职权所涉及的环节、步骤、方式、顺序、期限、信息等诸项要素及其制度的组合。根据《普通高等学校学生管理规定》第五十五条、五十六条规定，高校行使学位授予权对学生作出损益性行政行为时，应严格遵循告知行政相对人事实、理由和依据、陈述申辩等程序。基于2015—2020年高校学位授予行政诉讼案的实证考察，发现在23起败诉案件中，12起案件涉嫌程序违法，占败诉案的52.2%，表明高校在作出不授予学位或撤销学位决定时存在行政程序缺失问题。

（一）告知、听取陈述申辩、送达程序缺失的法律风险

根据《普通高等学校学生管理规定》，高校在对学生作出不授予学位或撤销学位一类损益性行政行为时，应严格遵循程序性原则，告知其作出该处分的认定事实、理由、依据，同时保障学生陈述与申辩的行政程序。但就高校学位授予权的运行实践来看，高校权力运行中存在程序意识淡薄，行政程序缺失的法律风险，主要表现为在作出不授予学位或撤销学位行为时，未能依法保障受教育者的知情权、参与权与申诉权。

在李阳诉福州大学不履行法定职责案中，法院认为，拒绝授予学士学位是损益性行政行为，应充分保障学生的陈述与申辩权，但高校未能将不授予学位理由告知相对人并听取其陈述与申辩，有违正当程序。在张晶诉新疆医科大学不授予学士学位案中，法院审理认为，高校在对原告作出留校察看纪律处分这一损益性行政行为前未履行听取其陈述申辩的法定程序，作出不授予其学位的行政行为有违程序性原则。在于艳茹诉北京大学撤销博士学位案中，法院判定学校作出学位撤销决定缺失法定行政程序，具体表现为未能在作出撤销行为前听取学生陈述申辩。在王东亚诉广东第二师范学院不授予学士学位一案中，同样存在行政程序缺失问题，具体表现为事先告知学生、向其说明理由、听取学生陈述申辩、决定作出后送达等程序的疏漏，有违正当程序。在谢天然诉北京电影学院取消硕士

学位一案中，法院认为学校在对其作出取消硕士学位决定时，未遵循告知、听取陈述和申辩程序，程序违法。

由此可见，高校学位授予权运行中存在因告知、听取陈述与申辩、送达通知等程序缺失的程序违法风险。

（二）怠于履职、行政不作为的法律风险

在刘付中诉韶关学院不履行补发学位证书行政义务一案中，法院审理判定学校未按法定程序对学生学位申请作出明确答复，未履行学位审查职责，存在行政不作为，责令其对学生学位申请作出处理。在孙悦丽诉中国民航大学履行法定职责一案中，该校以其与导师发生著作权纠纷导致硕士学位申请未得到导师签字为由，拒绝授予学位。根据我国现行法律以及《中国民航大学硕士学位授予工作实施细则》，结合来看仅有对"论文答辩需导师签字同意"的规定，并没有对"学位申请书需要导师签字"的规定。该生已通过其论文答辩，但学校认为其学位申请书未征得导师同意，故未将其答辩决议报送学校评定委员会。法院审理判定，该校论文答辩委员会应按照程序将答辩决议报送学校评定委员会，由其作出是否授予学位的决定，但该校至庭审仍未就此作出决议，构成不履行法定职责。在高源诉中山大学不授予学士学位一案中，法院审理认为学校存在行政不作为，属程序违法，责令学校对学生的学位申请作出处理。在该案中，高源因在考试中存在违规被学校给予处分，学校据此作出不授予学位的决定。在学生多次向学校提出学位申请后，学校未能对其作出该决定的理由、依据进行回应，未及时履行法定义务，存在行政不作为问题。

综上，高校在依据法律、法规及自主制定的学位授予工作实施细则等规范性文件行使学位授予权过程中，存在告知、听取陈述申辩、送达程序缺失、怠于履行职责、行政不作为等程序性法律风险。为此，应该明确高校学位授予权的运行程序，正当程序原则理应在司法审查中被充分体现，以保障学生在高校学位授予权运行过程中的最低程序性权利。

第三节　高校学位授予权的法律风险归因

教育法律纠纷的产生受高校内外因素共同作用。有研究者指出，教育权益结构的变革与学生权利意识的提高[①]、学校管理权的扩大化、依法办学的制度保障问题、教育行政法律法规的滞后、高校立法越位等[②]是教育法律纠纷的成因。纵观近年高校学位授予行政诉

① 申素平.中国现实教育纠纷特点、成因及其救济机制的完善[J].教育研究与实验，2000(6):9.

② 李朔，经柏龙.学生与高校之间行政法律纠纷及权利救济途径[J].辽宁教育研究，2005(9):48.

讼案，其主要围绕“不授予学位”与“撤销学位”问题展开。于此，不得不思考的是为什么会出现涉高校学位授予权行政诉讼？究竟是什么原因导致学生与母校对簿公堂？有研究指出高校学位授予过程中程序不当、作出学位处理决定法律适用不合理、学生权利救济制度缺失是学位授予纠纷案产生的主要原因[①]。本章主要对高校学位授予权法律风险的成因进行分析，为构建法律风险的防范机制提供参考。

本文通过对2015—2020年90例涉高校学位授予权行政诉讼案的研究，发现目前高校学位授予权法律风险产生的原因如下：其一，高校学位授予权的理论定位不清；其二，高校学位授予权法律、法规存在局限；其三，高校内部学位授予规章制度存在瑕疵；其四，高校学位授予权法律风险防范不足。具体言之，理论研究层面，学界对高校学位授予权相关概念认识不一，未成定论；立法规范层面，高校学位授予权法律、法规存在缺位与模糊，应然的“国家学位制度”与实然的大学学位特征存在错位；实践运行层面，高校根据法律、法规授权，具有学位授予自由裁量权，但高校管理主体法律观念与风险意识的弱化、法律风险防范机制建设的滞后，造成高校学位授予行为不当与法律风险防范不力，进而产生了违法风险。

一、高校学位授予权的理论定位不清

教育法律纠纷相对一般法律纠纷而言存在特殊性，其特殊性在于法律纠纷主体学校性质与法律地位的模糊[②]以及校生法律关系的界定不清[③]。识别与研判高校学位授予权的法律风险，首先应从理论层面明确高校学位授予权的三个核心问题，即高校是什么性质的法律主体？高校所拥有的学位授予权是一种什么性质的权力？是否应接受司法审查？目前，理论研究并未对以上问题统一认识并作出确切回应。高校学位授予权核心问题定位的不清晰，增加了其权力运行的法律风险。

（一）高校法律地位的争议

近年来，学位授予行政诉讼案的不断上演，打破了学校不可被诉的格局，在法学界与教育界引起强烈反响。“法律地位”即权利主体在法律上的地位[④]，是学校与其他主体在不同法律中构成的法律关系[⑤]，可理解为高校在行政法、行政诉讼法、民法中的地位及其与学生间的法律关系。关于高校法律地位，世界各国对其界定不一。

---

① 杨挺，李伟．教育法律纠纷的特点与应对机制研究：基于对司法案例的分析[M]．重庆：西南师范大学出版社，2017:93.

② 孙仲玲．高校教育法律纠纷及调处机制[J]．云南行政学院学报，2007(5):158.

③ 秦惠民．当前我国法制进程中高校管理面临的挑战[J]．清华大学教育研究，2001(2):54.

④ 孙国华．中华法学大辞典：法理学卷[M]．北京：中国检察出版社，1997:9.

⑤ 陈鹏，祁占勇．教育法学的理论与实践[M]．北京：中国社会科学出版社，2006:200.

1.国外关于高校法律地位的界定

从海外各国来看,大陆法系与英美法系对学校法律地位界定不一。

大陆法系国家,高校是行政机关、公务法人。大陆法系以德国、法国为代表,认为学校是行政组织,是负担特定目的与提供专门服务的行政机构,是行政组织在新的历史条件下的一种扩张形态。在法国,公立大学是公务法人。根据1968年《高等学校方向指导法》第三条,大学是公立科学文化机构,具有法人资格与财产自主权①。在德国,公立大学既是公法团体又是公营造物②。《联邦德国高等教育总法》第五十八条规定,高等学校兼有公法团体与国家设施两种身份。在日本,大学则被视为行政机关。

英美法系国家,高校是公法人。英美法系没有公法与私法之分,实行单一司法体制,无独立行政法体系,公务人员不因执行公务而适用不同于公民的法律或受不同法院管辖,③其公法人概念较为简单。在英国,行政权力行使者分为政府与公法人。公法人与一般行政机关相对独立又存在关系。④在美国,学校的法律性质被定位为公共机构或公法人,必须严格遵守联邦宪法,受到正当程序原则的限制。

2.国内关于高校法律地位的界定

关于学校法律地位的认识存在四种观点⑤。其一,高校是法律法规授权组织。法律、法规授权的组织具有行政主体资格,在行使国家行政权力的同时独立承担法律责任⑥。高校在学生管理活动中以行政主体身份行使行政权力。其二,高校是事业单位法人。学者们从《教育法》、《高等教育法》与《民法通则》出发,将学校定位为实施教育的事业单位法人,认为具有民事主体资格且仅能作为民事主体,不能作为行政主体,学校与学生之间是契约关系。其三,高校是公务法人。该观点认为学校与学生之间是特别权力关系。其四,高校是公法中的特别法人。该观点借助大陆法系公法、私法二元分立理论,将学校定义为公法人,是只向公众提供教育的特别法人,不附属于国家,与学生之间是特殊的行政关系。

3.行政法视域下高校的法律地位探析

以上关于高校法律地位的观点,合理之中也存在一定的局限性。认为高校是事业单位法人的观点,模糊了高校具有法定行政职权,与学生存在管理与被管理法律关系的事实。认为高校是法律法规授权组织的观点,初衷是解决高校作为适格行政诉讼被告问题,

---

① 申素平.论我国公立高等学校的公法人地位[J].中国教育法制评论,2003(0):28.

② 张文洁.公立高等学校学生权利保护与救济[D].威海:山东大学,2013:6.

③ 陈鹏,祁占勇.教育法学的理论与实践[M].北京:中国社会科学出版社,2006:210.

④ 王名扬.英国行政法学[M].北京:中国政法大学出版社,1987:86.

⑤ 祁占勇.解构与重构我国公立高校与政府的行政法律关系[J].高等教育研究,2005(2):34.

⑥ 湛中乐.高等教育与行政诉讼[M].北京:北京大学出版社,2003:5.

但在法律层面目前并未被明确。认为学校是公务法人或公法中的特别法人的观点，在我国缺乏现实根基。我国并不存在公法与私法的区分，照搬大陆法系的公法理论来指导本国司法实践可行性明显不足。只有在我国现行法律框架下，基于司法实践探析高校的法律地位才能行之有效。

目前，法律层面仅明确了高校的民事主体资格而未明确其行政主体资格。现实情况中，高校与学生并非完全平等的主体。因此，在其法人资格的基础上对其所行使的权力加以考察以确定其主体资格①，迫切且必须。行政诉讼被告资格的获得基于行政主体资格的确立。在一系列因高校学位授予权引发的教育行政诉讼案中，司法审查是否应该介入以及介入的限度如何把控，是横亘在高校学位授予权司法实践中的一大难题，而这一难题的关键在于高校行政主体资格的确认。最高人民法院明确“高校作出不授予或撤销学位行为严重影响学生受教育权，应接受司法机关的审查”，但其并未据此进一步确立高校的行政主体资格。

笔者认为，高校法律身份定位的不明确，使得高校学位授予权的可诉性未得到明确，亟待从行政法角度明确其行政主体资格，使其适用行政法律规制，成为行政诉讼适格被告，将高校学位授予权纳入司法审查轨道。

（二）学校与学生的法律关系界定不清

1.关于学校与学生法律关系的理论与观点

学校与学生法律关系理论。从学校与学生法律关系认识的发展来看，主要存在“特别权力关系理论”、“部分社会说”与“公法契约说”三种理论。特别权力关系理论限制司法审判介入，校生纠纷只能通过行政内部的申诉途径而不能通过诉讼途径解决。部分社会说亦如此。公法契约说理论则从校生地位平等的契约关系出发，肯定了学生可通过诉讼维权。

学校与学生法律关系的主要观点：其一，特别权力关系。该观点起源于大陆法系的德国，认为高校是行使特别权力的主体，高校处于绝对优势地位，学生权利处于相对劣势。其二，行政法律关系。该观点认为高校与学生之间是管理与被管理的关系，地位并不平等。其三，民事法律关系。该观点认为校生之间是一种平等的民事法律关系，同时享有权利并承担义务。

2.对于高校与学生法律关系的再认识

学校与学生间法律关系的不明确，造成高校学位授予权司法审查的实践困阻。“特别权力关系说”与“部分社会说”将司法拦截在纠纷解决之外，未能实现学生合法权益的司法救济。特别权力关系与行政法律关系下的校生不平等性易增加高校学位授予权扩大化行

① 刘剑文.高等教育体制改革中的法律问题研究[M].北京：北京大学出版社，2005:55.

使的风险。虽然“公法契约说”与民事法律关系确认了校生法律地位、权利义务的平等，明确了学生提起司法诉讼的可行，但其问题在于高校行政诉讼被告资格并未得到法律确认，高校学位授予权面临可诉性难题。从司法实践来看，法院虽通过司法能动性承认高校行政诉讼的适格被告身份，但《行政诉讼法》并没有从法律规范上确认高校的行政主体资格，未能依法将其纳入行政法调整范围。高校大多遵循其自主制定的内部规范性文件对学生进行管理，但其时常出现与法律法规相抵触、程序缺失等问题，导致学生实体性与程序性权利受到侵犯(如不授予或撤销学位行为)。

因此，笔者认为应从法律层面明确高校学位授予权运行中的校生关系性质，在平等的民事法律地位基础上重点考察行政法律关系的发生，从法律层面确认高校的行政主体资格，将高校学位授予权依法纳入行政法调适范畴，实现高校学位授予权的司法审查。

(三)高校学位授予权的性质不明确

高校学位授予权的法律性质决定了其学位授予标准制定的合法性[①]。高校基于自主设定的学位授予限制性条件，作出不授予学位或撤销学位行为，引发系列涉学位授予权行政诉讼案。但各地司法审查标准不一、结果各异，造成高校学位授予权司法审查的实践窘境，关键在于高校学位授予权的法律性质与权力归属不明。

1.关于高校学位授予权性质的主要观点

高校学位授予权是行政权还是学术权？观点一，高校学位授予权是行政权。高校学位授予权实质是一种行政权[②]，高校虽“不属于国家行政机关系列”，但是国家通过法律法规授予高校与科研机构的权力[③]，无法律授权就无所谓自治权[④]。“学位授予权的性质是执行性的管理性权力”，具有行政权力特点[⑤]。观点二，高校学位授予权是高校自主权。研究者们大多以学理与法定依据为支撑，从大学学术性自治组织的特性与法律、法规对高校自主管理权的规定出发，认为高校学位授予权属于高校自主权范畴，不受外部权力的干预与控制。

2.行政法视域下高校学位授予权性质探析

高校学位授予权法律性质的不同定位是其学位授予标准与法律冲突的根源。[⑥]“田永案”明确了高校代行国家颁发学位的行政权力，适用行政诉讼法解决学位纠纷。[⑦]高校学

① 龚向和.高校学位授予权：本源、性质与司法审查[J].苏州大学学报(哲学社会科学版)，2018，39(3)：52.

② 周光礼.论学位授予行为的法律性质[J].科技进步与对策，2004(3)：58.

③ 石正义.法理学视野下的学位授予权[J].湖北社会科学，2005(10)：129.

④ 许中华.高校学位授予权的行政法分析[J].理论界，2007(8)：21.

⑤ 杨挺，李伟.教育法律纠纷的特点与应对机制研究：基于对司法案例的分析[M].重庆：西南师范大学出版社，2017：92.

⑥ 黄厚明.高校学位授予案件司法审查进路研究：基于两种法律关系定位的考察[J].高教探索，2017(6)：25.

⑦ 周佑勇.法治视野下学位授予权的性质界定及其制度完善：兼述《学位条例》修订[J].学位与研究生教育，2018(11)：1-2.

位授予权被定性为国家行政权，旨在使得高校成为行政诉讼的适格被告；被定位为高校自主权，旨在论证其自主设定学位授予标准的合理性。综上可见，高校学位授予权性质在法律上并未得以明确，这就导致其权力归属不明，因此必须从法律层面进一步阐明高校学位授予权的双重性质及其各自运行规则，做到既尊重其学术权利又能将其纳入行政法规制范畴。

（四）高校学位授予权的司法审查困阻

高校学生在学位获得权受到侵害时，如何借助法律维护自身合法权益是理论界与司法界应该关注与解决的问题。在“田永案”发生前，我国高校基本处于“无诉”状态，学生对于高校因各种理由不授予、撤销学位行为基本保持缄默，鲜有对高校学位授予行为提起法律诉讼的。目前，学术界对司法介入高校学位授予权审查基本予以肯定，但在介入限度上的认识莫衷一是。因现行法律法规对高校法律地位、学位授予权性质以及学生申诉权利救济规定的不明确，各地法院在对高校学位授予权进行司法审查时存在认识偏差与法律依据择取不一，造成了高校学位授予权纠纷司法审查的标准、限度与结果不一等问题，使得高校学位授予权的司法审查陷入尴尬境地。

1.高校学位授予权的可诉性困境

高校学位授予权是否可诉与是否可审是争议的焦点。反对司法介入高校学位授予权的观点认为：学术组织有其内在的运行逻辑，不受外界限制与审查，①学术评价是同行学者做出权威判断的学术活动，②从学术事务的专业性与自治性来看，法院没有能力也不应该介入③。学术评价应由高校自主决定，司法介入学术论断会侵犯高校自主权。支持司法介入高校学位授予权的观点认为：“法律从来不允许仅仅由于侵害来源、发生领域这些形式的不同而区别对待”，只要是属于审判权的管辖范围且非不可诉事项的法律争议就应被受理。《高等教育法》“自主”一词被司法解释为学位授予裁量权，是法院谦让与尊重的理由④。

综上，笔者认为，司法应该被允许介入高校学位授予权的审查，但需把握介入的范围与限度，在尊重高校办学自主权的基础上，以“比例原则”与“法律优先原则”对其权力运行的合法性进行审查，适当引入合理性审查，以体现司法的公平正义，保障学生基本权益。

---

① 杨挺，李伟.教育法律纠纷的特点与应对机制研究：基于对司法案例的分析[M].重庆：西南师范大学出版社，2017：102.

② 张保生.学术评价的性质和作用[J].学术研究，2006(2)：2.

③ 湛中乐，黄宇骁.高校自主办学法解释论[J].华东政法大学学报，2020，23(3)：101.

④ 湛中乐，黄宇骁.高校自主办学法解释论[J].华东政法大学学报，2020，23(3)：101.

2.高校学位授予权司法审查的差异性

从司法审查实践来看,不同法院对高校学位授予权法律性质的不同定位,使同一学位授予权问题的司法解释与审查存在差异。司法案例研究表明,各地法院对于同一性质的法律纠纷审判结果存在差异,甚至同一法院对同一类型案件审查标准与结果也截然不同,反映出其选择法律、法规进行司法审查的不确定性,造成司法审查实践的混乱。如大多数法院对高校将学生道德品行挂钩学位授予考量的标准予以支持,认为其并未违反法律法规,但仍存在审查结果的差异性。具有代表性的如"刘岱鹰案",法院认为因一次考试作弊便对学生品行作出否定性评价有失公允,遂撤销中山大学新华学院的决定并要求高校重新作出是否授予学位的决定。更让笔者为之不解的是,同一法院针对同一类型学位授予纠纷案竟产生不同的审查结果。与刘岱鹰案截然不同的是刘琪一案,法院认为该校根据本校制定的学士学位工作细则,对其考试作弊给予留校察看纪律处分,不予颁发学位行为属于高校行使学位授予权的自主范围[①]。由此可见,高校学位授予权性质的不明确,易造成司法审查的差异性,引发司法审查不一的风险。

二、高校学位授予权法律、法规存在局限

(一)法律、法规与规章制度的缺失

1.高校学位授予权性质定位不明

从现行法律规范规定来看,高校学位授予权的法律性质界定并未以法条明确,高校学位授予权的运行规则与权力边界也不明。依据现行法律、法规仅能定论高校的学位授予为高校代行国家学位授予的行政职权的行为,但其性质究竟是国家行政权还是高校自主权抑或是多重属性权,法律并未予以明确。在法律规范缺乏明确界定的情况下,法院在高校学位授予权的司法审查实践上存在主观性选择,造成高校学位授予权运行无章可循、学位授予纠纷司法审查不一的风险。

2.高校学位授予权管理制度不完善

高校学位授予权的依法高效运行需要管理制度的指导与规范,尤其是要明确高校学位授予权的行使程序、主体权责、权利申诉以及监督问责等有关规定。目前,就高校学位授予权法律、法规及规章制度来看,对于学位授予权主体的权力较为强化,但义务责任规定不足,缺乏约束。对学位申请者缺乏行之有效的权利救济规定。正当程序原则尚未在法律层面得到明确。

---

① 参见(2015)穗天法行初字第173号行政判决书。

3.受教育者权利救济制度不力

其一，我国《学位条例》第17条仅对高校不授予和撤销学位作出规定，却未涉及学位申请者表明异议、申请行政复议和行政诉讼事宜；其二，《教育法》第四十二条规定，学生不服学校处分的有权向“有关机关”申诉，由“有关机关”受理申诉，但未明确具体机构部门，对权利救济渠道与申请行政诉讼也语焉不详；其三，《行政复议法》并未明确学位证书是否属于其列举的“许可证、执照、资质证、资格等证书”的复议范围而适用司法救济途径；其四，《行政诉讼法》未见关于学位证书诉讼的有关规定。因此，当高校行使学位授予权作出不授予、撤销学位等损益性行政行为时，权利救济制度不彰使得学生法律维权举步维艰。

（二）法律、法规模糊表达的不确定性

1.高校法律定位的模糊

我国立法层面并未明确高校的行政主体资格。“高校到底是事业法人还是行政主体，在理论与实务界存在争议，其原因在于现行法律法规对高校的法律定位不明。”[①]《教育法》第三十一条规定，学校自批准设立、登记注册之日起获得法人资格[②]。从民法角度来看，高校被界定为事业单位法人，依据是《民法通则》第50条与《事业单位登记管理暂行条例》(2004)第2条[③]。“田永案”后，司法能动性将高校视为“法律、法规授权的组织”以解决其诉讼资格的问题，但高校的行政主体资格一直未被法律明确。

2.学位授予条件规定的模糊

我国《学位条例》和《学位条例暂行实施办法》对学位授予条件仅作出法律原则性规定，较为模糊且缺乏可操作性。例如仅规定了授予学位的条件，未明确不授予学位的条件。《学位条例》第四条规定关于“成绩优良”的表述，但是何为成绩“优良”，高校如何统一把握呢？因此，高校在行使学位授予权过程中显然具有学位授予的自由裁量权。

此外，关于《学位条例》学术水平标准的列举式表达，其学位授予条件的未穷尽性表述，易造成高校认定其有且仅有以上参考条件，固化本单位学位授予标准，不利于高校特色定位与发展。

3.高校学位授予权机构职权界定不清

目前，我国《学位条例》与《学位条例暂行实施办法》并未对高校论文答辩委员会、学位评定分委员会和校学位评定委员会三者职权进行清晰划定。学位授予的决定权到底归论文答辩委员会还是校学位评定委员会？法律法规的模糊规定，使得高校学位授予权运行

① 刘剑文.高等教育体制改革中的法律问题研究[M].北京：北京大学出版社，2005:55.

② 陈鹏，王雅荔.基于公立高校法人财产权特殊性的贷款制度设计[J].陕西师范大学学报(哲学社会科学版)，2012，41(6):148.

③ 曹世华，雷金火.论公立高校的法律地位[J].安徽工业大学学报(社会科学版)，2006(4):14.

面临着行政权力侵犯学术权利、外行评定内行的风险。因此，高校学位授予权机构的职权有待从立法层面进行明确，需对其职权边界进行清晰划定。

(三)学位制度应然与实然的错位

1.应然的“国家学位制度”与实然的“大学学位”特征

对于现行学位制度，理论界始终秉持“学术自由”的价值诉求。但从高校学位授予权的实践运行来看，将我国学位制度完全定位为国家学位制度失之偏颇。学位制度在学位授予权实践中发生应然与实然的错位，已然彰显了大学学位制度的特征。应然层面的国家学位制度，高校学位授予权需经国家授权、国家通过法律规定学位授予基准、实行高等教育学历统一电子注册、学位证书全国统一进行电子编号等；实然层面的大学学位特征，高校具有制定本校学位授予实施细则的权利，可根据自身办学特色、发展定位和人才培养目标制定学位授予的具体标准，其颁发的学位证书加盖印章为高校本校印章。基于我国学位制度实然与应然的错位，有研究者指出，只有建立以学校为核心的学位体制才能使高校依据自身培养要求制定的标准高于国家学位授予标准，保证高校自主授予学位的办学自主权①。

由此来看，我国现行学位制度并非完全意义上的国家学位制度，已逐渐表现出大学学位制度的特征，但也不属于完全意义上的大学学位制度。如2015年，国家虽将学位证书交予高校自主设计与印制，但其仍需将学位授予信息报送国务院学位委员会或提出变更申请。因此，我国高校学位授予权运行已彰显出“大学学位”特性，但其仍需接受国家统一监管，并非完全意义上的高校自主权。这就要求学位制度在法律层面的改革与调适，以适用当下高校学位授予权运行实践。

2.国家学位授予标准统一性与高校差异性

在我国，高等教育呈现明显的地域、层次、类型区别。但现行法律、法规在对高校学位授予标准的规定上，并未对不同地域、层次、类型的高校进行区分，而是采用统一标准。法律统一规定高校学位授予条件，一方面不利于高校办学特色的彰显，另一方面使高校在自主设定学位授予条件时，因不同高校间管理主体的法律素养、制度建设、办学定位、生源质量的差异性，高校内部学位授予规章制度面临合法性、规范性问题，有待进一步关注与审视。

① 张勇.我国高校学位授予权研究[D].上海：上海交通大学，2014:78.

三、高校内部学位授予规章制度的瑕疵

(一)高校学位授予规范性文件的高标准

高校学位授予权的运行必须借助高校内部规范性文件进行权力保护与约束,特别是在高校制定的学位授予规范性文件和学位授予工作实施细则上。高校依据法律、法规授权,自主制定学位授予工作实施细则,应"不抵触上位法,遵循上位法的本意、内容和原则,在没有规定的情况下不得随意扩大调整范围"①。但在高校学位授予权的实践运行中,校方为提升办学质量,时常提高本校学位授予条件的门槛,设定较多限制性条件,甚至将与获得学位无关因素纳入学位授予条件考核,存在不合法、不规范问题。

高校提升自身办学标准与人才培养质量的出发点是不容置疑的,但其如果违背上位法精神,肆意扩大学位授予权行使范围,增设法律规定之外过高标准的学位授予条件,从本质上侵犯学生受教育的权利,则应受到法律规制与惩戒。

(二)学生校内申诉制度的低效能

"一切有权力的人都容易滥用权力"②,"有权利即有救济"。从现实来看,我国高校学生校内申诉制度仍存在瑕疵,权利救济效能低。其一,《教育法》规定学生具有申诉权,但并未对学生申诉做具体细化说明,未明确严格的申诉程序、受理机构、时效制度、管辖范围等。③其二,申诉、复议和诉讼等权利救济体系虽已建立,但未强制校内申诉前置于行政诉讼。因此,有学者提出将校内申诉制度前置于行政诉讼程序④。其三,高校按照《普通高等学校学生管理规定》要求,已初步建立学生校内申诉制度,但学位纠纷发生后,学生直接向法院起诉的现实反映出学生校内申诉制度的失信、失真与失效,折射出校内申诉机制建设的滞后、权利救济的延迟等问题。

(三)学术申诉制度的缺位

目前,我国学生申诉制度已初步建立,但学术申诉制度滞后。高校学位授予权的"学术权"属性,要求学位授予过程的学术判断与学术评价的专业性、权威性。从目前高校学位授予权的司法审查实践来看,司法更多时候秉持对学术自治的尊重,但这并不意味着高校可以借由学术自治侵犯学生受教育权与公正评价权,也不意味其学术性判断是法外之地,司法仍有权对其进行审查与规制,以保证教育的公平正义。

学术申诉制度,笔者将其定位为"专家学者参与司法审查与权利救济过程"的纠纷解

---

① 杨挺,李伟.教育法律纠纷的特点与应对机制研究:基于对司法案例的分析[M].重庆:西南师范大学出版社,2017:101.

② 孟德斯鸠.论法的精神(上册)[M].张雁深,译.北京:商务印书馆,1961:154.

③ 陈久奎.我国教育纠纷仲裁制度建构研究[D].重庆:西南大学,2006:52.

④ 湛中乐.高等学校大学生校内申诉制度研究[J].中国教育法制评论,2007(0):35.

决制度。学术申诉制度相对于学生申诉制度最大的不同在于“把专业的问题交给专业人员解决”,将具备学术权威的专家学者列入司法审查权利主体,对学位授予权纠纷涉学术性问题进行实质性审判,实现司法实质性审查与程序性审查的统一,弥补以往司法审查仅关注高校行政行为合法性判断而忽视行政相对人诉讼请求的不足,最终实现法律纠纷的根本化解。

因此,学术申诉制度既能有效地落实和保护高校办学自主权,又能保障学生的合法权益,为高校学位授予权纠纷的当事主体提供了权利专业化救济途径。在此需要指出的是,将学术申诉制度前置于司法诉讼程序,不仅能降低学生申诉的时间成本与物力资本,也能节约司法资源。

四、高校学位授予权法律风险防范不足

高校学位授予权的法律风险应对,要求贯穿、覆盖学位授予的全过程、全方位。首先,高校管理主体应强化法律素质与风险意识,正视风险的存在;其次,高校需通过对学位授予的法律风险研究,构建风险防范体系;再次,高校需对学位授予各环节进行风险评估,实现风险动态监控与科学管理;最后,高校需通过建立风险防范机制,以实现风险的全面规制。但就现实情况来看,当前高校学位授予权的法律风险防范明显不足,具体表现为:高校管理主体法律风险意识的不足、高校学位授予权法律风险防范机制建设的滞后。

(一)高校管理主体法律风险意识不足

高校学位授予权的法律风险应对,首先应强化管理主体的法律观念,使其树立明确的法律风险意识,正视风险的存在。但从败诉案例情况来看,高校行使学位授予权过程中管理主体法律意识淡薄、高校学位授予行为失范,存在认定事实不清、适用法律法规错误、违反法定程序等情形,引发学位授予权违法风险。因此,高校管理者应逐步强化依法治校理念,提高法律素养,将风险意识贯穿高校学位授予权运行的始终。

(二)高校学位授予权的法律风险防范机制缺位

高校学位授予权的法律风险应对,应从建立健全风险规避制度、风险监控与评估制度、法律风险防范机制等层面展开。但就现实情况来看,我国高校在运行学位授予权时其法律风险应对机制建设明显滞后,多为学位授予纠纷发生后的“事后救济”,未能充分体现其风险规避、监控管理与防范的制度效能。具体表现为:其一,高校学位授予权的法律风险规制制度滞后;其二,高校学位授予权的法律风险动态监控与管理不到位;其三,高校学位授予权的法律风险防范机制缺位。因此,高校学位授予权法律风险应对机制建设的滞后、法律风险防范机制的缺位,同样是高校学位授予权法律风险存在的原因。

第四节 高校学位授予权的法律风险防范

高校学位授予权的法律风险防范与化解，是实现高校学位授予权“权利”与“权力”相互制衡，行政权力与学术权力和谐共生的“安全阀”，是依法治校与深化高等教育改革的应有之义。从近年的高校学位授予行政诉讼案来看，高校学位授予权尚未形成系统化的法律风险防范机制。因此，构建系统化学位授予权法律风险防范机制迫在眉睫且任重道远。

关于高校学位授予权的法律风险防范，笔者主要从高校学位授予权的制度约束、行为规范、权利救济、风险防范机制构建四个维度进行讨论。其一，制度约束。通过立法完善高校的法律身份、高校学位授予权的性质、高校学位授予权的运行程序、高校学位授予权主体的职权、高校自主设定学位授予标准的限度、高校学位授予权的可诉性与司法审查等内容。其二，行为规范。依法规范高校学位授予权的实践运行，督导其充分认定事实、正确适用法律法规、遵循行政程序、依法行使学位授予自由裁量权，科学民主制定学位授予标准。其三，权利救济。拓展非诉讼性渠道，提升申诉制度效能。优化诉讼性渠道，完善行政诉讼受理范畴。其四，风险防范机制构建。设置高校独立法治工作机构、完善法律顾问制度、建立学术申诉制度与诉讼制度、创新推进“二审合一”的高校学位授予权司法审查模式。

一、高校学位授予权的制度约束

教育法律纠纷的出现在一定程度上表明现行法律法规存在缺陷，亟待建立一套系统有效的学位授予纠纷法律风险应对机制。为有效防范高校学位授予权的法律风险，首先需要发挥法律法规的约束与规范作用。约束机制的主要目的是化解高校学位授予权“无法可依，有法难依”的风险。通过补充立法，弥合高校学位授予权有关法律规定的留白，通过细化法律条文，增强可操作性，防范因法律法规的缺位与不明而引发高校学位授予权运行的风险。

通过对高校学位授予权法律风险的识别，可以发现我国现行法律法规对高校法律身份界定不清、对高校学位授予权的法律性质界定缺失、对高校学位授予权的行使程序未作规定、对学位授予条件的规定模糊、对高校内部学位授予权机构职权界定不清等，有待立法明确。

（一）明确高校行政主体身份

按照现行法律法规，高校行政主体资格并未得到法律确认。民法角度对高校的身份定位，难以应对高校行使学位授予权这一公权力所引发的学位授予纠纷。因高校法律身份定位的不明，不同法院会因对其认知不同产生不同的判决结果，甚至对同一类案件的判决结果也会存在差异。高校教育纠纷经过“田永案”被纳入行政诉讼救济范围，[①]但高校“法律法规授权的组织”的定位只是解决其行政诉讼适格被告问题，但并未从根本上解决问题[②]。

笔者认为，首先，应将高校法律身份界定为“公务法人”，使其具有学位授予法定职权，明确权力来源与边界；其次，从行政法层面明确其行政主体资格，使其依法成为行政诉讼适格被告，适用行政法律规制，实现高校学位授予权的司法审查。行政主体资格的确立，能够使得高校依法具备行政诉讼被告的资格，将高校学位授予权纳入司法审查的轨道，使高校承担其行政行为产生的法律责任。

（二）阐明高校学位授予权的双重属性

基于研究发现，现行法律、法规及规章未对高校学位授予权法律性质进行明确，理论与实务界尚存行政权力与学术权利的争论。从理论界来看，学者们试图从国家委托、法律授权的角度，认定高校学位授予权的行政权属性；从大学自治与学术权利角度，认定学位授予权是高校自主权。从实务界来看，各地法院对高校学位授予权性质判断不一，有的将其定位为国家行政权，有的将其定位为高校自主权。

因此，笔者认为必须从法律层面明确高校学位授予权具有学术权与行政权的双重性质，并对其不同属性的权利适用范围与边界作出规定，明确权利范围与权利边界，化解高校学位授予权司法审查定位不一的风险。

（三）细化高校学位授予权运行程序

程序正义是实体正义的保障。现行法律、法规对高校学位授予权程序性规定缺失，正当程序原则尚未形成明确法律法规条文规定。从学位授予权纠纷的司法审查实践来看，高校作出不授予或撤销学位决定程序违法、程序不当已司空见惯。因此，需在法律层面细化高校学位授予权行使程序（如调查取证、告知、听证、送达决定等）以保障学生知情权与申辩权。

告知程序方面，从法律层面规定高校作出不授予或撤销学位等损益性行政行为的告知程序，既是对学生受教育权的保护，也是监督高校依法行使学位授予权的需要。高校在向学生作出不授予学位或撤销学位的决定时，必须向学生阐释事实、理由、法律依据等。告知程序的完善，有助于高校在行使学位授予权过程中，对所作出的不授予或撤销学位行为进行审视。申辩程序方面，高校在作出不授予或撤销学位决定时，允许学生就高校认定

① 湛中乐．司法对高校管理行为的审查：田永诉北京科技大学案评析[J]．中国法律评论，2019(2)：50.

② 刘苹，李烁．司法审查介入高校教育纠纷的难点分析[J]．广东行政学院学报，2017，29(5)：6.

的事实、作出的决定进行申辩，从法律层面保障学生在学位授予过程中的话语权，进而规范高校学位授予权的行使。

听证程序方面，高校在行使学位授予权的过程中，应通过听证知悉学生的意见，听证人员应包括高校学位办领导及工作人员、教师代表、学生代表与当事人等。高校只有依据法定程序行使学位授予权，做到学位授予权运行程序的有章可循与环环相扣，才能实现高校办学自主权与学生受教育权的和谐共生。

（四）划清高校学位授予权主体职权

现行法律法规对高校学位授予权机构职权界定模糊，高校学位授予决定权归属部门的不明确，使其易产生行政权力侵犯学术权利、外行评定内行的风险。因此，笔者认为应从法律层面明确高校论文答辩委员会学术评价的实体性权力，赋予论文答辩委员会学术评价的决定性权力。对学位评定委员会的权限界定，应强调其确认与批准的程序性权力，即对论文答辩委员会作出的决定进行程序性审查，但不得干预其专业性、权威性的学术判断权。

（五）给定学位授予标准设定依据与原则

学位授予权被依法下放给高校，高校可依法行使学位授予与学位撤销权。高校学位授予权行使不当将会对学位申请者的合法权益造成侵害。首先，现行法律、法规及规章关于学位授予标准的原则性界定较为模糊，使得高校在设定学位授予标准过程中享有学位授予自由裁量权，其通常为提高自身办学质量而将法定之外的因素作为学位授予的条件，侵犯学生合法权益。其次，立法层面仅规定了授予学位的条件，未明确不授予学位的条件，导致高校在适用法律法规作出不授予学生学位的决定时存在随意性。最后，关于学术水平标准的列举表达，常被高校误解为学位授予的学术评价标准有且仅有列举条件，不利于高校的特色发展。

综上，笔者认为：首先，应从法律上明确学位授予标准制定的“法律优先”原则，强调高校行使学位授予权应遵循“法律优先”与“法律保留”原则，尊重上位法，具体在学位授予标准设定中即“法无规定不得为”；其次，补充完善不授予学位的法律条款，为高校学位作出不授予学位的决定提供特定法律依据，做到有法可依，依法行使。

（六）确认高校学位授予权的可诉性

目前，我国现行法律、法规并没有明确将高校学位授予权纳入司法审查。“田永案”后，司法实践在发挥能动性的情况下，对高校学位授予行为进行合法性审查。高校学位授予权司法审查法定依据的缺失，造成法院对案件受理范围的认识与判定不同，甚至有些法院认为高校学位授予系高校内部的管理行为，以其不属于法院受案范围为由，驳回学生的起诉。

高校学位授予权依法纳入司法审查范畴，意味着学生有权对高校学位授予权提起行政诉讼，不仅可以实现学生权利的司法救济，而且有助于规范高校学位授予权的运行。

因此，笔者认为，在行政诉讼法确认高校“行政主体资格”的基础上，明确将高校学位授予权纳入司法审查范畴，解决高校学位授予权的可诉性问题，建立健全权利主体问责惩戒机制，具有重要理论与实践意义。

二、高校学位授予权的行为规范

我国《行政诉讼法》第七十条对撤销行政行为情况进行了列举式说明，即主要证据不足、适用法律法规错误、违反法定程序、超越职权、滥用职权、明显不当情况，法院可责令行政主体重新作出行政行为。基于此，笔者认为高校学位授予权的运行也应纳入行政法规制的轨道，依法规范高校的学位授予权，即做到充分认定事实、正确适用法律法规及规范性文件、遵循行政程序、有限行使学位授予裁量权、科学民主制定学位授予标准等。

（一）充分认定事实

高校在作出不授予或撤销学位的行政行为时，必须查明学生作弊、学术不端等事实，以充分的证据为基础，并以此作为法院进行后续审查的依据。同时，笔者认为高校在行使自主管理权对学生进行管理，作出纪律处分的事实认定时，司法介入事实认定也未尝不可。基于此，有学者指出法院法官可以基于对学位授予规范性文件的理解与把握阐释有关规则，参与并佐证高校所做出的事实认定，避免出现高校自主认定事实的失误与不全面问题。

（二）正确适用法律法规及规范性文件

适用法律、法规错误是严重的违法行为。这就要求高校在运行学位授予权，根据现行法律法规、高校内部学位授予规范性文件作出是否授予学位决定时，正确适用法律条款，避免出现适用法律错误、援引条款不明、未适用法律、适用失效法律法规等问题。因此，高校管理者应逐步强化依法治校理念，提高法律素养，将法治贯穿高校学位授予权运行的始终。尤其是在适用校内规范性文件对学生做出不利处理时，应坚持教育与惩戒相结合、以教育为主的原则，在不违背法律精神、立法目的与教育性原则基础上，做出是否授予学位或撤销学位的决定。

（三）遵循行政程序

高校在行使学位授予权过程中，严格遵循行政程序，既能够保障学生作为行政相对人的合法权益，又能避免高校过度行使权力。法律缺乏高校运行学位授予权具体的程序规定，并不意味着高校可以忽视正当程序原则而作出不授予或撤销学位的决定。因此，高校行使学位授予权作出涉及学生重大利益的决定时，应严格遵循法定程序，充分保障学生陈述、申辩、收到通知等程序性权利。具体而言，高校在行使学位授予权的过程中，一是法律或学校规范性文件有明确规定的法定程序,应严格依照其作出处理决定。二是法律或学校规范性文件未明确规定的,高校应秉持正当程序这一原则作出行政行为,以此保障学生最低程序性权利。总而言之,应将程序性原则贯穿学位授予权运行始终。

(四)有限行使学位授予裁量权

“行政裁量”源自德日行政法学,是行政机关在一定范围内可独立自主作出“最终决定”的权力。高校学位授予权运行中具有学位授予自由裁量权。从司法诉讼案例所反映的高校学位授予权运行中的“越权”制定学位授予标准以及“明显不当”行为来看,均是高校学位授予裁量权的过度使用问题。因此,高校在法律没有明确规定的情况下行使学位授予裁量权须遵循法定原则,以“法无规定不得为”为准绳,在对国家规定的学位授予标准进行细化时不得肆意增设附加性、限制性学位授予条件。

(五)科学民主制定学位授予标准

基于2015—2020年学位授予行政诉讼司法案例的研究,发现高校学位授予规范性文件的附带审查以合法性审查为主,法院对规范性文件制定程序的审查基本没有涉及。但高校学位授予规范性文件的制定涉及学生主体重大利益,理应保障其知情权与参与权,学位授予标准的制定应坚持民主、公开原则,广泛听取学生群体意见。

学位授予权兼具“行政权力”与“学术权利”双重性质。[①]因此,高校在行使学位授予标准设定权时,首先需明确其特定权力的来源。其学术权性质证实高校具有自主制定学位授予标准进行人才培养目标定位的权利,其行政权性质要求高校学位授予标准的设定应遵照上位法,接受合法性审查。

综上,笔者认为,高校科学、民主制定学位授予权标准应做到:其一,契合立法目的与立法精神;其二,不抵触上位法;其三,坚持民主公开、学生参与原则。具体而言,高校自主制定学位授予标准应以法律精神为指导,将背离立法目的与教育目的的标准予以剔除,以宪法和上位法为根本遵循,保证学生知悉与参与规则制定的权利。

三、高校学位授予纠纷的权利救济

法院的生效判决表明司法审查处理过程终结,未必能使双方当事人的纠纷终结,某些当事人可能重新寻求新的救济途径。从2015—2020年法院对高校学位授予权法律纠纷案的审理结果来看,虽然部分案件法院依法受理并按程序对其进行了审理与结案,但仍存在司法审查后纠纷未得到有效解决的情况,法院作出的司法判决结果未能对学生的实体

① 周佑勇.法治视野下学位授予权的性质界定及其制度完善:兼述《学位条例》修订[J].学位与研究生教育,2018(11):1.

性权利进行有效救济，造成即便学生胜诉但处理结果也不一定能得到执行，胜诉人只能另辟蹊径进行权利维护。如对高校所作出的不授予学位或撤销学位的决定进行判决时，仅责令高校撤销原决定或要求其重新对学位申请者进行审查，但没有直接判令高校作出授予学位的决定，从根本上看并未回应诉讼请求。

由此可见，高校学位授予权纠纷案的终结并未见得能从根本上解决利益主体的矛盾冲突，也未能彻底实现对学生权利的实质性保护。因此，笔者认为，高校学位授予纠纷的化解可通过优化纠纷解决途径实现，完善权利救济机制以防范学位授予的法律风险。

（一）拓展非诉讼性渠道，提升申诉制度效能

目前，我国权利救济的非诉讼性途径包括教育调解制度、教育申诉制度、教育行政复议与教育仲裁制度[①]。申诉制度是学生因合法权益被侵害时向学校或教育行政部门申诉，诉请重新作出处理的一种权利救济制度[②]，从其是否提起诉讼来看，可分为诉讼性申诉制度与非诉讼性申诉制度。我国法律规定教育申诉制度为非诉讼性权利救济途径[③]。优化非诉讼性权利救济途径要做到：其一，从法律层面促进学生申诉立法的完善；其二，从实践层面优化高校学生校内申诉与行政申诉途径。

1.从法律层面促进学生申诉立法的完善

我国已通过《教育法》与《行政诉讼法》明确学生人身与财产权救济，但教育权未被明确纳入申诉救济，有待立法完善。此外，有学者指出，我国学生申诉制度存在法律规定过于原则化、救济渠道单一且不畅、依法治校难以推进等问题[④]。从国家申诉立法层面来看，学生申诉受理机构与时效规定缺失[⑤]，申诉实施细则、程序不明晰等，增加了高校在学生申诉受理上的处理难度。

因此，立法层面应将教育权明确纳入申诉救济，明确适用于学校学生申诉的法律规定，对申诉程序与校内申诉途径进行规定，使申诉制度遵循行政规章而避免肆意创设。促进申诉立法的完善，优化高校校内申诉与行政申诉途径，有助于高校学位授予权法律与实践问题的解决与法律风险的防范。

---

① 杨挺，李伟.教育法律纠纷的特点与应对机制研究：基于对司法案例的分析[M].重庆：西南师范大学出版社，2017：186.

② 谢太洵.试论高校处分与学生权利救济制度的完善[J].探索，2005(3)：192.

③ 孙健.浅议我国教育申诉制度[J].国家教育行政学院学报，2007(5)：42.

④ 陈恩伦.关于学生申诉立法的思考[J].中国教育学刊，2005(5)：48.

⑤ 范履冰.受教育权法律救济制度研究[D].重庆：西南大学，2006：107.

2.从实践层面优化高校学生校内申诉与行政申诉途径

出于对高校办学自主权的尊重，教育行政部门将学生申诉的处理权赋予高校，但其实际并未发挥学生权利救济的理想效能，高校校内申诉制度的制定与执行存在明显不足。比如，高校自主制定的学生申诉办法程序简单随意，其在受理申诉过程中因“规则制定者”与“裁判者”的双重身份而难以获取学生信任。因而当学位授予纠纷发生时，学生往往越过校内申诉制度转向司法诉讼，在一定程度反映出高校内部学生申诉制度的失信、失真、失效。

因此，笔者认为在申诉制度的实践层面，应完善校内申诉制度，给予学生申诉处理委员会独立的地位，严格遵循申诉程序，强化问责机制。此外，应强化行政申诉制度的实践效能，使高校校内申诉与行政申诉双向发力，提高非诉讼性途径对高校学位授予权纠纷的解决力度。

（二）优化诉讼性渠道，完善行政诉讼受理范畴

高校学位授予权存在司法诉讼困境。其一，与高校行政诉讼被告主体资格有关的法律规定存在缺失。其二，受教育权被排除于行政诉讼受案范围之外。《行政诉讼法》已明确行政诉讼受案范围标准，一是具体行政行为标准，二是人身权、财产权标准[①]。根据《教育法》第四十三条，校生之间是行政管理关系，只能通过申诉和诉讼途径解决[②]。但《教育法》将诉讼受案范围具体的行为限制为“侵犯其人身权、财产权等合法权益”的行为，使得“受教育权”被排除在司法救济之外。从实践来看，高校学位授予权纠纷在非诉讼性途径未能实现权利救济的情况下，当事主体不得不转向诉讼性途径解决。在我国，国家行政机关和法律法规授权组织具有行政诉讼被告资格，但学校实际上并非国家行政机关，在司法实践中其多被解释为法律法规授权组织。

因此，笔者认为，优化诉讼性权利救济的前提是完善行政诉讼受理范畴，即从法律层面明确公办高校行政诉讼被告资格，同时将受教育权列为行政诉讼范围的标准，使得高校学位授予权纠纷能正确适用行政诉讼途径实现权利救济。

四、高校学位授予权的法律风险防范机制构建

（一）完善高校法律顾问制度，设置独立法治工作机构

我国高校作为独立法人，依法享有办学自主权，但其内外关系的复杂性与相关利益主体的多元化，使其在运行学位授予权进行学位管理时困难大、风险点多。因此，亟待设置高校独立法治工作机构，完善法律顾问制度，构建全过程、全方位、系统化的法律风险防范机制。

---

① 马怀德.司法改革与行政诉讼制度的完善[J].法律适用，2005(8)：4.

② 陈恩伦.关于学生申诉立法的思考[J].中国教育学刊，2005(5)：48.

法律顾问制度始于西方企业管理，而后被引入教育管理领域。2003年，《教育部关于加强依法治校工作的若干意见》出台，强调学校要通过聘请法律顾问加强学校法制教育与服务。此后，法律顾问制度在高校得到建立与发展。2020年，《教育部关于进一步加强高等学校法治工作的意见》印发，强调高校要运用好办学自主权，高校法治工作机构职能独立且工作队伍专业化，机构定位为学校重要管理部门而非单一咨询部门，具有对高校重大决策、重要文件发布前的合法性审查职权。但目前，高校法律顾问制度的防范与控制效能发挥有限，兼职法律顾问因其时间精力的有限性及高校工作经验的匮乏，难以对高校学位授予类制度设计与学位授予行为的合法性进行全方位、全过程、背景化观照，在规避高校在行使学位授予权的法律风险上存在局限。

基于此，笔者认为应进一步完善高校法律顾问制度，明确法治工作机构职能。其一，审核与修订学位授予权规范性文件。高校法律顾问机构负责对高校现行学位授予工作细则进行修改，将存在瑕疵的学位授予标准有关规定剔除，在学位授予规范性文件中增加申诉的流程及实施细则、听证的程序及要求等内容，减少高校学位授予中的法律风险。其二，参与学位授予权行政诉讼司法审查。法律顾问机构代表高校参与诉讼，可通过司法审查检视高校学位授予类制度设计，发现高校行使学位授予权的惯有法律风险，为高校内部学位授予细则修订与权力运行提供风险规避的参考。其三，开展法治宣传教育。高校师生树立法治观念，形成法律思维，扎实法律知识，是应对学位授予权纠纷与维护合法权益的前提与关键。

目前，高校存在依法治校不严，学生借助法律维权意识淡薄等问题。因此，加强对高校师生的法律宣传教育迫在眉睫。高校法律顾问机构可借助司法案例宣讲法律知识，使高校师生“知法、守法、学法、用法”，避免因法律知识匮乏而违规违法，进而降低学位授予权运行中的法律风险。

（二）建立学术申诉、诉讼制度

高校学位授予权从其权力结构来看，可解构为学位授予标准设定权、学位资格合格性审查权、学位证书颁发权、学位撤销权四项子权力。高校学位授予权行政权力与学术权利的“复合性”属性，使得法院历来对学位授予权纠纷案的审查大都停留在程序性审查层面，而实质性审查不足。

建立学位授予权纠纷学术诉讼制度，学生在认为高校行使学位授予权存在实体性问题时可以诉诸政府各级学位委员会。将学术申诉制度前置于行政诉讼，弥补法院对学术性实体问题审查的不足。学术申诉、诉讼制度的建立，有助于实现司法对高校学位授予权实质性与专业化审查，深入保障学生的受教育权，确保学位授予的水平与质量，提升高校学位授予权的效能与公信力。

（三）创新司法审查模式，推进“二审合一”

从目前学位授予纠纷案的司法审查来看，法院通过对学位授予权性质的判断，判定司法审查的范围与限度，程序性审查是其采取的主要审查模式。若法院认为高校行使学位授予权行政程序完善，符合程序性原则，一般判决高校胜诉。若程序缺失或违法，法院一般撤销其决定或在此基础上要求其重新作出行政行为，但不会直接干预实体性问题，也不会直接回应学生的诉讼请求，只是对高校作出行政行为的合法性进行审查。因此，“本质上属于司法建议，并不能强制执行”①。

基于此，笔者认为高校学位授予权的司法审查应推进“二审合一”模式，即程序性审查与实质性审查的统一，在推进司法审查专业化同时填补其真空地带。目前，从涉高校学位授予权行政诉讼案的司法审查特点来看，主要以程序性审查为主，实体性审查力度不够。司法审查应引入专业权威的学术评价主体，对高校学位授予权实体性问题进行审查，如对高校自主设定的限制性学术性标准进行合法性、合理性考量。此举可让法院在进行高校学位授予权合法性审查的基础上，对其合理性与合目的性进行审查，实现程序性审查与实体性审查的统一。此外，应注重发挥司法判例的示范作用。判例对法院虽无约束作用，但对其判决可以起到“范例”参考作用。“田永案”与“何小强案”作为教育行政诉讼的指导性案例，在有关法律、法规模糊不清的情况下，对类似学位授予权纠纷案的处理发挥了重要参考作用。因此，注重对高校学位授予权司法审查判例的学习与宣传，参考案例的司法解决途径，有利于提高司法审查效能。

① 周详，延然.学位授予行为的法律性质及制度创新：基于司法审判的反思[J].清华大学教育研究，2020，41(2)：147.

参考文献

(一)中文文献

[1]夏勇.走向权利的时代(修订本)[M].北京:中国政法大学出版社,2000.

[2]布鲁贝克.高等教育哲学[M].王承绪,郑继伟,张维平,等译.杭州:浙江教育出版社,2001.

[3]顾基平.高等教育法规概论[M].长沙:湖南人民出版社,2010.

[4]段海峰,吕速.教育法问题研究[M].北京:人民出版社,2011.

[5]周永坤.法理学:全球视野[M].北京:法律出版社, 2010.

[6]范进学.权利政治论:一种宪政民主理论的阐释[M].济南:山东人民出版社, 2003.

[7]张文显.法哲学范畴研究(修订版)[M].北京:中国政法大学出版社, 2001 .

[8]姚德年.我国上市公司监事会制度研究[M].北京:中国法制出版社,2006.

[9]张成钧,沈品发.国有企业监事培训教程[M].上海:上海远东出版社,2005.

[10]潘懋元.多学科观点的高等教育研究[M].上海:上海教育出版社,2001.

[11]拉伦茨.德国民法总论[M].王晓晔,邵建东,程建英,等译.北京:法律出版社,2003.

[12]杨挺.民办高等学校产权法律问题研究[M].长春:吉林大学出版社, 2011.

[13]伊林.法律意识的实质[M].徐晓晴,译.北京:清华大学出版社,2005.

[14]辛世俊.公民权利意识研究[M].郑州:郑州大学出版社,2006.

[15]王泽鉴.民法概要[M].北京:中国政法大学出版社,2003.

[16]沈恒斌.多元化纠纷解决机制原理与实务[M].厦门:厦门大学出版社,2005.

[17]安宗林,李学永.大学治理的法制框架构建研究[M].北京:北京大学出版社,2011.

[18]尹晓敏.高等学校学生管理法治化研究[M].杭州:浙江大学出版社,2008.

[19]王名扬.法国行政法[M].北京:中国政法大学出版社,1988.

[20]左志德.学术自由及其责任[M].北京:中国社会科学出版社,2017.

[21]周佳.学术权利的政治哲学基础[M].太原:山西教育出版社,2010.

[22]克拉克.高等教育系统——学术组织的跨国研究[M].王承旭,等译.杭州:杭州大学出版社,1994.

[23]李维安,王世权.大学治理[M].北京:机械工业出版社,2013.

[24]张文显.二十世纪西方法哲学思潮研究[M].北京:法律出版社,1996.

[25]阎光才.识读大学:组织文化的视角[M].北京:教育科学出版社,2002.

[26]伯恩鲍姆.大学运行模式[M].别敦荣,译.青岛:中国海洋大学出版社,2003.

[27]胡肖华,倪洪涛.从失衡到平衡:教育及其纠纷的宪法解决[M].北京:中国法制出版社,2007.

[28]应松年.行政法与行政诉讼法[M].北京:中国政法大学出版社,2017.

[29]杨挺,李伟.教育法律纠纷的特点与应对机制研究:基于对司法案例的分析[M].重庆:西南师范大学出版社,2017.

[30]孙国华.中华法学大辞典:法理学卷[M].北京:中国检察出版社,1997.

[31]陈鹏,祁占勇.教育法学的理论与实践[M].北京:中国社会科学出版社,2006.

[32]王名扬.英国行政法学[M].北京:中国政法大学出版社,1987.

[33]湛中乐.高等教育与行政诉讼[M].北京:北京大学出版社,2003.

[34]刘剑文.高等教育体制改革中的法律问题研究[M].北京:北京大学出版社,2005.

[35]应松年,薛刚凌.行政组织法研究[M].北京:法律出版社,2002.

[36]卓宇轩.教育行业法律风险防范大全[M].北京:法律出版社,2012.

[37]孟德斯鸠.论法的精神(上册)[M].北京:商务印书馆,1961.

[38]沈岿.谁还在行使权力:准政府组织个案研究[M].北京:清华大学出版社,2003.

[39]范愉,李浩.纠纷解决:理论、制度与技能[M].北京:清华大学出版社,2010.

[40]邵金荣.中国民办教育立法研究[M].北京:人民教育出版社,2001.

[41]王保树.商事法论集(第一卷)[M].北京:法律出版社,1997.

[42]张琨.中国特色现代大学制度创新:基于新制度经济学的研究[M].北京:人民出版社,2015.

[43]徐兴旺.教育行政权行使的有效性研究[M].重庆:西南师范大学出版社,2017.

[44]刁玉华.高等教育投资政策的有效性研究:来自一个省的数据[M].北京:北京师范大学出版社,2014.

[45]徐绪卿.我国民办高校治理及机制创新研究[M].北京:中国社会科学出版社,2017.

[46]刘建银.准营利性民办学校研究[M].北京:北京师范大学出版社,2010.

[47]张文国.中国民办学校法人制度研究[M].北京:教育科学出版社,2012.

[48]尤光付.中外监督制度比较[M].北京:商务印书馆,2013.

[49]苏力.法治及其本土资源[M].北京:中国政法大学出版社,1996.

[50]劳凯声.变革社会中的教育权与受教育权:教育法学基本问题研究[M].北京:教育科学出版社,2003.

[51]李福华.大学治理的理论基础与组织框架[M].北京:教育科学出版社,2008.

[52]尹晓敏.利益相关者参与逻辑下的大学治理研究杭州[M].杭州:浙江大学出版社,2010.

[53]眭依凡.学术自由理念与大学校长治校[J].北京:清华大学教育研究,2001(03):13-18.

[54]张立全.我国高等教育大众化阶段的教育质量保障探究[D].天津:天津大学,2006.

[55]李永贤.群策群力促进高等教育科学发展:《国家中长期教育改革和发展规划纲要》研讨会纪要[J].高校教育管理,2010,4(5):10-12.

[56]湛中乐,尹婷.论学术自由:规范内涵、正当基础与法律保障[J].陕西师范大学学报(哲学社会科学版),2016,45(3):155-163.

[57]陈文联,陈之宸.现代大学制度建设:民办高校应有的追求[J].黄河科技大学学报,2013,15(1):4-7.

[58]徐冬青.民办学校的治理结构[J].复旦教育论坛,2004,2(5):66-69.

[59]钟建芳.关于建立民办高校监事会初探[J].辽宁行政学院学报,2014,16(3):85-86+88.

[60]李永亮.高等学校内部治理结构优化研究[D].济南:山东大学,2016.

[61]张珍芳.从"范跑跑"事件看权利实现的道德阻却及其消减[J].法学,2009(6):10-14.

[62]吴睿.法定权利实现的理论模型之建构[J].前沿,2013(14):65-67.

[63]公丕祥.论权利的实现[J].江苏社会科学,1991(2):55-59+64.

[64]胡萌.大学生权利现状调查研究:以G校为例[D].南京:南京师范大学,2014.

[65]吕世伦,张学超."以人为本"与社会主义法治:一种法哲学上的阐释[J].法制与社会发展,2005(1):85-102.

[66]马瑞东.权利与权力辨证统一关系的法哲学思考[D].北京:中国政法大学,2005.

[67]蔡伊帆.论我国高校学位授予纠纷的司法介入[D].石家庄:河北科技大学,2020.

[68]张万波.论中小学教师校本课程开发权及其实现[J].当代教育论坛,2008(5):14-15.

[69]焦岩岩."权利本位"理念下幼儿教师专业自主权研究[D].长春:东北师范大学,2012.

[70]于桂兰,陈明,于楠.心理契约与组织公民行为的关系:元分析回顾及样本选择与测量方法的调节作用[J].吉林大学社会科学学报,2013,53(2):115-123.

[71]劳凯声.创新治理机制、尊重学术自由与高等学校改革[J].教育研究,2015(10):10-17.

[72]易联树,吴佩林.论我国公民权利意识的觉醒与发展[J].西华师范大学学报(哲学社会科学版),2005(6):20-22.

[73]李永军.论权利能力的本质[J].比较法研究,2005(2):40-50.

[74]朱家德.教师参与高校治理现状的个案研究[J].高等教育研究,2017,38(8):34-41.

[75]唐万宏,薛传会,姜晓云.论大学章程制定对完善高校内部治理结构的影响[J].国家教育行政学院学报,2013(9):8-11.

[76]岳鲁锋,郭桂英.国外私立大学教师权利保障的经验及启示[J].理工高教研究,2008,27(1):40-42.

[77]葛明珍.论权利冲突[D].北京:中国社会科学院研究生院,2002(5).

[78]谭晓玉.权力与权利的冲突与平衡[J].教育法制评论,2006(0):73-85.

[79]王克金.权利冲突论[J].法制与社会发展,2004(2).

[80]王克金.权利冲突论一个法律实证主义的分析[J].法制与社会发展,2004(2).

[81]王景斌,朱翠兰.论教育行政法律关系及相对人权利救济[J].东北师大学报(哲学社会科学版),2005(6).

[82]卞良.浅析我国教师权利法律救济制度的困境与对策[J].科技与法制,2011(3).

[83]刘彦博.完善我国高校教师权利救济制度的思考[J].黑龙江高教研究,2012(11).

[84]漆多俊.论权力[J].法学研究,2001(1).

[85]刘彦博.完善我国高校教师权利救济制度的思考[J].黑龙江高教研究,2012(11).

[86]郭秀晶,马乐,王霁.北京教育法律救济的现状问题与政策建议[J].理论探索,2006(1).

[87]刘彦博.完善我国高校教师权利救济制度的思考[J].黑龙江高教研究,2012(11).

[88]李立国,张翼.美国研究型大学学院治理模式探析[J].清华大学教育研究,2016,37(6):15-27.

[89]刘庆斌.美国教师在大学治理中的作用与角色[J].江苏高教,2012(3):150-153.

[90]余承海.美国州立大学治理结构研究[D].南京:南京师范大学,2011.

[91]刘斌,金劲彪.我国高校行政化的历史原因及其去行政化[J].浙江树人大学学报,2011,11(5):78-82.

[92]郭娇,徐祯.高校教师参与治理的意愿及行为分析[J].中国高教研究,2018(6).

[93]徐祯.高校教师参与大学内部治理的适切性与有效性分析[D].上海:华东师范大学,2018.

[94]刘爱生,顾建民.美国大学共同治理的思想内涵[J].比较教育研究,2012(1):8-12.

[95]刘爱生.我国大学有效共同治理的文化阻力及其突破[J].北京教育(高教版),2018(10):39-40.

[96]赵蓉,张端鸿.构建大学共同治理体系的探索性研究:以A大学章程建设为例[J].复旦教育论坛,2017,15(1):39-46.

[97]罗建河,潘甲甲.高校内部治理中学生权力的谱系分析[J].当代教育科学,2014(09):3-5+11.

[98]孔丽苏.大学生参与高校内部治理的理论思考[J].求实,2013(2):273-274.

[99]陈恩伦,龚洪.从“双一流”建设谈政府与大学的关系[J].高校教育管理,2017,11(06):14-19.

[100]祁占勇,陈鹏.治理理论语境下政府与高校关系的“善治”[J].中国高教研究,2008(05).

[101]邱昭继.法律、语言与法律的不确定性[D].北京:中国政法大学,2008.

[102]胡玉浪.我国公立高等学校的法律定位[J].福建农林大学学报(哲学社会科学版),2004,7(3):66-69.

[103]文正邦,伍操,邓华平.公民受教育权的行政法保护问题研究[J].政法论丛,2005(6):18-26.

[104]申素平.高校学生纪律处分制度研究——中英比较的视角[J].中国高教研究,2009(4):43-46.

[105]周治富.学术特质与学术自由——兼论当代博士研究生如何践行学术自由[J].中国高教研究,2012(2):20-24.

[106]陈金圣.重塑大学治理体系:大学治理能力现代化的实现路径[J].教育发展研究,2014(9):20-26.

[107]甘晖.基于大学治理能力现代化的大学治理体系构建[J].高等教育研究,2015,36(7):36-41.

[108]金顶兵.大学组织结构及其对行为模式的影响[J].高等教育研究,2003(2):40.

[109]刘宝存.中世纪的大学理念及其对后世的影响[J].复旦教育论坛,2004,2(4):41-44.

[110]李海萍.大学学术权力现状研究[D].长沙:湖南师范大学,2010.

[111]梁艳.美国大学教授的学术权利保障研究[D].济南:山东大学,2016.

[112]科塞.理念人:一项社会学的考察[M].郭方,译.北京:中央编译出版社,2001.

[113]贾超翔,张新民.论大学学术权力的性质、结构与权能[J].黑龙江高教研究,2017(3):6-9.

[114]刘爱东.大学生权利与权利保障[D].苏州:苏州大学,2003.

[115]张德瑞.高校学位评定委员会的性质、地位与立法完善[J].学位与研究生教育,2009(1):47-49.

[116]王唤明,江若尘.利益相关者理论综述研究[J].经济问题探索,2007(4):11-14.

[117]张文显.从义务本位到权利本位是法的发展规律[J].社会科学战线,1990(3):135-144+147.

[118]阎光才.大学组织的管理特征探析[J].高等教育研究,2000(4):53-57.

[119]赵骏.我国高校教师学术权力规范行使的保障措施研究[J].中国成人教育,2015(3):22-24.

[120]王霁霞.高校校规司法审查的类型分析与进路重构:基于近3年40起高校教育行政诉讼案件的实证研究[J].中国高教研究,2018(9):58-63.

[121]张松波.论高校涉学位行政案件败诉成因及风险防控:基于近三年败诉案件的实证研究[J].学位与研究生教育,2020(2):16-24.

[122]肖岚龄.高校学位授予权司法审查制度研究:以2014~2018年学位授予纠纷为分析视角[D].厦门:厦门大学,2019.

[123]周详,延然.学位授予行为的法律性质及制度创新:基于司法审判的反思[J].清华大学教育研究,2020,41(2):141-148.

[124]湛中乐,王春蕾.于艳茹诉北京大学案的法律评析[J].行政法学研究,2016(3):97-107.

[125]王茜.正当法律程序原则在教育管理领域的适用:以于某诉北京大学撤销博士学位决定案为例[J].法律适用(司法案例),2018(4):56-59.

[126]胡肖华,徐靖."良法"治校与大学生合法权利保障:高校校规之上位法违宪检讨[J].法学论坛,2005,20(6):37-44.

[127]耿宝建.高校行政案件中的司法谦抑与自制[J].行政法学研究,2013(1):93-98.

[128]湛中乐,黄宇骁.高校自主办学法解释论[J].华东政法大学学报,2020(3):94-109.

[129]龚向和.高校学位授予权:本源、性质与司法审查[J].苏州大学学报(哲学社会科学版),2018(3):52-62+191.

[130]刘子锌.行政诉讼撤销判决的适用情形研究[D].海口:海南大学,2018.

[131]申素平.中国现实教育纠纷特点、成因及其救济机制的完善[J].教育研究与实验,2000(6):7-11+72.

[132]李晓燕.陈蔚.学校办学法律纠纷现状、成因与对策探讨[J].中国教育法制评论,2008(0):84-104.

[133]李朔,经柏龙.学生与高校之间行政法律纠纷及权利救济途径[J].辽宁教育研究,2005(9):47-49.

[134]孙仲玲.高校教育法律纠纷及调处机制[J].云南行政学院学报,2007(5):158-161.

[135]秦惠民.当前我国法治进程中高校管理面临的挑战[J].清华大学教育研究,2001(2):49-59.

[136]申素平.论我国公立高等学校的公法人地位[J].中国教育法制评论,2003(0):14-37.

[137]张文洁.公立高等学校学生权利保护与救济[D].济南:山东大学,2013.

[138]祁占勇.解构与重构:我国公立高校与政府的行政法律关系[J].高等教育研究,2005,26(10):33-37.

[139]周光礼.论学位授予行为的法律性质[J].科技进步与对策,2004(3):57-59.

[140]石正义.法理学视野下的学位授予权[J].湖北社会科学,2005(10):129-132.

[141]许中华.高校学位授予权的行政法分析[J].理论界,2007(8):21-22.

[142]黄厚明.高校学位授予案件司法审查进路研究:基于两种法律性质定位的考察[J].高教探索,2017(6):24-28.

[143]周慧蕾.从规范到价值:高校学位授予权法律性质的定位[J].法治研究,2014(12):31-99.

[144]张保生.学术评价的性质和作用[J].学术研究,2006(2):10-15+147.

[145]陈鹏,王雅荔.基于公立高校法人财产权特殊性的贷款制度设计[J].陕西师范大学学报(哲学社会科学版),2012,41(6):147-153.

[146]曹世华,雷金火.论公立高校的法律地位[J].安徽工业大学学报(社会科学版),2006,23(4):12-14+17.

[147]张勇.我国高校学位授予权研究[D].上海:上海交通大学,2014.

[148]陈久奎.我国教育纠纷仲裁制度建构研究[D].重庆:西南大学,2006.

[149]湛中乐.高等学校大学生校内申诉制度研究[J].中国教育法制评论,2007(0):23-48.

[150]湛中乐.司法对高校管理行为的审查:田永诉北京科技大学案评析[J].中国法律评论,2019(2):50-53.

[151]刘莘,李烁.司法审查介入高校教育纠纷的难点分析[J].广东行政学院学报,2017,29(5):5-12.

[152]周佑勇.法治视野下学位授予权的性质界定及其制度完善:兼述《学位条例》修订[J].学位与研究生教育,2018(11):1-9.

[153]谢太洵.试论高校处分与学生权利救济制度的完善[J].探索,2005(3):189-192.

[154]孙健.浅议我国教育申诉制度[J].国家教育行政学院学报,2007(5):42-45.

[155]陈恩伦.关于学生申诉立法的思考[J].中国教育学刊,2005(5):48-51+30.

[156]范履冰.受教育权法律救济制度研究[D].重庆:西南大学,2006.

[157]马怀德.司法改革与行政诉讼制度的完善[J].法律适用,2005(8):2-5.

[158]胡国勇.从追求“公共性”到强调“自我责任”:日本私立大学学校法人制度的形成与改革[J].教育发展研究,2009(8):64-69.

[159]潘懋元,别敦荣,石猛.论民办高校的公益性与营利性[J].教育研究,2013(3):25-34.

[160]毕宪顺,赵凤娟.高等学校的民主监督与权力制约——以教职工代表大会制度为基本形式[J].教育研究,2009(1):86-91.

[161]姚传德.日本私立大学的监事制度剖析[J].湖北第二师范学院学报,2011,28(10):43-45.

[162]尹滔.台湾私立高校内部治理结构研究[D].宁波:宁波大学,2014.

[163]钟建芳.关于建立民办高校监事会初探[J].辽宁行政学院学报,2014,16(3):85-86+88.

[164]赵大伟.中国上市公司监事会制度改革论[D].长春:吉林大学,2017.

[165]徐先凤.大学章程建设研究[D].烟台:鲁东大学,2013.

[166]冯世则.权力往往导致腐败[J].读书,2001(10):154-155.

[167]徐国正.公立大学监督机关研究[D].长沙:湖南大学,2014.

[168]刘丹.我国上市公司监事会制度的完善研究[D].昆明:昆明理工大学,2015.

(二)英文文献

[1]GERBER L G.The rise and decline of faculty governance:professionalization and the modern American university[M].Baltimore,MD:Johns Hopkins University Press,2014.

[2]LESLIE D W,FRETWELL E K.Wise Moves in Hard Times:Creating & Managing Resilient Colleges & Universities[M].San Francisco:Jossey-Bass,1996.

[3]HOELTER J W.The effects of role evaluation and commitment on identity salience[J].Social psychology quarterly,1983,46(2):140-147.

[4]LEIGHTON J A.Report of committee T on place and function of faculties in university government and administration[R].Bullerin of the AAUP,1920,6(3):17-47.

[5]PFNISTER A O.The role of faculty in university governance[J].The journal of higher education,1970,41(6):430-449.

[6]KEZAR A, SAM.Understanding the new majority of non-tenure-track faculty in higher education: demographics, experiences, and plans of action[M].San Francisco: Jossey-Bass, 2010.

[7]MORRISON J D.Faculty governance and nontenure-track appointments[J].New Directions for Higher Education, 2008(143): 21-27.

[8]CAMPBELL T I D, SLAUGHTER S.Faculty and administrators' attitude toward potential conflicts of interest, commitment, and equity in university-industry relationships[J].The journal of higher education, 1999(3).

[9]ZHANG D Y.A comparison of perception and implementation of shared governance between American and Chinese higher-education institutions[D].East Tennessee State University, 2013.

[10]WHETTEN D A, CAMERON K S.Administrative effectiveness in higher education [J].Review of high education, 1985, 9(1): 35-49.

[11]Tierney, William G.A cultural analysis of shared governance: The challenges ahead [M].High education: Handbook of theory and research, 2005.

[12]Our Global Neighborhood: The Report of the Commission on Global Governance[J]. The George Washington journal of international law and economics, 1995, (28): 754-756.

附　录

附录一：高校内部治理中教师权利实现的基本情况调查问卷

尊敬的老师：

您好！此问卷的目的在于了解当前高校内部治理中教师权利实现的基本情况，以期为分析教师权利实现所存在的问题及其解决提供材料。本问卷采用的是匿名填答，问卷所有的信息将严格保密，并仅用于学术研究，请您放心作答。非常感谢您的支持！

第一部分：请根据自己的情况在选项序号上打“√”。

1.您的教龄：①1—2年　②3—5年　③6—10年　④11—20年　⑤21年及以上

2.您的最高学历：①学士　②硕士　③博士

3.您目前的职称是：①初级　② 中级　③副高　④正高　⑤未定级

4.您是否担任了行政职务：①是　②否

第二部分：以下各题后有五个选项，从“完全不符”到“完全符合”，请您根据自己的实际情况选择一项，并在所对应的“□”中打“√”。

教师权利实现的基本情况	完全不符	不太符合	一般符合	比较符合	完全符合
5.您对学科建设、学术发展、学位授予等学术事务的决策过程完全了解	□	□	□	□	□
6.您对人才聘用、职称晋升、重要领导遴选、学校办学目标与发展规划、学校重大财政决定等含有学术性质的事务的决策过程完全了解	□	□	□	□	□
7.您对学校基建、资金募集、后勤工作等非学术性质的事务的决策过程完全了解	□	□	□	□	□

续表

教师权利实现的基本情况	完全不符	不太符合	一般符合	比较符合	完全符合
8. 您可以对学科建设、学术发展、学位授予等学术事务提出建议，并且您的建议能够在一定程度上影响决策	□	□	□	□	□
9. 您可以对人才聘用、职称晋升、重要领导遴选、学校办学目标与发展规划、学校重大财政决定等含有学术性质的事务提出建议，并且您的建议能够在一定程度上影响决策	□	□	□	□	□
10. 您可以对学校基建、资金募集、后勤工作等非学术性质的事务提出建议，并且您的建议能够在一定程度上影响决策	□	□	□	□	□
11. 您参与了学科建设、学术发展、学位授予、人才培养等学术事务的整个决策过程，并享有表决权	□	□	□	□	□
12. 您参与了人才聘用、职称晋升、重要领导遴选、学校办学目标与发展规划、学校重大财政决定等含有学术性质的事务的整个决策过程，并享有表决权	□	□	□	□	□
13. 您参与了学校基建、资金募集、后勤工作等非学术性质的事务的整个决策过程，并享有表决权	□	□	□	□	□
14. 您对学校的重大决策的执行情况比较了解，且能够采取一定的方法来监督执行过程	□	□	□	□	□
15. 您对其他权利主体的权利行使情况了解，且能够采取一定的方法防止其权利滥用	□	□	□	□	□

第三部分：请在根据自己的情况在对应的选项上打“√”，或在___线上填写相关内容。

教师权利实现的基本情况	完全不符	不太符合	一般符合	比较符合	完全符合
16. 您认为教师对一切的学术事务与非学术事务都享有知情权	□	□	□	□	□
17. 您认为教师对一切的学术事务与非学术事务都享有提出建议的权利	□	□	□	□	□
18. 您认为教师对学术事务（如学科设置与规划、学术发展、学生培养方案、教学方法、学位授予等）享有参与决策的权利	□	□	□	□	□
19. 您认为教师对含有学术性质的事务（如人才聘用、职称晋升、重要领导遴选、学校办学目标与发展规划、学校重大财政决定等）享有与行政人员共同决策的权利	□	□	□	□	□
20. 您认为教师对非学术性质的事务（如学校基建、资金募集、后勤工作）享有与行政人员共同决策的权利	□	□	□	□	□
21. 您认为教师应享有对其他权利主体进行有效监督的权利	□	□	□	□	□
22. 您很认可自身的教学能力与专业水平	□	□	□	□	□
23. 您在参与学校事务的决策时，能从学校的整体利益上去考虑	□	□	□	□	□
24. 您能够投入一定的时间和精力了解并参与学校事务的决策过程	□	□	□	□	□
25. 您在学校事务的决策过程中，如果您认为某一方案并不符合学校的发展目标，您会通过合理的途径提出反对意见	□	□	□	□	□
26. 当您发现其他权利主体权力行使不当时，您会采用合法的手段揭露并制止其行为	□	□	□	□	□
27. 学校章程、学术组织管理规定、教职工代表大会制度等明确规定了您享有的权利	□	□	□	□	□
28. 您所在学院的领导提倡开放、分享和讨论，您在工作中常常能够自由开放地表达自己的利益诉求	□	□	□	□	□
29. 您在参与学校事务的决策过程中能够与行政人员进行良性互动，互相协作	□	□	□	□	□
30. 当您的权利受损时，能够通过学术委员会、教学指导委员会、学位评定委员会、教职工代表大会等进行申诉，有效维护自身权利	□	□	□	□	□

31. 在您看来，学术委员会、教学指导委员会等学术组织（可多选）：

①运行良好，很好地保障教师的专业权利。

②在教师专业权利的实现方面发挥作用不明显。

③程序规则缺乏，一定程度上损害了教师的专业权利。

④成员构成不合理，仍然为行政人员所操控。

⑤不了解，说不清。

⑥其他＿＿＿＿＿＿。

32. 在您看来，当前教职工代表大会（可多选）：

①运行良好，很好地保障教师的权利。

②在教师权利的实现方面发挥作用不明显。

③程序规则缺乏，一定程度上损害了教师权利。

④成员构成不合理，仍然为行政人员所操控。

⑤不了解，说不清。

⑥其他＿＿＿＿＿＿。

附录二:公立高校管理权力与教师权利冲突调查问卷(管理者卷)

尊敬的领导:

您好！非常感谢您在百忙中填写此问卷。

本问卷旨在了解高校管理权力与教师权利冲突的状况。问卷采用匿名形式作答,请根据自己的真实意愿和实际情况作出选择;所有信息将会严格保密,所收集的数据信息仅供研究之用。对于您的合作,谨此致谢!

答题说明:

请先填写您的基本信息,再根据以下表格中的每项描述,选择最能体现您观点的选项,在选项上打钩“√”。

您的基本信息:

性别:__________　　年龄:__________　　最终学历:__________

工龄:__________　　职务:__________　　工作岗位:__________

教师在教育教学活动中的情况		非常不同意	比较不同意	不赞同不反对	比较同意	非常同意
P1	教师在教育教学活动中,能够自主选择形式、方法来组织课堂教学					
P2	教师在从事研究过程中,不会受到校方固定的作息制度的约束					
P3	教师可以自由地与同行或相关研究者交流成果或心得					
P4	教师可以参与设计课程(目标、内容、实施手段等)的决策框架					
P5	教师可以根据教学大纲自主确定教学内容和进度,并不断完善教学内容					
P6	教师可以自主地选择教科书、教学辅导材料、课外读物,灵活调配课程					
P7	教师可以在教学岗位上开展课程研究,自主编写教材					
P8	教师成功申请带薪学术休假,可以自由选择休假的地点和形式					
P9	教师可以自由申报课题,不会受到校方关于课题级别及影响力等因素的影响					
P10	教师参加或受聘于相关研究学科的专业学术团体,可以得到学校提供的时间和经济上的帮助					
P11	因不可避免的因素(如评审者的学术偏好、情感因素)导致教师申报的课题得不到承认,教师可以提出异议或申诉					

续表

教师在教育教学活动中的情况		非常不同意	比较不同意	不赞同不反对	比较同意	非常同意
P12	教师在从事研究过程中，可以获得基本研究条件、研究设备、图书情报资料等					
P13	高校教代会和工会因履行职责会受到打击报复或阻挠					
P14	学校开展了丰富的进修培训活动					
P15	教师的校内福利津贴与其在规定期限内的学术成果（级别、数量）直接挂钩					
P16	教师的校内福利可以全面覆盖公费医疗、购房资助、购车资助、商业保险、子女教育辅助等方面					
P17	教师可以参加或受聘于相关研究学科的专业学术团体					
P18	在寒暑假时，教师可以获得校方规定的放假时间，不会被校方安排事务，且带薪休假					
P19	教师可以参与校本课程的开发（课程的选用、课程内容的修改或调整、根据需要开发全新课程）					
P20	学校应当存在校内学术组织，并保证教师能够直接参与学校管理					
P21	学校存在对教师学术论著、项目申请、核心期刊上发表论文等的数量上进行量化考核的刚性规定					
P22	教师的绩效工资与其在规定期限内的学术成果（级别、数量）直接挂钩					
P23	教师在申报课题时，可以知晓整个评审过程					
P24	教师在设计课程时，能够拥有施展自我所长的空间					
P25	学校对教师进行其他工作（如党政服务类等）考核时，仍然以发表学术成果等标准进行考核					
P26	教师符合带薪学术休假（不上班搞科研）的申请条件，就可以提出申请					
P27	教师成功申请带薪学术休假后，就可以按照规定期限休假，且校方保证教师的薪资					

续表

教师在教育教学活动中的情况		非常不同意	比较不同意	不赞同不反对	比较同意	非常同意
P28	教师在从事科研过程中可以自由选择合作伙伴，组建研究队伍					
P29	校方重视、愿意真心听取教师提出的建议或意见					
P30	高校教代会（学校教职工代表大会）和工会能够代表教师将其意见反馈给学校，而不是被动开会走形式					
P31	教师可以自由发表论文或出版著作					
P32	高校教代会和工会不仅考核校务公开情况，还要向全校职工公布					
P33	高校教代会和工会可以审议和监督校方工作（工程建设、财务、招生、决策等）					
P34	教师可以周期性地对课程执行情况、实施中的问题进行分析评估，从而调整课程内容					
P35	教师能够自由申请参加进修培训，不会受到职称的影响					
P36	教师在进修培训期间，校方会保证其薪资					
P37	教师在参加进修培训期间，校方能够保障进修培训的时间、经费等条件					
P38	教师在从事研究过程中，可以自主确定研究计划（实施阶段和步骤）					

附录三:公立高校管理权力与教师权利冲突调查问卷(教师卷)

尊敬的老师:

您好!非常感谢您在百忙之中填写此问卷。

本问卷旨在了解高校管理权力与教师权利冲突的状况。问卷采用匿名形式作答,请根据自己的真实意愿和实际情况作出选择;所有信息将会严格保密,所收集的数据信息仅供研究之用。对于您的合作,谨此致谢!

答题说明:

请先填写您的基本信息,再根据以下表格中的每项描述,请选择最能体现您观点的选项,在选项上打钩"√ "。

您的基本信息:

性别:__________　　年龄:__________　　最终学历:__________

教龄:__________　　职务:__________　　工作岗位:__________

教师在教育教学活动中的情况		非常不同意	比较不同意	不赞同不反对	比较同意	非常同意
P1	您在教育教学活动中,能够自主选择形式、方法来组织课堂教学					
P2	您在参加进修培训期间,校方能够保障进修培训的时间、经费等条件					
P3	在寒暑假时,您可以获得校方规定的放假时间,不会被校方安排事务,并且带薪休假					
P4	您在申报课题时,可以知晓整个评审过程					
P5	您在设计课程时,能够拥有施展自我所长的空间					
P6	您所在学校存在对教师学术论著、项目申请、核心期刊上发表论文等的数量上进行量化考核的刚性规定					
P7	您可以在教学岗位上开展课程研究,自主编写教材					
P8	您成功申请带薪学术休假,可以自由选择休假的地点和形式					
P9	您的校内福利津贴与您在规定期限内的学术成果(级别、数量)直接挂钩					

续表

教师在教育教学活动中的情况		非常不同意	比较不同意	不赞同不反对	比较同意	非常同意
P10	您可以参与设计课程(目标、内容、实施手段等)的框架					
P11	您所在学校对教师进行其他工作(如党政服务类)考核时,仍然以发表学术成果等标准进行考核					
P12	您所在的学校存在校内学术组织,并保证教师能够直接参与学校管理					
P13	您在从事研究过程中,可以自主确定研究计划(实施阶段和步骤)					
P14	您在从事研究过程中,不会受到校方固定的作息制度的约束					
P15	高校教代会和工会不仅考核校务公开情况,还要向全校职工公布					
P16	您的校内福利可以全面覆盖公费医疗、购房资助、购车资助、商业保险、子女教育辅助等方面					
P17	高校教代会(学校教职工代表大会)和工会能够代表教师将其意见反馈给学校,而不是被动开会走形式					
P18	校方重视、愿意真心听取您提出的建议或意见					
P19	您可以自由发表论文或出版著作					
P20	您可以参与校本课程的开发(课程的选用、课程内容的修改或调整、根据需要开发全新课程)					
P21	因不可避免的因素(如评审者的学术偏好、情感因素等)导致您申报的课题得不到承认,您可以提出异议或申诉					
P22	您的绩效工资与您在规定期限内的学术成果(级别、数量)直接挂钩					
P23	您可以自由申报课题,不会受到校方关于课题级别及影响力等因素的影响					
P24	您可以自由地与同行或相关研究者交流成果或心得					
P25	您可以自主地选择教科书、教学辅导材料、课外读物,灵活调配课程					

续表

教师在教育教学活动中的情况		非常不同意	比较不同意	不赞同不反对	比较同意	非常同意
P26	您在从事科研过程中可以自由选择合作伙伴,组建研究队伍					
P27	您成功申请带薪学术休假后,就可以按照规定期限休假,校方保证您的薪资					
P28	您可以周期性地对课程执行情况、实施中的问题进行分析评估,从而调整课程内容					
P29	您参加或受聘于相关研究学科的专业学术团体,可以得到学校在时间和经济上的帮助					
P30	您可以参加或受聘于相关研究学科的专业学术团体					
P31	高校教代会和工会因履行职责会受到打击报复或阻挠					
P32	您在从事研究过程中,可以获得基本研究条件、研究设备、图书情报资料等					
P33	高校教代会和工会可以审议和监督校方工作(工程建设、财务、招生、决策等)					
P34	您符合带薪学术休假(不上班搞科研)的申请条件,就可以提出申请					
P35	您能够自由申请参加进修培训,不会受到职称影响					
P36	您在进修培训期间,校方会保证您的薪资					
P37	您可以根据教学大纲自主确定教学内容和进度,并不断完善教学内容					
P38	您对校内开展的进修培训活动感到很丰富					

附录四：公立高校管理权力与教师权利冲突的访谈提纲

一、教育法学专家

1. 您认为导致公立高校管理权力与高校教师权利冲突的主要原因有哪些？

2. 您认为解决公立高校管理权力与高校教师权利冲突的方法和途径有哪些？

二、公立高校管理者

1. 您认为在公立高校管理中学校权力与教师权利是否存在冲突？即学校管理权力和教师权利在落实的过程中，两者是否产生了不和谐、矛盾的状态，表现为学校管理权力与教师权利只能实现其中一个，或者各自都丧失一部分？

2. 您认为公立高校管理权力与教师权利的冲突大概表现为哪些方面？

3. 您认为导致公立高校管理权力与教师权利发生冲突的主要原因有哪些？

4. 当您所在的高校行使管理权力时，与教师权利发生了冲突，导致高校管理权力完全丧失或者丧失一部分，学校会采取什么样的解决方式？

5. 当您所在的高校行使管理权力时，与教师权利发生了冲突，导致高校管理权力完全丧失或者丧失一部分，学校面对这种情况时最大的困惑是什么？

三、公立高校教师

1. 您认为在公立高校管理中学校权力与教师权利是否存在冲突？即学校管理权力和教师权利在落实的过程中，两者是否产生了不和谐、矛盾的状态，表现为学校管理权力与教师权利，只能实现其中一个，或者各自都丧失一部分？

2. 您认为公立高校管理权力与教师权利的冲突大概表现为哪些方面？

3. 您认为导致公立高校管理权力与教师权利发生冲突的主要原因有哪些？

4. 当教师权利在落实过程中，与高校管理权力发生了冲突，导致教师权利完全丧失或者丧失了一部分，您会寻求怎样的帮助来维护自身的权利？

5. 当教师权利在落实过程中，与高校管理权力发生了冲突，导致教师权利完全丧失或者丧失一部分，您面对这种情况时最大的困惑是什么？

附录五： 高校内部治理中学生权利实现问题现状调查问卷(学生卷)

尊敬的同学：

你好！感谢你在百忙之中抽空填写本次高校内部治理中学生权利实现问题现状调查问卷,本次调查旨在了解贵校内部治理中学生权利实现问题的现状。你的回答将为我的相关研究提供最宝贵的依据,是对我的研究工作最无私的支持。为了增强本次调查的有效性,请你尽量给出真实答案。你所提供的一切信息完全保密,并仅作学术研究之用,请放心填写。衷心感谢你的支持与合作!

一、基本信息

1.你的性别：

2.你就读的学校：

3.你的学习阶段：

4.你所学的专业：

5.你就读的年级：

二.客观问答题

1.你认为学生有权利参与高校内部治理吗?(　　)

A.有　B.没有　C.不清楚　D.其他

2.你参与过高校内部治理的有关工作吗?(　　)

A.经常参加　B.参加过几次　C.偶尔参加　D.几乎没有参加过　E.不参加

3.你是否愿意参与到高校内部治理活动过程中去?(　　)

A.非常愿意　B.比较愿意　C.不愿意　D.不清楚

4.你是否支持“学生有权参与学校内部治理活动过程中与学生利益相关的各项事务”?(　　)

A.非常支持　B.比较支持　C.不支持　D.不清楚

5.你是否赞同“高校内部治理活动过程中在做出与学生利益有关的决策前有必要征求学生意见”?(　　)

A.完全赞同　B.比较赞同　C.一般　D.不太赞同　E.很不赞同

6.你参与高校内部治理活动的关键动机是什么?(　　)

A.锻炼能力　B.兴趣爱好　C.学生应有之权利　D.强化主体意识　E.其他

7.你认为在高校内部治理活动过程中学生应具备哪些权利内容?(可多选)(　　)

A.参与决策权　B.知情权　C.监督权　D.评价权　E.其他权利

8.你认为学生权利在高校内部治理中具体体现在哪些方面?(多选)(　　)

A.学生事务处理　B.教学评价　C.行政事务监督　D.后勤管理监评　E.其他

9.你认为学生在高校内部治理活动过程中主要参与形式有哪些?(可多选)(　　)

A.知情参与　B.监督参与　C.评价参与　D.决策参与　E.其他

10.你认为在高校内部治理活动过程中学生权利实现的主要途径有哪些?(可多选)(　　)

A.学生会　B.社团组织　C.学生代表　D.网络平台　E.学生事务座谈会　F.其他

11.你认为在高校内部治理活动过程中学校是否听取并采纳了你的提议?(　　)

A.完全采纳　B.大部分采纳　C.小部分采纳　D.只听取不采纳　E.不听取不采纳

12.当在高校内部治理活动过程中学校侵犯了你的权利时是否会维权?(　　)

A.会　B.不会　C.视情况而定　D.不清楚

13.你对目前高校内部治理过程中学生权利的保障情况满意吗?(　　)

A.非常满意　B.比较满意　C.一般　D.不满意　E.极为不满意

14.你认为当前高校内部治理中重视了学生的权利吗?(　　)

A.非常重视　B.比较重视　C.一般　D.不重视　E.极为不重视

15.你认为当下阻碍高校内部治理中学生权利实现的因素有哪些?(可多选)(　　)

A.学校保障制度尚不健全　B.民主意识缺乏

C.参与治理渠道狭窄　D.学生自身局限

E.权利界定不清　F.其他因素

三、开放题

1.你对高校内部治理中的学生权利实现有何期待?

2.你对高校内部治理中如何更好实现学生权利有何建议?

附录六:高校内部治理中学生权利实现问题现状调查问卷(学校管理工作者卷)

尊敬的老师:

您好!感谢您在百忙之中抽空填写本次高校内部治理中学生权利实现问题现状调查问卷,本次调查旨在了解贵校内部治理中学生权利实现问题的现状。您的回答将为我的相关研究提供最宝贵的依据,是对我的研究工作最无私的支持。为了增强本次调查的有效性,请您尽量给出真实答案。您所提供的一切信息完全保密,并仅作学术研究之用,请放心填写。衷心感谢您的支持与合作!

一、基本信息

1.您的性别:

2.您的工作单位:

3.您的职务:

4.您的学科专业:

二.客观问答题

1.您认为学生有权利参与高校内部治理吗?(　　)

A.有　　B.没有　　C.不清楚　　D.其他

2.您是否支持"学生有权参与学校内部治理活动过程中与学生利益相关的各项事务"?(　　)

A.非常支持　　B.比较支持　　C.一般　　D.不支持　　E.很不支持

3.您是否赞同"高校内部治理活动过程中在做出与学生利益有关的决策前有必要征求学生意见"?(　　)

A.完全赞同　　B.比较赞同　　C.一般　　D.不太赞同　　E.很不赞同

4.您认为学生参与高校内部治理活动的关键动机是?(　　)

A.锻炼能力　　B.兴趣爱好　　C.学生应有之权力　　D.强化主体意识　　E.其他

5.您认为学生在高校内部治理活动中应具备哪些权利内容?(可多选)(　　)

A.参与决策权　　B.知情权　　C.监督权　　D.评价权　　E.其他权利

6.您认为学生权利在高校内部治理中具体体现在哪些方面?(可多选)(　　)

A.学生事务处理　　B.教学评价　　C.行政事务监督　　D.后勤管理监评　　E.其他

7.您认为学生参与高校内部治理活动的主要形式是?(可多选)(　　)

A.知情参与　　B.监督参与　　C.评价参与　　D.决策参与　　E.其他

8.您认为学生在高校内部治理活动过程中其权利实现有哪种途径?(可多选)(　　)

A.学生会　B.社团组织　C.学生代表　D.网络平台　E.学生事务座谈会　F.其他

9.您认为学生在高校内部治理活动过程中学校是否听取并采纳了他们的提议?(　　)

A.完全采纳　B.大部分采纳　C.小部分采纳　D.只听取不采纳　E.不听取不采纳

10.当在高校内部治理活动过程中学校侵犯了学生权利时您是否会支持维权?(　　)

A.会　B.不会　C.视情况而定　D.不清楚

11.您对目前高校内部治理过程中学生权利保障的现状满意吗?(　　)

A.非常满意　B.比较满意　C.一般　D.不满意　E.极为不满意

12.您认为当前高校内部治理中对学生权利的重视情况如何?(　　)

A.非常重视　B.比较重视　C.一般　D.不重视　E.极为不重视

13.您认为当下阻碍高校内部治理中学生权利实现的因素有哪些?(可多选)(　　)

A.学校保障制度尚不健全　B.民主意识缺乏

C.参与治理渠道狭窄　D.学生自身局限

E.权利界定不清　F.其他因素

三、开放题

1.您认为在高校内部治理中学生参与情况如何?

2.当代大学生在高校内部治理中具有权利意识吗?学生是否愿意参与高校内部治理?

3.您认为在高校内部治理中学生权利保障环境如何?具体体现在哪些方面?

4.您认为在高校内部治理中学生参与权利配置和权利监督、救济的情况如何?有何改进建议?

附录七:高校内部治理中学生权利实现问题现状访谈提纲

尊敬的领导:

您好!本次调查旨在了解贵校内部治理中学生权利实现的现状。您的回答将为我的相关研究提供最宝贵的依据,是对我的研究工作最无私的支持。您所提供的一切信息完全保密,并仅作学术研究之用,请您放心回答。衷心感谢您的支持与合作!

一、基本信息

1.您的性别:

2.您的工作单位:

3.您的职务:

二、具体内容

1.当前您所在高校就高校内部治理中学生权利实现的现状如何?具体权利表现在哪些方面?

2.当代大学生在高校内部治理中的权利意识如何?是否愿意参与高校内部治理?

3.您认为在高校内部治理中是否应积极吸引大学参与其中?为什么?

4.您认为当前高校内部治理中学生权利保障的环境如何?具体体现在哪些方面?

5.您认为现今高校内部治理中学生权利配置和权利监督、救济的情况如何?有何改进措施?

附录八:高校开除学籍处分相关问题的访谈提纲

时间:________________ 地点:________________ 职务:________________

1.你们学校开除学生学籍遵循的具体程序有哪些?

2.你认为这样的程序是否合理?

(1)如果不合理,你认为需要如何改善?

(2)如果合理,你如何看待因为高校开除学生学籍引起的行政诉讼案件越来越多的情况?

3.你是否遇到过被开除学籍的学生不服学校处分而向“学申委”或者省级教育行政部门进行申诉的案例?如果有,请结合案例谈一谈是如何处理的?如果没有,你对这种情况是如何看待的?

4.被开除学籍的学生不服学校处分而向“学申委”提起申诉,你认为学生不服的原因有哪些?

5.你认为现行的学生校内申诉制度是否发挥了应有的作用?如果没有,原因是什么?如何改进学生校内申诉制度?

6.你所在的学校是否建立了法律顾问机构?如果已经建立,是否发挥了应有的作用?是否存在需要改进的方面?如果没有建立,您认为是否应该建立?

7.你认为法律顾问制度的职能应该是什么?挂靠和内设两种方式,哪种更加合理?

8.法律顾问制度的聘用方式中,校外聘用兼职律师和校内聘用法律专业教师,哪一种方式更有利于发挥法律顾问制度的作用?

9.据你对法律顾问制度的了解,你认为法律顾问制度如何改进?

附录九:高校开除学籍处分相关问题访谈提纲(行政诉讼法官)

时间:________________ 地点:________________ 职务:________________

1.在教育行政诉讼领域,“田永案”“何小强案”对于行政诉讼具有重要的影响,你对于这两个案件是否了解?你对这两个案件的看法是什么?

2.2006年6月,暨南大学作出处分决定,因甘某考试作弊给予其开除学籍的处分。该案经历一审、二审、再审等程序,均维持了暨南大学的处分决定,最高人民法院认为案件可能存在错误,提审该案,后确认暨南大学的处分决定违法。就甘某案件而言,人民法院审查高校开除学籍处分决定,要把握到何种程度?

3.根据《普通高等学校学生管理规定》第五十四条的规定,开除学籍处分决定要“程序正当”。但是我国行政法对于具体行政行为的审查标准是“程序合法”,何为“程序正当”?如何审查?

4.我国的法律、法规、规章对高校如何行使开除学籍处分权规定了一些程序,这些程序有哪些?你认为这些程序是否合理?

(1)如果不合理,你认为需要如何改善?

(2)如果合理,你如何看待因为高校开除学生学籍引起的行政诉讼案件越来越多的情况?

5.根据《普通高等学校学生管理规定》第五十四条的规定,高校对学生作出开除学籍的处分应当做到证据充分。这是对高校开除学籍处分决定事实方面的要求,也是人民法院对开除学籍行为进行审查的程度。在司法实践中,人民法院是如何审查的?证据需要充分到什么程度?

6.根据《普通高等学校学生管理规定》第五十四条的规定,高校对学生作出的处分应当做到与学生违法、违纪行为的性质和过错的严重程度相适应。如何做到“开除学籍处分行为适当”?人民法院对“开除学籍处分行为适当”是如何审查的?

7.高校开除学籍行为的性质是内部管理行为,还是具体行政行为?

8.对于被开除学籍的学生不服学校处分而向“学申委”提起申诉的情况,你认为现行的学生校内申诉制度是否发挥了应有的作用?如果没有,原因是什么?如何改进学生校内申诉制度?

9.你认为高校法律顾问制度的职能应该是什么?该制度是否发挥了应有的作用?是否存在需要改进的方面?

10.对于高校开除学籍法律风险的防范,你有何看法和建议?

附录十：关于“开除学籍处分法律风险与防范机制”的调查问卷（学生卷）

亲爱的同学：

你好，感谢你百忙之中来填写调查问卷，希望你能够根据知道的情况作答，在所选的答案的数字下方打“√”即可。本次调查采用匿名的形式，调查结果仅用于学术讨论，不会对你及学校产生不良影响。再一次对你的帮助表示感谢！

1. 你对学校开除学籍的相关规定了解吗？

(1)非常了解　(2)了解一点　(3)一点都不了解

2. 你认为目前学校“处分前听取学生陈述、告知学生处理决定和可以申诉的权利”的程序是否真正发挥了效用？

(1)发挥了应有作用　(2)可能有点作用　(3)一点也没有

3. 你认为高校在开除学生学籍的过程中，学生哪些程序性权利容易被忽略？

(1)知情权　(2)申辩陈述权　(3)申诉权　(4)复议权　(5)其他

4. 你所在学校开除学生学籍的行为是否做到了依法处理？

(1)是　(2)基本是　(3)不了解　(4)没有

5. 如果上一题的选择是没有，那么造成高校没有依法行使开除学籍处分权的原因有哪些？

(1)受特别权力理论影响

(2)部分高校工作人员的法律意识不强

(3)处分权的性质存在争议

(4)法律、法规等规范性法律文件不健全

(5)高校处分校规不合法

(6)其他

6. 你知道学生校内申诉制度吗？

(1)知道　(2)不知道

7. 你认为现行的学生校内申诉制度是否发挥应有的作用？

(1)发挥了　(2)没有发挥

8. 你认为目前学生校内申诉制度主要存在哪些问题？

(1)校内申诉制度宣传力度不够

(2)“学申委”中学生代表所占的名额较少

(3)申诉处理的基本原则和程序制度不健全

(4)“学申委”的独立性不够

(5)监督的制度缺乏

(6)存在学生对其不信任的情形

(7)其他

9.如果你的A同学因为考试作弊,被学校作出开除学籍的处分,你会建议他(她)通过哪种方式进行处理?(可多选)

(1)接受学校开除学籍的决定

(2)与学校协商,希望减轻处罚

(3)向“学申委”进行校内申诉

(4)向省级教育行政部门进行申诉

(5)向人民法院进行起诉

(6)其他

10.你所在的学校是否建立了法律顾问制度?

(1)建立了　　(2)没有建立　　(3)不清楚

11.据你了解,现在的法律顾问制度是否发挥了法律风险防范的作用?

(1)发挥了作用　　(2)有一点作用　　(3)不清楚

12.据你的了解,法律顾问制度在运行中存在哪些问题?(可多选)

(1)法律顾问制度的事前预防功能、事中控制的作用还没有真正体现

(2)缺乏相应的监督制度

(3)落实高校法律顾问制度的立法层次不高

(4)高校建立法律顾问制度的主动性不足

(5)法律顾问参与高校法律事务的范围比较有限

(6)高校法律风险防范意识不强

(7)高校法律顾问队伍的任职资格不够

(8)其他

13.你认为法律顾问制度的主要职能是什么?(可以多选)

(1)修改或制定符合上位法要求的高校处分校规

(2)调解纠纷

(3)参与开除学籍处分的行政诉讼

(4)为高校师生提供法律咨询服务

(5)负责高校处分事务，确保处分行为合法、合理

(6)参与法律宣传和法治教育，发挥教育性法律作用

(7)其他职能

14.法律顾问制度的聘用方式中，校外聘用兼职律师和校内聘用法律专业教师，哪一种方式更有利于发挥法律顾问制度的作用？

(1)校外聘用兼职律师　　(2)校内聘用法律专业教师　　(3)其他方式

15.对于高校开除学籍法律风险的防范，你有何看法和建议？

附录十一:学术治理中学术权利现状的问卷调查(教师卷)

尊敬的老师,您好!

为调查高校学术治理中教师的学术权利现状,并能针对该现状提出更好的学术权利保障措施,特开展此次问卷调查,恳请您花几分钟帮忙填答问卷。此问卷采用匿名的方式收集数据,并且所收集到的数据仅用于此次数据分析,请您放心填写。题目选项无对错之分,希望能得到您的真实想法与宝贵意见,感谢您的帮助!

一、个人基本资料

1.您的性别:A.男　　B.女

2.您的年龄是____:A.≤30岁　　B.31—40岁　　C.41—50岁　　D.≧51岁

3.您的职称是____:A.助教　　B.讲师　　C.副教授(副研究员)　　D.教授(研究员)

4.您是否在学术委员会等学术组织中担任或者担任过职务?

A.是(学术组织名称__________　职务__________)　　B.否

二、学术权利现状

5.您了解国家和学校的各项政策制度中对高校教师学术权利的规定吗?

A.完全不了解　　B.不太了解　　C.一般　　D.比较了解　　E.非常了解

6.您认为您的学术权利的实现程度是以下哪种情况?

A.没实现　　B.实现了小部分　　C.实现了一半　　D.基本实现了

7.您认为学校各项学术性质的委员会(如学术委员会、学位委员会、教授委员会等)对您的学术权利实现起到了多大积极作用?

A.基本没作用　　B.作用较小　　C.一般　　D.作用较大　　E.作用很大

8.您认为学校在哪些方面保障了教师学术权利?(多选)

A.学校制定的规章制度有利于保护教师的学术权利

B.学校营造了保障教师学术权利的工作氛围

C.学校设立了维护学术权利的组织机构

D.学校提供了学术权利救济的途径

E.其他__________

9.您认为以下哪些措施可以更好地保障学术权利?(多选)

A. 国家完善学术权利相关的政策法规　　B.学校完善学术治理相关的规章制度

C.学校内部轻行政化　　D.增加教师参与学术治理的途径

E.完善教师学术权利的救济途径　　F.其他__________

10.您认为影响您学术权利实现的障碍有哪些?(多选)

A.学校规章制度不合理　　B.自身的权利实现意愿不高

C.权利救济途径不明确　　D.学校政策宣传不到位

E.受到行政权力的过度约束　　F.其他______

三、学术治理现状

11.您参加过学术事务的治理或管理活动吗?

A.几乎不参加　B.较少参加　C.一般　D.较多参加　E.经常参加

12.您认为以下哪些事项属于学术治理?(多选题)

A.科研发展规划　　B.调整学科设置

C.科研项目策划与申报　　D.科研项目立项与登记

E.科研项目经费预算与调整　　F.科研项目的结题与验收

G.教师的职称考核与评定　　H.学位评定

I.制定学生培养方案　　J.教学方案的确定

K.学生学习成果评价

13.您愿意参与学校的学术治理事务吗?

A.不愿意　B.不太愿意　C.一般　D.比较愿意　E.很愿意

14.如果愿意的话,您希望通过哪些方式或者途径参与学校的学术治理?

A.参加学术治理相关政策措施听证会

B.向教师代表大会、学术委员会等组织提交建议提案

C.听取相关工作报告并提出意见和建议

D.参与有关事项的民主决策和民主监督

E.参与重大决策和重大事项的集体讨论

F.其他______

15.您认为在学术治理中影响您学术权利实现的三个最主要的因素是什么?

______;______;______。

16.下表是在实际科研与教学过程中可能涉及的学术权利子维度,“很大”选项意味着您对这一权利的实现状态非常满意,请选择最符合您实际学术权利大小的选项。

教师的学术权利	很小	较小	一般	较大	很大
组建研究团队自由					
选题自由					
研究过程自由					
言论与出版自由					

续表

教师的学术权利	很小	较小	一般	较大	很大
学术研讨与交流自由					
成立或参与学术团体自由					
发表权					
署名权					
学术成果修改权					
教学目标确定权					
教学内容选择权					
教学方法与手段决定权					
课程评价方式选择权					
课程评价内容决定权					
学生成绩评价权					
课堂教学管理权					
对学生的指导权					
教学经验交流权					
教学成果发表权					
学术成果获益权					
学术评价权利					
研究成果被合理评议权					
进修与培训权					
参与学术管理权					
获得救济权					

附录十二:学术治理中学术权利现状的问卷调查(学生卷)

亲爱的同学,你好!

为了研究高校学术治理中的学术权利实现问题,通过提出对策和建议更好地保障学生的学术权益,特开展本次问卷调查,恳请你用几分钟时间帮忙填答这份问卷。本问卷实行匿名制,所有数据只用于统计分析,请你放心填写。题目选项无对错、难易之分。希望能得到你的真实想法与宝贵意见,谢谢你的帮助!

一、个人基本资料

1.你的性别:A.男　B.女

2.你的年级:A.大一　B.大二　C.大三　D.大四

E.研一　F.研二　G.研三

二、学术权利现状

3.你了解国家和学校的各项政策制度中对学生学术权利的规定吗?

A.完全不知道　B.不大了解　C.一般　D.比较了解　E.非常了解

4.你认为以下哪些权利是学生的学术权利?(多选)

A.研究权利　B.学习权利　C.参与学术管理权利

D.自由发展权　E.学术权利的救济权

5.你认为你的学术权利有充分实现吗?

A.大多没实现　B.基本没实现　C.一般　D.基本实现了　E.实现了

6.你认为学校各项学术性质的委员会(如学术委员会、学位委员会、教授委员会等)是否对你学术权利的实现起到了积极作用?

A.基本没作用　B.作用较小　C.一般　D.作用较大　E.作用很大

7.你认为学生的学术权利在哪些方面得到了保障?(多选)

A.学校的规章制度保护学生的学术权利　B.学校营造保障学生学术权利的工作氛围

C.学校提供学术权利救济的途径　D.学校有维护学术权利的组织机构

E.其他________

8.你认可的学术权利保障措施有哪些?(多选)

A.完善国家政策法规　B.完善学校规章制度

C.学校内部轻行政化　D.增加学生参与学术治理的途径

F.完善学生学术权利的救济途径

9.你认为影响你学术权利实现的障碍有哪些?(多选)

A.学校规章制度不合理　B.自身的权利实现意愿不高　C.权利救济途径不明确

D.学校政策宣传不到位　E.受到行政权力的约束　F.其他__________

三、学术治理现状

10.你曾经参加过学术事务的治理或者管理活动吗?

A.几乎不参加　B.参加较少　C.一般　D.参加较多　E.经常参加

11.你认为以下哪些事项属于学术治理?

A.科研项目策划与申报　B.科研项目立项与登记　C.科研项目的结题与验收

D.学位评定　E.拟定学生培养方案　F.学习成果评价

12.你认为学生参与学术事务的权利在多大程度上得到了保障?

A.几乎没有保障　B.较少得到保障　C.一般　D.大部分得到保障　E.完全得到保障

13.你愿意参与到学校的学术治理中来吗?

A.不愿意　B.不大愿意　C.一般　D.比较愿意　E.很愿意

14.如果愿意的话,你希望通过哪些方式或者途径参与学校的学术治理?

A.参加学术治理相关政策措施听证会

B.向教师代表大会、学术委员会等组织提交建议提案

C.听取相关工作报告并提出意见和建议

D.参与有关事项的民主决策和民主监督

E.向学代会、学生委员会反映意见

F.其他____________

15.你认为应该通过哪些途径来保障学生的学术权利?(多选)

A.完善国家政策法规　B.完善学校规章制度

C.建立合理的师生关系　D.学校内部去行政化

E.增加学生参与学术治理的途径　F.提高学生参与学术治理的意识

G.完善学生学术权利的救济途径　H.其他____________

16.你认为影响你学术权利实现的三个最主要的因素是什么?

__________________;____________________________;______________________。

17.下表是在实际学习过程中可能涉及的学术权利子维度,“很大”选项意味着您对这一权利的实现状态非常满意,请选择最符合实际权利大小的选项。

大学生的学术权利	很小	较小	一般	较大	很大
科技文化创新等活动的参与权					
获得研究指导权					
专业选择权					
课程选择权					
教师选择权					

续表

大学生的学术权利	很小	较小	一般	较大	很大
获得公正评价权					
评议评价权					
建言献策权					
自由发展权					
获得救济权					

附录十三:学术治理中学术权利现状——教师访谈提纲

1.您目前有哪些学术权利?已经实现了哪些学术权利?哪些学术权利还没实现或者还没充分实现?

(例如:学术自由权利、教学方案设计权等。)

2.您认为影响您学术权利实现的原因有哪些?能否举例详细说明。

3.您认为如何更好地促进教师充分实现学术权利,可以采取哪些措施?

4.您愿意参与学术治理吗?目前您实际参与了学校哪些学术事务的治理?程度如何?

5.您觉得教师应该参与学校哪些学术事务的治理和决策?达到什么程度?

6.目前您在参与学术治理的过程中存在哪些障碍?您认为应该如何解决这些问题?

7.您认为目前学校的学术权利配置状况中,有哪些因素影响了学校学术治理水平的提升,应该如何改进?

8.学校在与学术相关的事务中是如何决策的?您认为这样的决策过程对教师的学术权利有着什么样的影响?

9.据您了解学校内部设置了哪些学术治理机构?能否从成员设置及任命选举、职权范围、运行机制等方面就您所了解的部分具体介绍一下?